Sharon McErlane

Selbstermächtigung

Die Lehren der Großmütter

Sharon McErlane

Selbstermächtigung

Die Offenbarung des zutiefst Weiblichen

Ins Gleichgewicht kommen in einer chaotischen Welt

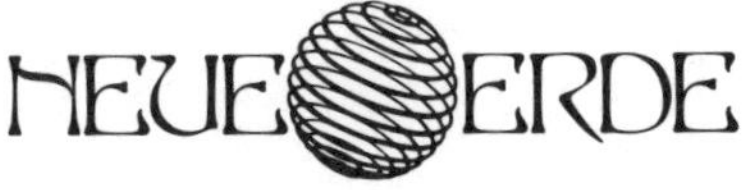

Bücher haben feste Preise.

5. Auflage 2022

Sharon McErlane
Selbstermächtigung

Das Buch erschien 2006 unter dem Titel »A Call To Power«
im Verlag Net of Light Press, www.netoflight.org

Übersetzt aus dem amerikanischen Englisch von Andreas Lentz

Titelillustration: Meraylah Allwood, www.meraylah.co.uk
Gestaltung: Dragon Design, GB

Satz und Gestaltung:
Dragon Design, GB
Adlervignette: Meraylah Allwood
Gesetzt aus der Minion

Gesamtherstellung: Appel & Klinger, Schneckenlohe
Printed in Germany

ISBN 978-3-89060-771-9

Neue Erde GmbH
Cecilienstr. 29 · 66111 Saarbrücken
Deutschland · Planet Erde
www.neue-erde.de

**»Wenn die Weisheit der Großmütter vernommen wird,
wird die Welt heilen.«**

Indianische Weisheit

Inhalt

Danksagungen

Es war gar nicht einfach, Selbstermächtigung zu schreiben, und das lag vor allem an meinen wiederkehrenden Zweifeln, ob ich dieser Aufgabe würdig sei. Wieder und immer wieder fragte ich mich: »Was denkst du, wer du bist, um Material wie dieses weiterzugeben?« Viele Male fühlte ich mich von der anstehenden Aufgabe überfordert, und wenn nicht die im folgenden aufgeführten Menschen gewesen wären, hätte ich vielleicht aufgegeben. Von ganzem Herzen danke ich Lori Viera, Steven Atherton, Katie McMahaon, Pat Durkin, Mahri Kintz, Meinrad Craighead, Dorothy Herrin, Jim Farris, Dyan Ellerbrach, Richard Carlson, Sheryl Politski, Benjamin Shields, Susan Sherman, Deborah Schmidt und Christan Hummel.

Ebenfalls danke ich den Frauen, die das Buch der Großmütter, ihre Botschaft und mich ins wunderbare Land Litauen gebracht haben. Danke Antanina, Vilma, Ritone und Susie.

Und schließlich danke ich meinem geliebten Ehemann Roger, ohne dessen Unterstützung ich diese Arbeit nie hätte tun können.

Die Großmütter sind zu dieser Zeit gekommen, um die Menschheit zu erheben und unsere Herzen mit Licht zu erfüllen, damit wir wiederum unseren geliebten Planeten im Licht halten können. Die obengenannten Personen halfen bei der Herausgabe dieses Buches mit und ermöglichten es so, die Botschaft der Großmütter und ihre Lehren von Licht und Freude in der ganzen Welt zu verbreiten. Dieses Buch ist jedem von ihnen und dem Göttlichen (in all seinen strahlenden Formen) gewidmet, das mit und durch sie arbeitet.

Danke, Großmütter, dass ihr all das ermöglicht habt.

Arbeit mit den Großmüttern

Die Ermächtigungen und den Mantel der Geborgenheit kann jede weitergeben, die sie selbst erhalten hat. Die Weitergabe ist stets kostenlos. Die aktuellen Adressen der Frauen, die bereit sind, die Ermächtigung weiterzugeben, findet Ihr hier: **www.netoflight.org** und dann »Meetings«.

Ein Newsletter auf deutsch kann hier abonniert werden:

lichtnetz.in.deutsch@gmail.com

Bitte in den Betreff einfach »Newsletter bestellen« eingeben.

Netzwerk Schweiz: **https://netoflight.jimdosite.com**

Vorwort
Ein Aufruf zur Veränderung

Die Großmütter erschienen ungebeten in meinem Leben, wenngleich sie und die Botschaft, die sie brachten, mir höchst willkommen waren. Sie kamen buchstäblich aus heiterem Himmel und brachten mich in Situationen, die mir völlig fremd waren, und sie veränderten mein Leben. Sie sind gekommen, um das Ungleichgewicht von Yin und Yang auf unserem Planeten wieder ins Lot zu bringen und Frauen und Männer zur Energie dessen zu erwecken, was sie »das zutiefst Weibliche« nennen: um beide, Männer wie Frauen, in eine innige Verbindung mit dem weiblichen Schöpfungsprinzip zu bringen.

Ihr Ziel ist es, einen Ausgleich zwischen Frauen und Männern, zwischen Yin und Yang herzustellen. Ich kann gar nicht sagen, wie dankbar ich bin, Teil ihrer Arbeit zu sein und die Möglichkeit zu haben, ihre Weisheit weiterzugeben.

Die Großmütter vermitteln ihre Botschaft, zeigen die Veränderungen auf der Erde, erklären, warum sich unsere Welt in einem so heiklen Zustand befindet, und sagen uns, wie wir mithelfen können, uns selbst und unseren Planeten wieder ins Gleichgewicht zu bringen. Ihre Meditationen und Visualisierungen ermöglichen es allen, sich miteinander zu verbinden. Zu dieser Zeit sorgt eine kraftvolle Verbindung von Menschen für ein Yin-Netz auf unserem Planeten, das die Erde stabilisiert, während die notwendigen Veränderungen in ihrem energetischen Feld stattfinden.

Die Großmütter erklären dieses Ungleichgewicht und zeigen den Unterschied zwischen männlicher und weiblicher Energie. Sie lehren uns, wie wir in eine engere, persönlichere Beziehung zum Göttlichen gelangen können, und ermutigen uns, unser Leben von der Gegenwart des Heiligen durchdringen zu lassen. Du wirst dich vielleicht immer wieder den Meditationen am Ende des Buches zuwenden, damit sie ein kraftvoller Teil deines Lebens werden.

Manche werden dieses Buch lesen, um sich zu informieren, und andere, um sich zu transformieren. Einigen wird es genügen, von den Großmüttern zu hören, während andere sie erleben wollen. Die Übungen oder Meditationen am Ende des Buches sind für jene, die sich verändern wollen und/oder eine persönliche Beziehung zu diesen weisen Frauen suchen.

Weil die Energie auf der Erde schon so lange im Ungleichgewicht ist, sagen die Großmütter, dass wir uns heute in einer verzweifelten Lage befinden. Doch der Prozess der Korrektur dieses Ungleichgewichts hat bereits begonnen; die Erde wird nicht zerstört werden. Du wirst die Botschaft der Großmütter als tiefgründig und aufbauend erleben, und auch wenn dies ein ernstes Buch ist, so ist es kein trauriges Buch.

Selbstermächtigung kann auf unterschiedliche Weise gelesen werden. Es kann eine wahre Geschichte für dich sein, die Beschreibung einer neuen Lebensweise und die Einladung in dieses Leben, schlicht ein persönlicher Bericht oder bloß ein Märchen. Zu verschiedenen Zeiten in deinem Leben kann es mal dies und mal jenes sein. Ich weiß, dass alles, was ich auf diesen Seiten erzähle, stattgefunden hat, aber du magst es aus der Perspektive betrachten, die für dich die beste ist. Jede Ansicht hat ihren Wert.

Dies ist vor allem ein Buch für Frauen. Es ruft die Frau in ihre Macht, vermittelt ihr ein Verständnis der Natur von Yin und gibt ihr Mittel an die Hand, die Macht von Yin anzuwenden. Da Yin-Energie in allen Wesen existiert, ist *Selbstermächtigung* natürlich auch ein Buch für Männer. Es vermittelt den Männern eine Vorstellung vom weiblichen Prinzip und weckt die fürsorgliche und hilfsbereite Seite in ihnen. Die Lehren der Großmütter schaffen einen Bezugsrahmen, um die Veränderungen auf der Erde zu verstehen, und zeigen uns, wie wir an der heiligen Evolution unseres Planeten mitwirken können.

Die Großmütter laden uns ein, an der Wiederherstellung der Harmonie auf der Erde mitzuarbeiten, aber sie versichern uns auch, dass unser Mitwirken freiwillig ist und nicht unbedingt erforderlich. Die Wiederherstellung des Gleichgewichts auf Erden wird stattfinden, ganz gleich, ob wir dabei sind oder nicht: »**Wir geben dir diese Gelegenheit um deinetwillen**«, sagen sie, »**weil dein Mittun dir Freude machen wird.**« (Fett gedruckt sind im Buch die Worte der Großmütter; und auch wenn sie zu mir sprechen, sind ihre Botschaften für alle bestimmt…)

Die Großmütter sprechen und leben *Wahrheit.* Von Anfang an faszinierten und erschütterten sie mich mit ihren ungeahnten Lehren. Meisterhafte Lehrerinnen, die sie sind, überraschten sie mich von dem Augenblick an, als ich sie traf – an jenem ganz alltäglichen Septembermorgen, als ich mit dem Hund entlang der Klippen über dem Strand spazieren ging.

KAPITEL 1

Besuch von den Großmüttern

»Der Große Rat der Großmütter erschien,
um der Frau ihre Selbstgewissheit wiederzugeben.«

Es schien ein normaler Herbsttag zu sein. Ich wollte einen Spaziergang machen. Wieder so ein klarer Septembermorgen; es war früh, gegen sieben Uhr, und ich hatte den Hund dabei. Nun, da die Sommertouristen weg waren, war die Stadt wieder ruhig und friedlich.

Die Stille, die über der Stadt lag, war genauso nachdenklich wie ich. Seit Tagen überlegte ich, wie es mit meinem Leben weitergehen sollte, und als mir dies so durch den Kopf ging, zog der Hund wieder einmal an der Leine und zerrte mich über den Pacific Coast Highway zum Strand. Wir näherten uns dem Fußweg unterhalb der Klippen, als plötzlich eine Gruppe älterer Frauen vor uns auftauchte. Es war ganz seltsam. Sie waren einfach da.

Die Frauen scharten sich um mich und den Hund; dabei sprachen und gestikulierten sie lebhaft, und wie sie so miteinander lachten und sich zulächelten, winkten sie mir, mich zu ihnen zu gesellen. Ihre Stimmen waren um mich; sie riefen sich etwas zu, und kurz vernahm ich Fetzen eines Liedes, das sie sangen. Mit fröhlichem, mädchenhaftem Gelächter umringten sie mich.

Sie waren reizend, freundlich und so glücklich; ich bemerkte sofort ihre hübschen, offenen Gesichter. Aber aus der Nähe sah ich, dass sie Kleider trugen, die aus fernen Zeiten und von fremden Orten stammten. Ich starrte mit offenem Mund und versuchte zu verstehen, was los war, aber eine der Frauen mit langen grauen Haaren betrachtete mich mit einem so einladenden Lächeln, dass ich für einen Moment ihre Seltsamkeit vergaß.

Dann bemerkte ich, dass ich durch sie *hindurchschaute*. Ich konnte die Bäume sehen, den Weg zum Strand und die Wellen des Ozeans, einfach durch ihre Körper hindurch. Ich schüttelte den Kopf, um wieder klar zu sehen, aber sie waren immer noch durchscheinend. Träumte ich?

Ich starrte sie weiter an und merkte, dass ich die Luft vom Meer riechen und das nasse Gras spüren konnte und die Risse des Bürgersteigs unter meinen Sandalen. In dem Moment winkte mir ein Nachbar zu, der jeden Morgen zur gleichen Zeit wie ich spazieren geht, und er sprach mich an, und ganz automatisch antwortete ich. »Oh, mein Gott«, dachte ich. Ich befand mich in zwei Wirklichkeiten. Das war eine *spirituelle* Erfahrung, eine Vision. Ich hatte eine Vision!

Mein Mund wurde trocken, mir brach der Schweiß aus, und schnell versuchte ich, diese alten Frauen loszuwerden. Das muss ein Hirngespinst sein, nicht wahr? Was denn sonst? Ich muss es mir einbilden, sie werden gleich wieder weg sein. Ich hätte nie gedacht, dass ich verrückt sein könnte, aber das hier…

Als die Vision, oder was immer es war, anhielt, wurde mein Mund noch trockener und ich merkte, dass ich vergessen hatte zu atmen. Was mir geschah, ging weit über mein Verständnis, und obgleich ich mich dieser Absonderlichkeit entziehen wollte, war ich zugleich gefesselt. Ich konnte meinen Blick nicht von diesen Frauen lassen. Und ihr mildes Lächeln sagte mir, dass sie mein Dilemma verstanden. Dieses Lächeln und die Geduld, die sie ausstrahlten, halfen mir, bei mir zu bleiben. Als sie sahen, wie ich mit meiner Angst zu tun hatte, nickten sie, lächelten noch strahlender und warteten einfach ab; und weil sie sich so verhielten, konnte ich meine Angst im Zaum halten.

Dann kam mir der Gedanke, dass das, was ich sah, echt war. Visionen werden nicht vom Verstand hervorgerufen. Visionen sind lediglich eine andere Art Wirklichkeit, Emanationen von Energie, wie alles andere auch. Diese Gedanken schossen mir durch den Kopf, und sie überraschten mich. Aber die Emanation von Energie, die vor mir stand, war nicht die gewohnte, und ich hatte Angst.

Ich versuchte, von den Frauen wegzukommen, aber sie waren beharrlich und wichen mir nicht von der Seite, als ich meinen Weg fortsetzte: eine Gruppe großmütterlich aussehender Frauen, die mich trotz meiner Versuche, sie zu ignorieren, umringten und redeten. Ich musste sie beachten, denn auch wenn ihre Gegenwart keine physische war, war sie nicht zu leugnen. Und sie würden nicht einfach verschwinden.

Schließlich hörte ich auf, mich gegen die Erfahrung zu wehren, und schenkte ihnen meine volle Aufmerksamkeit. Da bemerkte ich, dass zwei von ihnen in Hirschlederkleider und Leggings gekleidet waren. Indianerinnen in vollem Ornat!

Eine andere Frau hob sich besonders von der Gruppe ab. Sie war etwas größer als die anderen; ihre negroide Gestalt und ihr anmutiger Kopf überragte sie, und um ihren langen Hals hingen Ketten aus Bronze. Sie sah aus wie ein Bild aus einer alten National Geographic-Ausgabe, die ich als Kind gesehen hatte. Ihr gemeißeltes Gesicht und ihre königliche Haltung ließen erkennen, dass sie eine Königin aus einer alten afrikanischen Zivilisation war.

Einige der Frauen waren weniger als fünf Fuß groß und beinahe ebenso breit. Mit brauner Haut und langem graubraunem Haar, das sie lose über die Schultern trugen, steckten sie in einfachen, wie Jutesäcke aussehenden Kleidern. Aus faserigem Material bestehend, hingen diese wie ein Sack an ihnen. Weil ihre Haut und ihre Kleider die gleiche Farbe hatten, waren das einzige, was ihr Aussehen belebte, Stränge von hell gefärbten Perlen und Muscheln, die um ihren Hals hingen. Sie sahen aus wie Stammesfrauen aus dem Süden Mexikos oder Guatemalas. Ich starrte sie an und fragte mich, was sie hier taten; aber sie lächelten mich an, so nett und vertrauenerweckend, und bevor ich wusste, wie mir geschah, lächelte ich zurück. Meine Angst schmolz dahin.

Drei oder vier waren in Gewänder in gedämpften Grau-, Blau- und Malventönen gehüllt, die einen »biblischen« Anblick boten. Ihr Haar war von einer Haube oder einem Tuch verhüllt, aber ich konnte an ihrer hellen Haut erkennen, dass sie europäischen Ursprungs waren. Es gab auch andere.

Wie sie mich so anlächelten, mir zuriefen, ihre Arme ausbreiteten und mich in ihrer Mitte willkommen hießen, spürte ich, dass sie sich freuten, mich zu sehen. Sie streichelten mein Gesicht und klopften mir auf die Schultern und den Rücken, legten mir ihre Arme auf und bildeten einen Kreis um mich.

Ich zählte etwa ein Dutzend, die mich umringten, und irgendwie wusste ich, dass sie zusammen alle Rassen der Menschheit vertraten. Sie waren königlich, und als mir dieser Gedanke kam, sprach eine von ihnen: »**Jede Frau ist auf ihre Art schön und weise**«, sagte sie. »**Und obwohl jede von uns einzigartig ist in ihrer Macht und ihrem Wesen, vereint uns alle eine Absicht.**« Gemeinsam verkündeten sie: »**Wir sind der Große Rat der Großmütter…**« Ich war eingeschüchtert, nicht nur von ihrer Erhabenheit, sondern auch von ihrem Namen: »Der Rat der Großmütter« passte vollkommen zu ihnen, so beeindruckend und würdevoll waren sie.

So erscheinen sie mir manchmal noch heute. Aber ich würde ihnen in den folgenden Jahren Hunderte Male in verschiedenen Erscheinungen begegnen.

Nun nahmen sie mich in ihre Mitte, und mit sanften Berührungen und mir durchdringend in die Augen schauend hielten und umarmten sie mich. Während dieses ganzen Schauspiels ging ich noch immer mit dem Hund spazieren und grüßte meine Nachbarn. Irgendwie überlappte sich mein Bewusstsein nahtlos. Ich war in zwei Wirklichkeiten zugleich. Ich ging, und die Großmütter sprachen mit mir, meine Nachbarn grüßten mich wie jeden Morgen, während der Hund an der Leine zerrte. Ich ging auf sie alle ein.

Es war ein komisches Gefühl, mich in zwei scheinbar getrennten Wirklichkeiten zu befinden, aber überraschenderweise fiel es mir nicht schwer, mich zurechtzufinden. Einmal musste ich fast laut auflachen angesichts der Absurdität meiner Lage. Doch seltsamerweise fühlte ich mich zugleich ruhig und irgendwie von der Energie dieser Großmütter getragen.

Sie hielten mich fest und sagten: »**Pflanze deine Füße fest in den weichen, staubigen Boden von Mutter Erde.**« Ihre Wortwahl und ihr unverwechselbarer Ton erregten meine Aufmerksamkeit. Ich blieb stehen und dachte an meine Füße, nicht auf dem Bürgersteig, sondern auf der Erde, und sofort kam von oben über meinem Kopf ein Kokon aus leuchtender Seide, der sich um mich ausbreitete. Viele Meter lang, mindestens zwei Meter breit, vibrierte er in der Farbe eines herrlichen Sonnenuntergangs, einer samtenen Rose gleich, die aus sich heraus zu leuchten schien.

Ich holte tief Luft, als diese Kaskade mich umgab. Es fühlte sich so tröstend und geborgen an. Als die Großmütter mich darin einhüllten, verkündeten sie: »**Das ist eine Glückshaube. Diese Umhüllung besteht aus einer Art Licht, das aber mehr ist als Licht.**« Das Seidenweiche auf meiner Haut ließ mich verstehen: Ja, es war Licht, Licht mit Substanz, mit Körper.

Es bedeckte mich von Kopf bis Fuß, umhüllte mich: »**Diese Hülle wird anfangen, dich über die Haut zu heilen und zu nähren, indem sie die Zellen und Organe deines Körpers durchdringt und alle deine Teile aufeinander einstimmt und harmonisiert. Heilung und Erwachen setzen jetzt in dir ein, auf allen Ebenen gleichzeitig. Deine physischen, mentalen, emotionalen und spirituellen Anteile werden bekommen, was sie brauchen; sie werden heilen und in Einklang kommen …**« Während sie sprachen, fühlte ich mich so tief genährt und versorgt wie noch nie in meinem Leben.

Mich immer noch in diese Seidendecke einhüllend, wiegten sie mich sanft, dann tanzten sie mit mir. Sie stellten mich vor sich, nahmen meine Hände, hoben mich hoch und wirbelten mich herum, und dabei lachten sie, so dass ich mich fühlte wie ein kleines Kind, das über die Maßen geliebt wird. Als nächstes lehrten sie mich, wie man die Tanzschritte setzt, hin und her und von einer Seite zur anderen. Auf diese Weise tanzten wir zusammen. Als sie mich erneut umarmten, dachte ich: »Das ist alles so wunderbar, aber was kann ich ihnen zurückgeben?« Obwohl ich den

Gedanken nicht ausgesprochen hatte, antworteten sie: »**Es gibt nichts zu tun. Versuche nicht, uns zu helfen. Sondern lasse uns dir alles geben und die ganze Arbeit tun.**« Da nahm ich sie beim Wort und überließ mich ganz ihrer Fürsorge.

Als ich von diesem Spaziergang nach Hause zurückkehrte, war ich voll Staunen und Verwunderung über das, was mit mir passiert war, und obwohl ich es nicht verstand, wusste ich, dass ich nicht verrückt war. Dafür war ich viel zu ruhig und zu glücklich. Benommen setzte ich mich auf die Couch und schrieb auf, was mir einfiel; ich wollte die Magie des Morgens lebendig erhalten. Dann legte ich das Geschriebene weg. Ich las es nicht noch einmal. Ich wollte es nicht.

Ich hatte von solchen Erfahrungen gehört, von ihrer Kostbarkeit und Zerbrechlichkeit. Ich wusste, dass es die Natur des Verstandes ist, zu versuchen, jede Erfahrung zu erklären und auf etwas zu reduzieren, das er in Schubladen packen kann. Aber was mit mir passiert war, das passte in keine Schublade, und ich beschloss, nicht zu versuchen, es irgendwo einzuordnen. Stattdessen würde ich im Jetzt gegenwärtig bleiben, nicht auf das zurückblicken, was auf diesem Spaziergang passiert war, und nicht darüber spekulieren, was es bedeuten könnte. Was geschehen war, war heilig, das wusste ich, und damit musste es genug sein.

Ich war nach diesem Morgen noch lange von einer besonderen Art von Glück erfüllt, und weil ich mir dieses Gefühl bewahren wollte, erzählte ich niemandem, was mir geschehen war. Es war mit dieser Erfahrung wie mit einer Flasche teuren Parfüms. Ich wollte den Stopfen geschlossen halten, nicht entweichen lassen, was in der Flasche war. Außerdem würde die Erklärung des Geschehens mehr Kraft und Klarheit erfordern als ich besaß.

Ich wusste, dass ich ein Geschenk erhalten hatte, und dieses Geschenk musste gewürdigt und still verborgen werden. Die Großmütter hatten gesagt, dass die heilende und nährende Arbeit der Umhüllung mich durchtränken würde, und genau das sollte sie tun.

Bevor ich den Großmüttern begegnete, hatte ich das Wort »Glückshaube« erst einmal gehört. So wird die Fruchtblase genannt, wenn sie noch heil das Baby umhüllt, wenn es zur Welt kommt. Ich wusste nicht, was die Großmütter mit dem Wort meinten, aber was auch immer mich eingehüllt hatte, es hatte mir das Gefühl gegeben, umsorgt und wertgeschätzt zu werden. Ich wollte es so tief in mich eindringen lassen, dass ich mich für immer von Liebe umhegt fühlte.

Einige Zeit später, ich weiß nicht mehr, wann, bin ich wieder auf die »Glückshaube« gestoßen; diesmal in der Bedeutung von »Initiation«: Ich war überrascht und auch wieder nicht, als ich das las; denn irgendwie wusste ich, dass es eine Einweihung gewesen war. Die Glückshaube hatte eine bestimmte Energie auf meinen Körper und Geist übertragen, und ich hatte sie stark empfunden – eine friedfertige Kraft, ein Gefühl des inneren Reichtums, das ich noch nie zuvor erfahren hatte. Dieses Gefühl blieb mir einige Wochen lang erhalten. Seltsamerweise fand ich diese Bedeutung nie wieder, als ich später nach dem Wort Glückshaube suchte. Vielleicht kam mir die Definition der Glückshaube als Initiation in einem Traum.

Zu dieser Zeit ereignete sich ein weiterer überraschender Besuch. Ich stand auf der Treppe, während ich auf eine Klientin wartete, und als ich aus dem Fenster blickte, sah ich einen riesigen Greifvogel auf unserer Trittleiter im Garten sitzen. Viel größer als jeder Falke, den ich je gesehen hatte, hockte er auf dieser vier Fuß hohen Leiter, seine Majestät und Haltung so fehl am Platz, dass nicht nur die Leiter, sondern auch der große Garten klein erschienen. Dunkle, graubraune Federn hatte er und einen stechenden Blick; so hockte er da, jagte nicht, ruhte nicht, drehte bloß den Kopf in alle Richtungen, als bewache er den Garten mit Ingrimm.

Mein Mann und ich schauten wie gebannt, und als meine Klientin kam, zeigte ich ihr den Vogel auch. Ich war froh, dass noch andere da waren, ihn zu sehen. Noch hatte ich niemandem von den Großmüttern erzählt. Wir beobachteten den großen Vogel fasziniert, doch schließlich sahen wir weg, und als wir wieder hinschauten, war er fort. Niemand von uns hatte ihn landen oder davonfliegen gesehen.

Ein paar Tage später erwähnten Roger und ich unseren Gartenbesucher gegenüber einer Vogelfreundin. Erregt von unserer Beschreibung, vor allem von der Größe des Vogels, zeigte sie uns das Buch *Greifvögel* von Floyd Scholtz. Da fanden wir ihn. Es war ein Steinadler – ein Greif, der im dichtbesiedelten Teil Südkaliforniens, in dem wir leben, äußerst selten war.

Nachdem wir nun wussten, wer unser Gartenbesucher war, holte ich die *Karten der Kraft* heraus, ein indianisches Orakelset, und suchte nach dem Adler. Es ist die erste Karte des Decks, das sagte mir etwas. Und als ich die Karte anschaute, spürte ich wieder das Kribbeln wie bei der Anwesenheit des großen Vogels. Ich las: »Adlermedizin ist die Kraft des Großen Geistes, die Verbindung zum Göttlichen. Es ist die Fähigkeit, im Bereich des Geistigen zu leben und dennoch mit beiden Füßen auf dem Boden zu stehen.

Adler gemahnt dich, dir ein Herz zu fassen und deinen Mut zusammenzunehmen, weil sich die Gelegenheit bietet, über die weltlichen Belange aufzusteigen.

Irgendeine Prüfung deiner Seelenstärke kann in dir die Erkenntnis wachrufen, dass diese Gelegenheit jetzt gekommen ist. [...] Indem du lernst, deine eigene Angst vor dem Unbekannten kühn anzugreifen, werden die Schwingen deiner Seele von dem Aufwind getragen, die du als den Atem des immer gegenwärtigen Großen Geistes erkennen wirst.«*

Bei diesen Worten, die in mir Widerhall fanden, erkannte ich, dass das Universum mir eine ungeahnte Chance bot. Wenn ich sie ergriff, würde ich jenseits der Grenzen meines »normalen Lebens« unterwegs sein.

Um den 1. Oktober herum, als ich in meinem Schreibtisch stöberte, stieß ich auf das, was ich an dem Tag geschrieben hatte, an dem mir die Großmütter erschienen waren. Ich fasste es nicht, was da stand.

»In der so lange von Yang, dem Prinzip der männlichen Energie beherrschten Kultur, fehlt es an Yin, am Prinzip der weiblichen Energie, die schwach geworden ist. Die Frau ist abgeschnitten von ihrem Sinn für ihre Macht und ihre Bestimmung und für das, was ihren Wert ausmacht, und wenn sie diesen Mangel spürt, sucht sie im Außen nach ihrer Iden-

* Jamie Sams, David Carson: *Karten der Kraft*, Oberstdorf 1989

tität und einer Bestätigung ihres Wertes. Frauen investieren übermäßig viel Zeit und Geld in diese Bestätigung von außen.

Doch ganz gleich, wie viel ›Bestätigung‹ für ihre Schönheit, ihre Kraft und ihr Dasein sie erfährt, sie spürt den Mangel. Denn weibliche Energie kann nicht von außen zugeführt werden. Yin *ist.* Es existiert um seiner selbst willen. Es zu suchen, wird die Suchende nur verwirren.

Der Große Rat der Großmütter ist gekommen, um die Frau aus sich heraus stark zu machen und dem Mann das nährende Yin in sich zu zeigen. Jede Großmutter ist einzigartig in ihrer Kraft und ihrem Wesen, und doch sind alle einig in der Absicht, Yin wieder stark zu machen – die weibliche Kraft in ihrer ganzen Anmut und Macht –, damit die Welt wieder ins Gleichgewicht kommt. Wir werden die Frauen ermächtigen und die Männer nähren und beiden das weibliche Prinzip offenbaren.«

Es war meine Schrift, aber ich konnte mich nicht erinnern, es geschrieben zu haben. Ich begriff, dass die Botschaft *durch* mich geschrieben worden war, nicht *von* mir. Ich verstand auch, dass das, was ich las, nicht nur mir bestimmt war. Die Wahrheit, die in ihren Worten widerhallte, galt allen Frauen, allen Menschen.

Ihre Worte bestätigten mir, was ich bereits wusste: Die Welt *war* gefährlich aus dem Gleichgewicht geraten. Der Schmerz der Menschen schien zuzunehmen. Ich sah in meiner Psychotherapiepraxis immer mehr Leid, Gewalt und Verzweiflung. Was die Großmütter »**zu viel Yang und zu wenig Yin**« nannten, trieb auch die Nationen zum Krieg. Später in meiner Arbeit mit ihnen sagten mir die Großmütter: »**Yin und Yang sind nicht mehr im Gleichgewicht. Yang ist maßlos übersteigert. Immer wilder und gewalttätiger, kann die Yang-Energie ohne die Intervention von Yin nicht wieder ins Lot kommen.«**

Mitte Oktober hatten Roger und ich einen Termin bei einer Astrologin. Ich hatte ihm schließlich von meinen Erfahrungen mit den Großmüttern erzählt, und wir waren beide gespannt, ob die Astrologin dieses seltsame Ereignis aufgreifen würde.

Als Dorothy mein Horoskop las, verkündete sie, dass ich im Begriff sei, die Arbeit zu beginnen, für die ich geboren wurde – etwas anderes als alles, was ich jemals getan hatte, eine intensive spirituelle Arbeit, die für mich und andere wichtig sein würde. Sie sagte, ich müsse auf das vertrauen, was sich mir ergeben würde, und mit vollem Glauben in diese Arbeit hineingehen. Was sich mir darbot, war die Gelegenheit meines Lebens.

Mit einem Kloß im Hals hörte ich zu, und als ich ihr von den Großmüttern und dem Adler erzählte, lachte sie erfreut und sagte: *Das ist es!* Ich würde die Arbeit der Großmütter an viele Frauen weitergeben; ich würde reisen und ein Buch schreiben! Ich würde viele Stunden am Computer zubringen.

Obwohl Dorothy in vielem recht hatte, so doch nicht in allem. Ich war keine Schriftstellerin; ich hatte noch nie einen Computer angefasst und wollte es auch nicht. Roger lachte laut, als sie sagte, dass ich lange Stunden am Computer verbringen würde. Er kannte meine Phobie vor Maschinen.

Aber sie ließ sich nicht davon abbringen. Ich würde die Lehren der Großmütter weitergeben; ich würde reisen und schreiben. Kichernd sagte sie mir, ich solle sie anrufen und sie wissen lassen, wie es läuft.

Später, als ich meine Arbeit mit den Großmüttern begann, haben mir ihre Worte immer wieder weitergeholfen. Sie erinnerten mich daran, dass ich auf das vertrauen sollte, was sich mir ergab, wusste ich doch, dass ich es mir nie verzeihen würde, wenn ich meiner Angst vor dem Unbekannten nachgeben würde. Ich musste dem Prozess vertrauen und dorthin gehen, wohin ich geführt wurde. Ich schwor mir, meinen Ängsten zu widerstehen, immer bei mir zu bleiben und auf mein Herz zu hören – ganz gleich, was passierte.

In der ersten Novemberwoche besuchte ich einen Malworkshop mit Meinrad Craighead, einer Benediktinerin, Künstlerin und Gelehrten, die die Kunst des Heiligen unterrichtet. Hier wurden mir Vorstellungen vermittelt, die mir neu waren – der weibliche Aspekt Gottes, die heilige Kunst der Göttinnenkultur und der Schamanismus. Ich vertraute Meinrad an, was mit mir im September passiert war, und fragte sie, ob es eine Verbindung gab zwischen den Großmüttern und dem Adler. Sie meinte, ja: Der Besuch der Großmütter und der des Adlers folge einem klassischen Muster, das in vielen Mythen zu finden sei, sagte sie. Sie ermutigte mich, herauszufinden, warum sie gekommen waren.

Wieder zu Hause, suchte ich in meinem Tagesplaner nach dem Datum, an dem der Adler im Garten gelandet war. Es war der 12. September 1996. Dann schaute ich, was ich geschrieben hatte, als die Großmütter erschienen waren. Das war vom 10. September. Nachdem ein Leben lang nichts dergleichen geschehen war, *waren es zwei Besuche, nur zwei Tage nacheinander.*

Jetzt fragte ich mich wirklich, warum die Großmütter und der Adler erschienen waren. Was wollten sie? Aber ich hatte keine Ahnung, wie ich das herausfinden sollte. Um sie zu fragen, brauchte ich einen Weg, mit ihnen in Verbindung zu treten, und obwohl ich darauf hoffte, dass sie zurückkehren würden, taten sie es nicht. Wenn ich mit den Großmüttern sprechen wollte – kein Gedanke daran, mit dem Adler zu reden , müsste ich einen Weg finden.

Ich wusste nicht, wer mir helfen konnte, also tat ich das einzige, was mir einfiel, und betete darum, jemanden zu finden, der mir weiterhalf. Ich hatte das erst ein paar Tage lang getan, als ich eines Morgens, als ich in der Stadt war, eine Freundin traf, die ich lange nicht gesehen hatte. Susan hatte schon seit ich sie kannte chronische Schmerzen; aber heute kam sie mir lächelnd und zuversichtlich entgegen; sie strahlte Gesundheit und Wohlbefinden aus! Als ich fragte, was passiert sei, erzählte sie mir, dass sie in den letzten Monaten mit einer Schamanin gearbeitet habe. Diese Arbeit habe enorme Auswirkungen auf ihre Gesundheit und ihre ganze Einstellung gehabt.

Ich war hocherfreut, dass sie so gut aussah, aber dachte mir nicht viel dabei – bis ich am nächsten Nachmittag mit einer anderen Freundin sprach, die erzählte, dass auch sie mit einer Schamanin arbeitete. Es war bei beiden dieselbe!

Ich hatte darum gebetet, zu jemandem geführt zu werden, der mir helfen konnte. Vielleicht war ja diese Schamanin jener Mensch.

KAPITEL 2

Wir bringen der Erde etwas vom Himmel

Alltägliche und nicht-alltägliche Realität

Die Schamanin erwies sich als ehemalige katholische Nonne, die erst vor wenigen Jahren aus Mexiko nach Kalifornien gekommen war. Sie wirkte nicht so exotisch, wie ich es mir von einer Schamanin vorgestellt hatte, war aber freundlich und klug. Mit ihrem sympathischen Gesicht und ihrem lauten Lachen erinnerte sie mich an jemanden, dem ich genauso gut im Supermarkt begegnen könnte.

Nachdem sie mein Anliegen vernommen hatte, bot sie mir an, mir beizubringen, wie man zu Ebenen reiste, die sie »außer-gewöhnliche Realität« nannte und wo ich finden könnte, wonach ich suchte. Ich würde in diese Welt des Geistes reisen, indem ich dem monotonen Schlag einer Trommel lauschte. Das würde mich in eine leichte Trance versetzen.

Ihr Angebot erregte mich, aber vor allem machte es mir Angst; doch wenn ich diese Großmütter finden wollte, musste ich etwas unternehmen. Sie hatte eine liebevolle Ausstrahlung und einen Sinn für Humor. Ich beschloss, ihr zu vertrauen.

Diese Arbeit, warnte sie, sei nicht für alle etwas, aber wenn es klappte und die Großmütter sich mit mir trafen, hätte ich die Chance, Antworten auf meine Fragen zu bekommen. Ich müsse meine Fragen klar formulieren, damit ich genau wusste, worauf sie antworteten. Sie nahm meine »Reise« auf Band auf, damit ich bei diesem Abenteuer ganz bei der Sache sein konnte und keine Angst haben musste, mich hinterher an nichts mehr zu erinnern: »Du kannst es nur versuchen, der Rest liegt an ihnen«, sagte sie, bedeutete mir, mich hinzulegen, und schaltete das Band ein.

Zitternd vor Aufregung und Furcht lag ich bei ihr auf dem Boden. Ich sollte einen Ort finden, von dem aus ich in die sogenannte »obere Welt« eintreten konnte, wo Wesen wie die Großmütter wohnten. Hier musste ich »reisen« und sie suchen, solange der stetige Schlag der Trommel anhielt. Wenn er in einen schnellen Beat überging, sollte ich zurückkehren: »Merke dir die Route, die du reist, gut«, sagte sie, »und kehre auf demselben Weg zurück. Unter keinen Umständen darfst du von diesem Verfahren abweichen.« Ich sah den Blick, den sie mir zuwarf, und verstand. Wenn ich mich verirrte, fand ich vielleicht nicht mehr zurück.

Jetzt hatte ich wirklich Angst. Schnell bedeckte sie meine Augen mit einem Tuch, und sobald ich die Trommel hörte, betete ich fest und versuchte, mich an ihre Anweisungen zu halten. Zuerst musste ich einen Ort finden, von dem aus ich in die obere Welt gelangen konnte. Kaum war dieser Gedanke aufgetaucht, kam mir ein Baum in den Sinn, den ich liebe. Das war mein Zugang.

Ich konzentrierte mich auf den Baum und stand plötzlich neben ihm. Ich wandte mich zum Stamm um, dann kletterte ich seine Äste hoch, steckte den Kopf aus den obersten Zweigen und blickte in die Weite über mir. Ich bat um Hilfe, hüpfte auf den Zweig und wollte, dass er mich in das endlose Blau über mir entließ. Erstaunlicherweise tat er das, und ich erhob mich mühelos in den Himmel. Sobald ich daran dachte, wurde mein Körper nach oben geschleudert. Das war bereits eine andere Wirklichkeit.

Ich flog geradewegs in das Firmament hinein und freute mich ungemein, bis ich auf eine schwere Wolkendecke über mir aufmerksam wurde, dick und unheilvoll. Wie sollte ich da durchkommen? Aber kaum hatte ich um Hilfe gebeten, erschien in den Wolken ein Durchgang, und mit nur geringer Anstrengung meiner Füße drückte ich mich kräftig ab, um mich nach oben zu schieben, während meine Hände nach den formlosen Rändern der Wolken griffen, durch die ich ging.

Ich hatte das Reich der außer-gewöhnlichen Wirklichkeit betreten. Schamanen nannten es die erste Ebene der oberen Welt, und hier begann ich meine Suche nach den Großmüttern. Jetzt sollte ich alle fragen, ob sie meine Geisthelfer waren; alle, die mir begegneten, wie seltsam sie mir auch erscheinen mochten. Wenn sie wirklich da wären, um zu helfen, könnte ich fragen, wo die Großmütter zu finden wären.

Nachdem ich die Öffnung in den Wolken passiert hatte, befand ich mich in einem leeren Raum, blank und ohne Leben. Keine Form, keine Bewegung, keine Farbe, nur der weiße Raum, der sich vor mir ausdehnte. Bei mir nannte ich es »das weiße Land«.

Da es hier kein Leben gab, keine Form, musste ich wohl höher hinauf, um die Großmütter zu finden: »Bitte«, bat ich das Universum, »bringe mich zu einem Geisthelfer, damit ich sie finden kann.«

Kaum hatte ich es gedacht, wurde ich aus dem leblosen Raum in einen Bereich aus Blau und Weiß gehoben, in dem es nur Wolken, Winde und wechselnde Bewegungen gab. Schnell wurden die Farben trübe; sie wurden dunkel, immer dunkler, bis ich nur noch ein Paar weißer Augen sehen konnte, die mich aus der Schwärze anstarrten.

»Bist du mein Geisthelfer?« fragte ich die Augen. »Kannst du mich zu den Großmüttern bringen?«

Stille. Es gab keine Antwort, aber etwas hinter diesen Augen winkte mir, und ich folgte: vorwärts, aufwärts und aus der Dunkelheit.

»Wir steigen hoch; das sieht wie der Himalaya aus«, sagte ich zu mir, als ich mich umblickte. Dann stieg ich höher – zusammen mit dem, was auch immer hinter diesen Augen war.

»Hier ist eine Höhle«, sagte ich und musste lachen: Welch Klischee, in eine Höhle im Himalaya gebracht zu werden! Aber was auch immer hinter diesen Augen war, es lachte nicht. Es veranlasste mich, ihm in die

Höhle zu folgen. Schattenhaft, muffig, feucht. Als sich meine Augen an die Düsternis gewöhnt hatten, erkannte ich die Gestalt eines Einsiedlers an der Rückwand der Höhle. Mit langen weißen Haaren und einem hängenden Schnurrbart, war er in weiße Gewänder gehüllt und saß in der Lotushaltung. Als ich auf ihn zuging, hörte ich mich sagen: »Er ist ein großes Wesen«, und fragte mich, woher ich das wusste.

Aber die Schamanin hatte mir gesagt, ich solle fragen, und so stand ich vor ihm und fragte: »Bist du mein Geisthelfer?« Er nickte: »Ja.« Und ich war so bewegt, mit ihm in dieser Höhle zu sein, dass mir Tränen in die Augen traten. Schnell nahm er meine Hand in seine beiden, während ich vor ihm saß, und obwohl ich ihn anstarrte, konnte ich ihn nicht deutlich genug sehen, um seine Gesichtszüge zu erkennen.

Ich sprach trotzdem mit ihm, erzählte ihm von der Ankunft der Großmütter und dass ich sie suche: »Ich will herausfinden, warum sie zu mir kamen, und ich will wissen, ob ich ihnen behilflich sein kann.« Wieder nickte er. Er wusste alles, streichelte meine Hand und sagte: »**Es ist alles in Ordnung.**«

Obwohl seine Worte und der Ton seiner Stimme mich trösteten, war ich mir nicht sicher, was »**Es ist in Ordnung**« bedeutete, also fragte ich, ob es für mich in Ordnung sei, zu den Großmüttern weiterzugehen. Er sah mich streng an, bewegte den Arm und wies mit dem Zeigefinger nach oben.

Um zu den Großmüttern zu gelangen, müsse ich weitergehen. Ich verbeugte mich zum Dank, und als ich aufstand, sah ich direkt hinter seinem Sitz eine Öffnung in der Höhlenwand. Sie schien nach oben durch die Höhlendecke zu führen. Ein Durchgang. Ich trat in einen engen Tunnel und ertastete meinen Weg in völliger Dunkelheit nach oben.

Als ich endlich den Ausgang des Tunnels erreichte und aus der Dunkelheit in die frische Luft trat, war ich auf dem Gipfel des Berges. Aber wieder war niemand da, also musste ich noch weiter gehen: »Höher!« rief ich. »Ich will die Großmütter finden!«

Mit einer Entschlossenheit, die mich selbst überraschte, griff ich nach oben und zog mich in eine jetzt formlose Weite empor. Da dämmerte es mir, wie weit die Großmütter gereist sein mussten, um mich zu finden.

»Hatten sie die gleiche Reise gemacht?« fragte ich mich und war tief gerührt.

Im selben Moment musste ich über mich selbst lachen, weil ich so nüchtern gedacht hatte. »Die Großmütter«, sagte ich mir, »sind keine gewöhnlichen Wesen.« Durchscheinend, weise und allwissend, war diese Reise für sie sicher keine Anstrengung.

Schließlich durchbrach ich eine membranartige Barriere und landete in einem Bereich, in dem kleine Wolken in der Luft herumhüpften. Das Licht war hell, und es war seltsam ruhig hier. An der Luft erkannte ich, dass ich mich in großer Höhe befand. Die Atmosphäre fühlte sich gut an; dies war ein glückliches Land – sonnig, neblig, weich.

Erneut bat ich um einen Geisthelfer und, wenn möglich, dass die Großmütter erschienen, und als ich im hellen Nebel wartete, hörte ich ein Lachen, das nach jungen Frauen klang. Ich sah flüchtig undeutliche Gestalten, die sich bewegten, während mir mit jedem Augenblick bewusster wurde, welch eine Heiterkeit an diesem Ort herrschte. Die Luft war schwer und süß und stimmte mich erwartungsfroh – als wäre ich an den Fuß eines großen Berges aus Süßigkeiten gebracht worden.

Mit einem Mal war der Ort von Heiligkeit erfüllt, und obwohl ich niemanden sehen konnte, wusste ich, dass ein großes Wesen zugegen war: »Bist du mein Geisthelfer?« fragte ich. »Bist du eine der Großmütter?« Das Wesen brach in schallendes Gelächter aus. »Das«, dachte ich, »ist wahrhaft der Klang von guter Laune und Freude.«

Der Nebel begann sich zu lichten, während das Lachen mich willkommen hieß, mich einhüllte und zu sich zog. Jetzt konnte ich einen Kreis von Wesen um mich herum erkennen. Ich spürte, wie sie meinen Körper streichelten, und dachte: »Das ist der Rat der Großmütter, das muss er sein«, aber ich konnte immer noch nicht genug sehen, um sicher zu sein. Mein Herz schlug mir bis zum Hals, als ich gespannt wartete; aber dieser helle Nebel lag über allem und machte es unmöglich, klar zu sehen.

»Wer auch immer diese Wesen sind, sie sind miteinander glücklich,« sagte ich und bemerkte dann, dass eine von ihnen allein abseits saß. Es war eine Frau. »Bist du mein Geisthelfer?« fragte ich.

Sie winkte mich zu sich, und als ich mich näherte, sah ich, dass sie auf einem Thron saß. Bevor ich darüber nachdenken konnte, verbeugte ich mich vor ihr und platzte heraus: »Ich fühle mich so geehrt, dass die Großmütter zu mir kamen. Es fällt mir schwer, es zu glauben, aber so langsam glaube ich es. Ich will wissen, warum sie gekommen sind und was sie wollen.« Als ich merkte, wie unbeholfen meine Worte waren, fragte ich einfach: »Warum sind sie gekommen?«

Eine Präsenz hüllte mich in Liebe ein. Genauso hatte ich mich gefühlt, als die Großmütter mich auf meinem Spaziergang umarmt hatten – nährend, warm und voll. »Es *sind* die Großmütter«, rief ich aus. »Sie sind wieder da.« Sie tätschelten mich lächelnd, dieselben Großmütter, und sie begannen, mich zu umhegen. Diesmal hüllten sie mich nicht in eine Glückshaube, sondern in ein Gewand.

»Großmütter, danke für alles, was ihr für mich tut«, begann ich mit tränenerstickter Stimme. Ich war überwältigt, konnte kaum weitersprechen: »Eure Botschaft ist so schön…«, stammelte ich, »über Frauen, meine ich, und sie wird so dringend gebraucht!« Ich kam nicht mehr weiter. »Bitte,« sagte ich, als ich wieder sprechen konnte, »wenn ich euch bei dieser Arbeit helfen kann, zeigt mir, wie. Wie kann ich euch zu Diensten sein? Wie kann ich helfen?«

Ruhig und mit großer Würde sagten sie: »**Lass *uns* helfen. Lass *uns dir* helfen.**« Sie nahmen mich in ihre Arme und wiegten mich wie ein Kind, und als ich in ihre liebevollen Gesichter sah, sagte ich: »Ja, ja, Großmütter, alles wird von euch getan. Aber wollt ihr, dass *ich* etwas für *euch* tue? Wie kann ich eure Botschaft umsetzen? *Kann* ich es überhaupt?« stieß ich hervor und wunderte mich über meine eigene Kühnheit. Aber ich konnte nicht aufhören zu reden und sagte: »Ich weiß, dass ihr mir diese Botschaft nicht ohne Grund gegeben habt. Soll ich sie weitergeben?« Ich war so aufgeregt, wieder in ihrer Nähe zu sein, so überwältigt, dass alles zugleich hervorsprudelte.

Sie zogen sich zurück, um sich zu beraten, und die Blicke, die sie mir über ihre Schultern zuwarfen, sagten mir, dass sie über meine Frage nachdachten. Nachdem sie mich gewissenhaft begutachtet hatten, wurde ich von ihren Blicken gefangen und festgehalten, und sie übermittelten mir, dass sie mich zu einer der ihren machen würden. Ich verstand zwar nicht, wie das gehen sollte, aber ich *wusste* es.

Und bevor ich weiter darüber nachdenken konnte, ließ ich alle jugendliche Unbefangenheit hinter mir und wurde eins mit dem Rat der Großmütter. Es herrschte ein Durcheinander von Bewegungen; Hände berührten meine Haare und Arme und den Rücken, während glühende Wärme meine Brust und meinen Bauch erfüllte. Ich war größer geworden, wärmer und weiter.

Ich blickte an mir hinab und sah, dass das Gewand, in das sie mich gehüllt hatten, schwarz und weiß war. Das waren auch die Farben ihrer Gewänder. Der Nebel war verschwunden, und ich konnte nun diese weisen alten Frauen sehen, die lächelten und auf mich warteten. Eine Welle der Zufriedenheit durchflutete meinen Körper, als ich mein Glück und das ihre bemerkte.

»**Du sollst hier herkommen, bei uns sitzen und Teil dieses Rates sein**«, sagten sie. »**Das ist dein rechtmäßiger Platz. Du sammelst Macht und Festigkeit, und *das***«, sagten sie, »**ist eine weitere Initiation.**«

»**Der Adler ist Teil dieser Arbeit**«, sagten sie, und die Erinnerung an den Adler in unserem Garten blitzte in meinem Kopf auf. Als ich sie ansah, dämmerte es mir. »**Der Adler war unser Bote**«, sagten sie und bestätigten damit, was ich dachte. »**Er setzt alles in Gang.**« ... Unvermittelt sahen *sie* wie Weißkopfseeadler aus. Groß und beeindruckend in ihren schwarzweißen Gewändern, waren die Großmütter wild, fast furchterregend.

»Großmütter!« Mir versagte die Stimme, als ich sie anstarrte, aber ich zwang mich, weiterzusprechen: »Ich bin hier auf der Erde, wo ich etwas Gutes tun kann, wenn ihr es durch mich tut. Wie kann ich eure Botschaft in den Frauen verankern?« Sobald diese Worte heraus waren, spürte ich meine Bereitschaft, mit dem Aufbau ihrer Arbeit zu beginnen.

Ihre Arme (oder Flügel) vor der Brust faltend, sagten sie lächelnd: »**Zuerst musst du darauf vertrauen, dass dies deine Arbeit *ist*.**« Sie hielten inne, damit ich ihre Worte sacken lassen konnte, dann sagten sie: »**Das**

wird passieren, wenn du herkommst, um beim Rat zu sein.« Stumm nickend, beobachtete ich sie fasziniert.

Das nächste, woran ich mich erinnern konnte, war, dass wir zusammensaßen. Hoch oben auf einer zeremoniellen Plattform, einer Art Podium, bildeten wir einen Halbkreis, und wie ich schweigend so dasaß, wurde mir die mächtige Präsenz des Adlers bewusst. Er war bei mir, er war in mir. Ich fühlte ihn, besonders in meinen Händen und Füßen, und als ich die Kante des Podiums packte, sah ich, wie sie zu Krallen wurden.

Mit aufrechtem Oberkörper nahm ich die hoch aufragende Haltung eines Adlers an: »Bist du mein Geisthelfer?« fragte ich diese überwältigende Präsenz in mir. »Ja!« hörte ich den wilden Schrei.

»Deshalb fühle ich diese Einheit mit dem großen Vogel«, sagte ich, und als ich die Großmütter ansah, waren auch sie zu Adlern geworden. Der Rat der großen Adler saß da, mit grimmigen Mienen und mächtigen Schwingen. Als ich diese Großmutter-Adler sah, kam mir »**Himmelsmutter**« in den Sinn.

Jetzt verwandelte sich mein Körper wirklich. Die Wildheit wuchs an; ich hatte straffe Muskeln, war klar ausgerichtet. Ich *war* Adler. Es überraschte mich, als ich merkte, dass es nicht Angst war, die ich spürte, sondern vielmehr Erregung von dieser Macht.

»**Wir bringen jetzt etwas vom Himmel auf die Erde**«, sagten die Großmütter, »**und wir tun dies auf eine neue Weise. Es ist eigentlich ein alter Weg, aber einer, den es auf der Erde lange Zeit nicht mehr gegeben hat.**« Als sie sprachen, baute sich in mir und um mich herum eine solche Kraft auf, dass ich mit ihr vibrierte. »**Die Erde wird von dieser Kraft erfüllt werden**«, sagten sie, »**sie wird jetzt von ihr erfüllt.**« »Ich verkörpere diese Kraft«, sagte ich zu mir selbst.

Der Trommelschlag änderte sich, verhielt einen Moment und beschleunigte sich dann. Dies war mein Signal, in die Alltagswirklichkeit zurückzukehren: »Großmütter, helft mir, damit ich mir diese Kraft auf der Erde erhalten, sie in diesem Körper halten kann. – Danke«, flüsterte ich und verabschiedete mich, um nicht hinter den Trommelschlag zurückzufallen. »Ich lande jetzt.«

Ich wandte mich von ihren wilden schwarz-weißen Gestalten ab und machte mich so schnell wie möglich auf den Weg durch die Ebenen der oberen Welt und kehrte kurz bevor der Trommelschlag aufhörte in die alltägliche Wirklichkeit zurück. Als mein Körper endlich aufhörte zu zittern, öffnete ich meine Augen und sah, wie die Schamanin mit Tränen in den Augen über mir stand.

Meine Erfahrung ließ mich erschüttert, aber erfüllt zurück. Ich war tiefer geworden, was auch immer die Großmütter auf dieser ersten Reise in die obere Welt mit mir getan hatten. Als ich darüber nachdachte, kam es mir vor, als seien ihre Worte und die Übertragung der Gefühle noch stärker gewesen als beim ersten Mal, obwohl ihre Anwesenheit anfangs nicht so klar war wie bei meinem Spaziergang entlang der Klippen.

Im Laufe der Zeit lernte ich, dass die Großmütter zu verschiedenen Zeiten auf unterschiedliche Weise erscheinen. Bis heute zeigen sie sich mir entweder als Frauen oder als Adler, aber manchmal »erscheinen« sie gar nicht, lassen mich ihre Anwesenheit aber trotzdem spüren. Ich habe viele Abenteuer mit ihnen erlebt; andere haben sie auf wieder andere Weise gesehen, gehört oder gespürt. Da die Großmütter Aspekte des Göttlichen sind, sind sie in ihrer Form und Art der Kommunikation nicht eingeschränkt.

Es sind mehrere Jahre vergangen, seit ich sie zum ersten Mal getroffen habe, und meine Arbeit mit ihnen geht weiter. Einfach ausgedrückt: Ich bin ihre Schülerin, und sie sind meine Lehrerinnen. In meinem Herzen bin ich mit ihnen verbunden, und ich glaube, dass sie sich auf dieses Gefühl der Einheit beziehen, wenn sie sagen, dass ich *eine von ihnen* bin. Doch mein Platz, meine Rolle in der kosmischen Ordnung der Dinge ist eine andere als ihre.

Wann immer es für mich an der Zeit ist, mehr von ihnen zu lernen, spüre ich, wie sie mich rufen und fast an mir ziehen. Sie platzen unerwartet in mein Bewusstsein; das kann mitten in meinem Alltag passieren. Und wann immer es geschieht, reise ich so schnell wie möglich zu ihnen.

Oft reise ich, weil ich eine Frage zu ihrer Arbeit habe. Die Schamanin lehrte mich, meine Fragen in möglichst klarer Sprache zu stellen, und das versuche ich, indem ich meine Reisen auf ein Tonband spreche. Wenn ich diese Bänder abspiele, höre ich die Botschaften der Großmütter in ihren Worten, wenn auch gesprochen von meiner Stimme. Dieses Buch enthält diese Begegnungen.

Die Großmütter erschienen im September 1996, und Ende November desselben Jahres lehrte mich die Schamanin, wie man zu ihnen gelangt. Dies ermöglichte es mir, mit ihnen zu arbeiten, wann immer ich es wollte. Das Reisen war neu für mich, und weil es anders war als alles, was ich je erlebt hatte, umging ich die Urteile und Vorbehalte, die mein Verstand normalerweise über meine Erfahrungen stülpte. Da ich keine Ahnung hatte, wie man eine Reise konzipiert, beurteilt oder bewertet, war ich gezwungen, mich von den Großmüttern ganz unmittelbar unterrichten zu lassen. Mein Verstand wusste es nicht einzuordnen.

Bis die Großmütter aufgetaucht waren, hatte ich ein ziemlich »normales« Leben geführt. Verheiratet, mit zwei erwachsenen Kindern, hatte ich den größten Teil meines Erwachsenenlebens in der gleichen Stadt verbracht. Seit mehr als zwanzig Jahren unterhielt ich eine Praxis für Psychotherapie, behandelte Einzelpersonen, Paare und Familien, unterrichtete und hielt Workshops ab.

Als ich mit der Praxis begonnen hatte, hatte mich die Arbeit fasziniert, und ich konnte nicht schnell genug dazulernen. Unsere Kinder waren zu dieser Zeit noch zu Hause, also musste ich meine Arbeit in einer psychiatrischen Klinik und in meiner Privatpraxis und die Verantwortung für meinen Mann und die Kinder unter einen Hut bringen. Es war ein volles Leben mit einem sehr eng getakteten Zeitplan.

Ich ging völlig in der Arbeit auf und wusste: Je mehr Techniken und Behandlungsansätze ich hatte, desto effektiver wäre ich als Therapeutin. Also bildete ich mich fort, wann immer ich konnte, abends und am Wochenende. Ich interessierte mich besonders für die Verbindung von Körper und Geist und fühlte mich zu therapeutischen Techniken hingezogen, bei denen Körper, Geist und Seele bei der Heilung zusammenwirkten.

Fast zwanzig Jahre lang war ich in meiner Arbeit aufgegangen, aber irgendwann ließ die Begeisterung nach. Es gab eine nagende Unzufriedenheit, die ich mir nicht erklären konnte. Obwohl ich erfolgreich war, war es mir nicht mehr genug, einzelnen Menschen zu helfen. Ich wollte mehr – geweitet werden, herausgefordert und mich mit all meinen Fähigkeiten beweisen. Ich war mir nicht sicher, wie dieses »Mehr« aussehen würde, aber ich hoffte, dass sich mir irgendwann etwas zeigen würde. Das war, kurz bevor die Großmütter erschienen.

Die Großmütter haben meine Welt auf den Kopf gestellt. Um ihren Anweisungen zu folgen und dorthin zu gehen, wo sie mich hinführten, musste ich mich oft überwinden. Ich war daran gewöhnt, zumindest eine gewisse Kontrolle über mein Leben zu haben, und fühlte mich überwältigt von der Absonderlichkeit dieser Reisen. Was mit mir geschah, war einfach nicht rational; ich konnte es mir selbst nicht erklären, geschweige denn jemand anderem. Es war ein großes Abenteuer, und ich fragte mich: »Was tust du da eigentlich?«

Es dauert eine Weile, bis ich in Dinge vertraue, die nicht von dieser Welt sind, und das hier war ziemlich weit weg. In den folgenden Jahren lernte ich zu akzeptieren, dass ich inmitten der erstaunlichsten Erfahrungen mit den Großmüttern immer noch zweifeln konnte, ob sie echt waren und ob all das tatsächlich mit mir geschah.

Oft hörte ich mir meine auf Tonband aufgezeichneten Reisen an, besonders in den ersten Monaten, als ich die Gewissheit brauchte, dass ich mir keine Geschichten ausdachte oder den Bezug zur Realität verlor. Als ich die Bänder abhörte und die Emotionen in meiner Stimme vernahm, das Stocken meiner Rede, die Pausen, mein Erstaunen und die Tränen, die mir kamen, war ich überzeugt, dass alles wirklich geschehen war. Meine Jahre als Therapeutin hatten mich gelehrt, aufmerksam zuzuhören, und jetzt hörte ich die Aufrichtigkeit in meiner eigenen Stimme, die schockierende Authentizität meiner Berichte. Ich konnte nicht an ihrer Wahrheit zweifeln.

Für diese Arbeit musste ich mich ganz in das Vertrauen hineingeben – Vertrauen in das Göttliche in Gestalt der Großmütter und Vertrauen in meine Verbindung zu ihnen. Wenn ich auch bald begann, an die Großmütter zu glauben, hatte ich immer noch Schwierigkeiten, an mich selbst zu glauben – zu glauben, dass ich, diese unbedeutende Frau, es wert war, das zu empfangen, was sie mir gaben. Im Laufe der Zeit lernte ich zwei wichtige Dinge: die Wahrheit so zu vernehmen, wie sie zu mir kam, nicht, wie ich sie mir vorgestellt hatte, und auf meine Fähigkeit zu vertrauen, sie tatsächlich zu hören. Die Großmütter waren nachsichtig mit meinem mangelnden Glauben, aber langsam lernte ich, ihnen zu folgen, wohin sie mich führten.

Immer wieder fragte ich mich: »Warum kamen sie zu mir?« bis ich mich eines Tages an einen Traum erinnerte, den ich sechs Wochen vor ihrem Erscheinen hatte. In dem Traum kam wieder der heilige Mann in seinem langen ockerfarbenen Gewand, der meine Träume schon viele Male besucht hatte. Diesmal war er direkt. Als er zu mir kam und mir in die Augen sah, fragte er: »**Was willst du?**«

Selbst im Traumzustand war ich überrascht, dass er das fragte. Über Jahre hatte er sowohl in der Meditation als auch im Traum mit mir gearbeitet, so dass er genau wusste, was in meinem Herzen war. Aber als ich im Traum antwortete: »Warum? Ich will Gott«, sah er mich nur unverwandt an und fragte dann: »**Was außer Gott willst du noch?**«

Ich war sprachlos. Was meinte er damit, »außer Gott?« Was gab es denn sonst noch? Ich hatte mich mein ganzes Leben lang nach Gott gesehnt. Aber er ging davon, wobei er mir einen wissenden Blick zuwarf, der sagte: »Denke darüber nach.«

Als ich aufwachte, war ich ganz aufgewühlt. »Was willst du außer Gott?« wurde zu meinem Zen-Koan, das mich triezte und frustrierte und mich für eine neue Ebene der Kontemplation öffnete. Das friedliche Leben, das ich vor dem Traum geführt hatte, war dahin.

Ab und zu spürte ich es: Außer Gott *gab* es noch etwas anderes für mich. Schon lange hatte ich das undeutliche Gefühl, eine ganz bestimmte Aufgabe zu haben. Mir wurde langsam klar, dass ich mit einem Drang, der so zwingend war, nicht nur Gott wollen konnte. Es war noch nicht an der Zeit, in den Zustand der Glückseligkeit einzutreten.

Nach diesem Traum begann ich zu überlegen und erkannte, dass sich mein Leben schon einige Jahre lang etwas leer angefühlt hatte. Ich war unterfordert und wusste es. Ich war es gewohnt, etwas zu leisten und ein hohes Tempo vorzulegen. Ich hatte meine Kinder großgezogen und gleichzeitig an der Schule unterrichtet und meine Abschlüsse gemacht; dann hatte ich mich in meine Praxis gestürzt. Jetzt, nach mehr als zwanzig Jahren als Psychotherapeutin, fand ich die Arbeit nicht mehr so erfüllend. Obwohl ich mir in letzter Zeit neue Behandlungsmethoden erarbeitet hatte und sogar Reiki-Meisterin geworden war, fehlte etwas.

Ich hatte nach einer Arbeit gesucht, die mich ganz und gar forderte. Jetzt verstand ich, warum der heilige Mann seine Frage gestellt hatte. Er wusste, dass ich bereit war für mehr. Nachdem ich das begriffen hatte, fing ich an, um eine Arbeit zu beten, die alle meine Fähigkeiten erforderte.

Mein Mantra hieß jetzt: »Gib mir etwas zu tun, das mich *voll und ganz* fordert.« Indem ich es immer wieder vor mir hersagte, verstärkte sich der Wunsch, alle meine Fähigkeiten zu nutzen, immer mehr. Der heilige Mann hatte Ende Juli gefragt, was ich wollte. Mitte August begann ich, darum zu beten, und in der zweiten Septemberwoche erschienen die Großmütter. Sie waren die Antwort auf mein Gebet.

Eine weitere wichtige Erkenntnis wurde mir im November desselben Jahres zuteil, und obwohl sie nicht direkt mit den Großmüttern in Verbindung stand, wurde diese Lektion über Wahrheit, Ehrlichkeit und die Kraft der Absicht zu einem festen Bestandteil meiner Arbeit mit ihnen.

Bevor ich die Großmütter traf, aß ich eines Tages mit einigen Freundinnen zu Mittag; da kam das Thema Wahrheit zur Sprache. Während wir uns unterhielten, wurde mir klar, dass ich nicht hundertprozentig ehrlich war, obwohl ich mich immer dafür gehalten hatte. Das behagte mir nicht, denn der Wunsch, mit dem Göttlichen eins zu sein, hatte in meinem Herzen Wurzeln geschlagen. Nun sah ich mir alles in meinem Verhalten genau an, was mich von diesem Ziel abhielt.

Im Gespräch mit meinen Freundinnen kam ich zu dem Schluss, dass ich mich, um im Einklang mit dem Geist Gottes zu sein, so verhalten musste, wie ich es mir von Gott vorstellte. Es war an der Zeit, mit falschen Gewohnheiten zu brechen. Nach diesem Treffen überlegte ich, was zu tun war.

Es war Zeit, damit aufzuhören, mir etwas vorzumachen und mich zu belügen, selbst wenn es noch so harmlos schien. Keine Übertreibungen mehr, um besser dazustehen, und kein Verharmlosen meines Verhaltens mehr, um im Streit mit meinem Mann zu gewinnen. Kein Schwindeln mehr.

Ich beschloss, mein Leben zu vereinfachen, indem ich die Falschheit verbannte. Immer, wenn ich mich beim Ausschmücken der Wahrheit ertappte, hielt ich inne und reagierte so ehrlich wie möglich, auch wenn es weh tat. Ich hielt mich an diesen Vorsatz – meistens jedenfalls.

Endgültig zur Wahrheit verpflichtete ich mich jedoch bei einem Workshop von Meinrad in New Mexico. Die Art und Weise, wie sie ihr Leben lebte, und die Kraft in ihrer Lehre hatten mich so tief bewegt, dass ich mit meinem Wunsch nach Wahrhaftigkeit einen Schritt weiter ging. Als ich in ihrem Garten stand, schwor ich mir, nur in der Wahrheit zu leben. An Ort und Stelle bat ich darum, dass alle Falschheit von mir genommen werde. Ich erinnere mich, dass ich Angst hatte, als ich das tat. Es war ein großer Schritt, und ich wusste es.

Als ich wieder zu Hause war, begann mein linker Vorderzahn zu schmerzen. Er hatte eine alte Krone und mir in den dreißig Jahren nie Ärger bereitet, aber jetzt pochte der Zahn.

Als die Schmerzen stärker wurden, stellte ich mir das Schlimmste vor: Was, wenn ich eine Wurzelbehandlung brauchte? Dann eines Tages, als ich von einer Besorgung nach Hause fuhr, kam mir der Gedanke zu fragen, warum der Zahn weh tat. Kaum hatte ich die Frage gestellt, sah ich mich in Meinrads Garten, wie ich mein Gelübde ablegte und darum bat, alle Falschheit von mir zu nehmen.

Ich hatte die Redensart schon gehört: »Pass auf, was du dir wünschst, denn es könnte in Erfüllung gehen.« Aber das war erstaunlich. Meine Bitte war wörtlich genommen worden.

Sobald ich verstanden hatte, was passiert war, fasste ich mein Gelübde neu in Worte, und die Schmerzen waren am selben Tag verschwunden. Als ich das Gelübde abgelegt hatte, ging es mir um die Falschheit in meinen Gedanken, Worten und Taten, aber ich hatte mich nicht eindeutig genug ausgedrückt; alle Falschheit wurde offenbar, auch der unechte Zahn.

Diese Erfahrung hatte mich anschaulich etwas gelehrt: über klar ausgerichtete Absicht. Und diese Art von klarer Absicht war es, die ich brauchte, um mit den Großmüttern zu arbeiten.

Die Großmütter sind Güte und Reinheit in Person. Ich sah diese Eigenschaften sofort in ihnen und wollte sie auch für mich. Sie halfen mir dabei, indem sie mich jedes Mal auflaufen ließen, wenn ich mit einer Frage zu ihnen kam, die nicht gut durchdacht, oder mit einer Absicht, die nicht ganz rein war. Sie würden einfach nicht erscheinen, solange mein Wunsch nach ihrer Hilfe nicht aus tiefstem Herzen kam, sondern aus meinem Verstand. Anfangs war ich so begierig, hatte es so eilig, mit ihnen in Kontakt zu treten; ich erkannte nicht, wie wichtig es war, in reiner Absicht zu reisen. Aber ich lernte schnell.

KAPITEL 3

Schönheit und Macht sind ein und dasselbe

»Die Macht liegt in den Flügeln.«

Nachdem die Schamanin mir beigebracht hatte, wie man reist, war ich so begierig darauf, die Großmütter wiederzusehen, dass ich am nächsten Tag all meinen Mut zusammennahm: Ich war entschlossen, allein zu den Großmüttern zu gelangen. Ich breitete eine Decke auf dem Boden des Schlafzimmers aus, legte mich darauf und setzte meine Kopfhörer auf, um das Band mit der Trommel zu hören. Ich schaltete einen zweiten Recorder ein, um hineinzusprechen, und als alles bereit war, stieß ich mich von demselben Baum ab, den ich schon am Vortag bestiegen hatte. Zu meiner Freude flog ich wieder in den Himmel empor. Aber diesmal ging es schneller.

Bevor ich wusste, wie mir geschah, war ich durch den Berg geeilt, wo ich den Weisen getroffen hatte, und so schnell unterwegs, dass ich ihn nicht einmal sah: »Bringt mich zu den Großmüttern, bringt mich zu meinem Geisthelfer«, rief ich, beflügelt von meinem Erfolg, als ich aufwärts, immer weiter aufwärts raste.

Nachdem ich die gleiche Wolkenbarriere wie am Vortag passiert hatte, betrat ich wieder das leere, weiße Land und schaute mich nach einem Geisthelfer um. Unversehens, aus dem Nichts stand ein Adler bewegungslos mit weit gespreizten Flügeln in der Luft.

»Ah, Adler! Adler«, rief ich, »bist du mein Geisthelfer?« Ein Lachen ertönte, als seine Flügel die Luft aufwirbelten. Der große Vogel lachte tatsächlich! Seine Flügel hoben mich auf seinen Rücken, und weg waren wir. Schnell bemerkte ich, wie dünn und kalt die Luft war so hoch oben, und als ich Arme und Beine um ihn legte, um sie zu wärmen, stiegen wir noch höher.

»Oh, Adler, mein Geisthelfer, bring mich zu den Großmüttern«, schrie ich vor Freude, und wieder war Lachen seine einzige Antwort. Gedanken blitzten auf: »Er ist eine der Großmütter. Er ist eins mit den Großmüttern.« Schließlich wandte ich mich an ihn: »Ich weiß nicht, ob du mit ihnen verwandt bist, aber bring mich trotzdem zum Rat der Großmütter, bitte.« Er kicherte über das »bitte«.

Als wir gelandet waren, bemerkte ich, dass er nicht einfach ging, sondern stolzierte; er war Meister nicht nur des Himmels, sondern auch des Landes. Ich konnte kaum mit ihm mithalten. Ich blickte zu ihm hinüber und war überrascht, als ich sah, dass er und ich die gleiche Größe hatten. Was für ein riesiger Vogel, fast sechs Fuß groß, mit einer breiten Brust und einem herrlichen Kopf. Während wir gingen, beobachtete ich seine Flügel und bemerkte die Muster von braunen, grauen und schwarzen Federn. Er war wundervoll.

Wir gingen durch eine Öffnung in einen Kreis, der zu leuchten schien. Es war eine Lichtung inmitten eines dichten Kiefernwaldes; sie war sehr weiß, sehr hell. »Was ist das für ein Ort?«, fragte ich, und es ertönte ein: **»Das ist der Versammlungsplatz des Rates.«** Aber da war niemand. Enttäuscht forderte ich: »Adler, bring mich zu den Großmüttern.«

Er tat, als habe er mich nicht gehört und stand still an meiner Seite. »Was macht er?« fragte ich mich, aber als ich noch einmal hinschaute, stellte ich fest, dass wir genau am Versammlungsplatz des Rates der Großmütter waren. Ich hatte es nicht erkannt, weil die Großmütter nicht sichtbar waren, aber jetzt wurde mir ihre Anwesenheit bewusst. Es war die Konzentration des Lichts. Eine starke Kraft erfüllte den Raum.

Da Adler bereit schien, geduldig zu warten, würde auch ich das tun. Ich könnte mich genauso gut hinsetzen. Aber sobald mein Hintern den Boden berührte, spürte ich die Kraft, die diesen Ort durchdrang, die vom Boden in meine Hüften und mein Gesäß kroch. Als ich saß und mich mit Kraft auflud, wurde mir klar, wie wichtig es war zu lernen, still zu sitzen. »Keine Anspannung mehr«, sagte ich mir, »keine Vorstellungen. Nur aufnehmen.« Ich schloss die Augen, richtete mein Gewahrsein auf den Kraftaufbau in mir und saß in Stille.

Als ich aufblickte, tanzte zu meiner Überraschung Adler inmitten des leuchtenden Kreises. Mit ihm sah ich viele Flügelpaare, nach oben gefaltet, aber in Bewegung, die ebenfalls tanzten. Ich schaute zu, wie sich die Flügel öffneten, und die Großmütteradler wurden sichtbar, die diesen Lichtkreis bildeten. Schnell blickte ich an mir hinunter und sah, dass auch ich Flügel hatte, Flügel, die mich aufgerichtet zu haben schienen. Ich saß zwar noch auf dem Boden, aber hoch aufgereckt – durch diese gefalteten Flügel.

Die Adler tanzten miteinander. Als ich zusah, begannen sie, sich in Formen zu bewegen, die ich irgendwo schon einmal gesehen hatte. Indianer vollführten diese Muster, wenn sie den Adlertanz aufführten. Als mir dieser Gedanke kam, spürte ich einen leichten Zug im Herzen, die Sehnsucht, wieder in den Südwesten zu reisen.

Nun drang der Trommelschlag in mich, er vibrierte in meiner Brust und meinem Bauch, er begann, mich mit dem Geist des Adlers zu durchtränken. Mit jedem Schlag hämmerte er die Furchtlosigkeit und die königliche Qualität des Adlers in meinen Körper und Geist. Stolz sagte ich: »Ich bin ein Adler.«

Ich schaute wieder zum Kreis und sah die Großmütter, die noch immer mit Adler tanzten. Aber jetzt bewegten sie sich nicht mehr als Adler, sondern als Frauen; bunte Röcke wogten, Arme hoben sich und sanken nieder im Tanz. Sie waren jung, diese Großmütter – anmutig und liebreizend. Nicht jung wie Kinder, sondern jung in ihrer Bewegung, in ihrem Geist.

Als ich zusah, hörte ich mich sagen: »Ich will ermächtigt werden«, und dachte: »Ich muss es sein, um diese Arbeit zu tun. Ich muss ermächtigt werden, wenn ich die Botschaft der Großmütter verkörpern soll – für die Frauen und für die Erde.« Als ich sagte: »Ich will ermächtigt werden«, begann etwas durch die Luft auf mich zu zu gleiten. Farben – Schwarz, Weiß, Braun und Grau, Adlerfarben – bewegten sich in meine Richtung.

Plötzlich tanzte auch ich. Meine mächtigen Krallen stampften auf die Erde, und als meine Flügel sich spreizten, hörte ich: »**Tanzen heißt Macht annehmen.**« »Ich bin eine Adlertänzerin«, sagte ich. »Ich bin ein tanzender Adler.«

»Was muss ich lernen?« rief ich den Großmüttern zu. »Was muss ich tun, um eure Botschaft auf der Erde zu verankern?« »**Macht! Macht!**« riefen sie. Oh, wie meine Flügel schlugen.

»Großmütter, ich will die Macht übernehmen, die ich brauche. Ich bin bereit. Lehrt mich. Zeigt es mir. Gebt mir die Macht.« Ich betete und weinte gleichzeitig, aber meine Aufmerksamkeit wurde wieder auf meine Flügel gelenkt, als ich den Sog ihres Hebens und Senkens spürte.

»**Es sind die Flügel**«, sagten die Großmütter, »**Macht ist in den Flügeln, Bewegung ist in den Flügeln...**« Es waren meine Flügel, die mich angefeuert und emporgehoben hatten, indem sie meine Brust und mein Herz weiteten. Das aufsteigende Gefühl der Macht wurde in meinem Inneren so stark, dass ich es kaum ertragen konnte. Ich konnte es nicht in mir halten. Von Flügeln zugedeckt, meinen eigenen, denen des Adlers und der Großmütter, und von ihrem Rhythmus überwältigt, fiel ich in eine Bewusstlosigkeit.

Als ich erwachte, fragte ich: »Gibt es noch etwas, was ich tun kann, um ein würdiger Bote zu werden?« Daraufhin zeigten mir die Großmütter mich als Indianerin, die den Adlertanz tanzte. »Großmütter«, sagte ich verwirrt von all dem Tanzen, »wollt ihr, dass ich etwas anderes tue als tanzen?« »**Tanze**«, sagten sie, »**tanze und hör zu. Höre auf den Wind und auf die unterschwelligen Dinge. Pass auf, wie die Dinge geschehen.**«

Nach ein paar Augenblicken des Schweigens rief ich: »Ein Phallus!« Ich konnte kaum glauben, was ich sah, wandte den Blick ab und schaute dann wieder zu den Großmüttern, die ehrwürdig in förmlicher Haltung dastanden. Vor sich hielten sie einen riesigen, steinernen Penis und einen Hodensack. Als sie dieses monumentale Symbol der Männlichkeit anhoben, blickten sie mich feierlich an und sagten: **»Der Rat der Großmütter hält die Macht der männlichen und der weiblichen Energie.«**

Ich war so schockiert, dass ich sie nur anstarren konnte. »Diese Großmütter,« murmelte ich, »sind nicht bloß liebreizende, nette alte Damen. Sie sind mächtige Wesen.« Sie richteten sich auf und zogen an meinen Flügeln, besonders an meinen Schultern und am Rücken, sie festigten sie – und das taten sie, während ich tanzte. Ich hatte die ganze Zeit getanzt. Ich konnte nicht aufhören und wollte es auch nicht. Sie schauten zu, und ich tanzte, bis sich der Trommelschlag änderte; das sagte mir, dass es Zeit war aufzubrechen.

»Macht ist Schönheit,
Schönheit ist Macht.«

Nach dieser Reise wurde mir klar, dass ich begreifen musste: Die Natur der Macht der Großmütter war es, zu geben. Als sie zum ersten Mal auf meinem Spaziergang oberhalb vom Strand auftauchten, hatten sie von Schönheit und Macht gesprochen, doch damals hatte ich nicht verstanden, was sie meinten.

Eines Morgens im Dezember wachte ich auf und wusste, dass ich von den Großmüttern geträumt hatte. Schnell nahm ich das Notizbuch von meinem Nachttisch und begann zu schreiben. Es war, als würde mir diktiert: Obwohl ich wach war, sprachen die Großmütter noch.

»Schönheit und Macht sind ein und dasselbe, nicht zweierlei«, sagten sie. **»Wir sind gekommen, um den Menschen ihre volle Macht und Schönheit zurückzubringen, denn wenn sie ihre Macht nicht annehmen und ihre eigene Schönheit nicht zu würdigen wissen, wird die Welt nicht ins Gleichgewicht kommen können.**

Macht ist Schönheit.

Schönheit ist Macht.

Macht gleich Schönheit ist Leben aus dem innersten Wesen. Es ist nicht ›Macht über‹ oder ›Macht um‹, sondern zu hundert Prozent du selbst zu sein und in der Wahrheit dessen zu leben, wer du bist. Da Schönheit die äußere Manifestation der eigenen Essenz ist, ist jedes Wesen schön, wenn es diese Essenz ausdrückt.

Schönheit gleich Macht ist gelebtes Leben«, sagten sie; »tatsächlich ist sie das Leben selbst, das sich Gestalt gibt.« Ich ahnte eine tiefere Bedeutung in ihren Worten. »Wenn ich die erfassen kann«, dachte ich, »werde ich mit neuen Augen auf die Welt blicken.«

»Nach dem Äußeren zu urteilen, die Yang-Betrachtung der Welt, ist handlungs- oder ergebnisorientiert«, sagten sie. »Das geht völlig am Sinn vorbei.

Wenn ihr im Leben alles beurteilt und vergleicht, wie ihr es gelernt habt, könnt ihr die Lebenskraft in euch nicht ausdrücken. Diese Lebensweise hat zu unvorstellbarem Leid geführt; sie ist zerstörerisch, nicht lebensfördernd.

Ihr lebt in einer Welt, in der ihr beurteilt werdet, und ihr beurteilt euch gegenseitig – oft hart. Selten nehmt ihr euch an, wie ihr seid – in eurer je eigenen Wesenhaftigkeit.« Sie sahen mich scharf an, als sie sagten: »Derzeit könnt ihr es euch gar nicht vorstellen, ohne Beurteilung zu leben.

Niemand von euch lebt in einer Welt, die frei von Verurteilungen ist, und Frauen, die seit Jahrtausenden als ›geringer‹ oder ›minderwertig‹ bewertet werden, sind es gewohnt, geringgeschätzt zu werden. Frauen haben sich daran gewöhnt, dass alles, was sie instinktiv wissen, abgetan wird. Die Intuition oder das innere Wissen der Frauen wird als lächerlich empfunden.« Sie schüttelten die Köpfe und sahen zerknirscht aus, und sie sagten: »Du wirst an männlichen Maßstäben gemessen und als zu leicht befunden. Es ist daher verständlich, dass Frauen wie Männer Macht als ›Macht über‹ verstehen, ist dies doch die einzige ›Macht‹, die ihr kennt.«

Sie sprachen über den Unterschied zwischen Yin und Yang, und bezogen sich dabei auf das vorherrschende Weltbild, das von Yang-Energie bestimmt wird. Mit »Yin und Yang« beschreiben die Großmütter die heutige Situation auf der Erde. Dem Lexikon nach, ist Yin »das weibliche, passive Prinzip in der Natur, das in der chinesischen Kosmologie mit Dunkelheit, Kälte und Nässe in Verbindung gebracht wird und das sich mit Yang verbindet, um alles hervorzubringen, was es gibt. Yang ist das männliche, aktive Prinzip in der Natur, das sich in Licht, Wärme und Trockenheit ausdrückt und sich mit Yin verbindet, um alles hervorzubringen, was es gibt.

»**Wir verwenden die Begriffe Yin und Yang, um eine Wirklichkeit anzusprechen, die größer, komplexer und facettenreicher ist, als Worte es zu sagen vermögen**«, sagten sie. »**Yin und Yang sind keine zureichenden Beschreibungen, aber sie treffen es am besten. Jeder einzelne Mensch und alles Leben auf der Erde leidet unter übermäßigem Yang und mangelndem Yin.**«

Die Abwertung der Frauen und des weiblichen Prinzips durchdringt so sehr unsere Welt, dass wir es gar nicht anders kennen. »**Frauen macht es wütend, wie die Männer sie geringschätzen und zuweilen erniedrigen**«, sagten die Großmütter, »**aber wie viele von euch regen sich darüber auf, wie Frauen andere Frauen abwerten? Durch den starken Drang,** männlichen Werten **zu entsprechen, sind Frauen – genauso wie Männer – ihren Schwestern gegenüber immer unduldsamer geworden und lassen sie nicht gelten.**« Wir sind alle zu der Überzeugung gebracht worden, dass der Mensch dazu da ist, »zu produzieren, zu konkurrieren und sich durchzusetzen«; und diejenigen, die das nicht tun, haben keinen Platz in der Welt. Und so haben auch weibliche Werte keinen Platz darin.

»**Diese Yang-Verzerrung hat sich auf unsere Einstellung zur Schönheit ausgewirkt; sie macht Schönheit selbst zu einer Ware, die man begehrt und sich aneignen muss. Frauen wissen instinktiv, dass Schönheit und Macht zusammengehören, und so streben sie danach, schön zu sein, um die Macht zu haben, nach der sie streben. Doch Schönheit ohne Macht wird immer missbraucht werden, entweder von anderen oder von einem selbst. Eine schöne Frau oder ein schöner Mann, die keine innere Kraft, keine Eigenmacht haben, sind der Welt ausgeliefert.**« Schöne Frauen oder Männer werden oft ausgebeutet und wiederum Opfer der Mächtigen. Das Leben schöner junger Menschen wird häufig durch zu viel Aufmerksamkeit und Bewunderung zerstört.

»Ihr sucht Schönheit im Außen, indem ihr viel Zeit und Geld in Frisuren, Kleidung und sogar Operationen investiert«, sagten sie, **»und ihr sucht Macht im Außen, indem ihr nach Geld, Einfluss und Ruhm strebt. Das ist bedauerlich, denn nichts davon wird euch zufriedenstellen. Ihr werdet immer nur suchen und immer wieder enttäuscht werden.**

Verschwendet nicht eure Zeit damit, außerhalb von euch zu suchen, was ihr zu brauchen meint. Wendet euer Gewahrsein vielmehr auf die Quelle der Macht in euch selbst. Das versprechen wir euch: Wenn ihr beginnt, in euch selbst zu suchen, werdet ihr feststellen, *dass* Macht und Schönheit zusammengehören.

Wenn ihr die richtige Beziehung zu eurem Selbst habt, werden das höhere Selbst und Macht-gleich-Schönheit verschmelzen und ein und dasselbe werden, so wie die zwei Seiten derselben Medaille. Schönheit gleich Macht entspringt im Innern und ist wie das Erblühen einer Blume: der Blume, die ihr seid. Macht entspringt nicht dem Bemühen, etwas zu ›tun‹ oder andere zu beeindrucken.

In der Macht zu leben, ist die richtige Art zu leben. Es wird euch nicht zu Tyrannen machen, die andere beherrschen wollen. Nein! Es wird euch in die Lage versetzen, wirksamer zu werden in der Welt und mitfühlender miteinander umzugehen. Macht ist nichts, wovor man Angst haben müsste. Im Gegenteil, es ist nur natürlich, dass alle die Macht des Weiblichen annehmen. Diese Annahme ist es, die es euch erlaubt, euer *ganzes* Wesen auszudrücken.«

Ich schrieb so schnell ich konnte, und als ich später las, was sie mir diktiert hatten, war ich erstaunt über die Tiefe ihrer Weisheit.

KAPITEL 4

Eine andere Ebene

»Wer an seinem Platz ist, tut immer etwas Bedeutsames.«

Drei Tage später reiste ich wieder, um mehr zu erfahren. Diesmal flog, kaum hatte ich mich von meinem Baum erhoben, Adler herbei und nahm mir den Atem, als er mich an einem Gurt aufnahm, der um meine Taille lief. Da baumelte ich, hilflos, aber fest gehalten. Als ich in der Luft unter ihm schaukelte, schaute ich in die seltsame neue Welt hinaus, die ich nun erkunden sollte.

Je höher wir stiegen, desto heftiger drang der Wind auf mich ein, und als ich so in der Luft hin und her schwang, ging mir auf, dass Adler und dieser Flug Teil der Lektion waren. »Es ist der Flug«, sagte ich mir und beschloss, genauer darauf zu achten, was Adler beim Fliegen fühlte. An meinem Gurt hängend, breitete ich zaghaft meine Arme aus und ahmte ihn nach, als er sich weiter nach oben bewegte.

Meine Arme wurden zu Flügeln, und nur ein kurzer Fall, ein schneller Aufstieg und ich flog alleine neben ihm her. Ohne den Gurt spürte ich, wie der Wind durch meine Federn blies. Mitten in der Luft hielten Adler und ich an und vollführten, einander zugewandt, einen lustigen kleinen Tanzschritt. Dann sagte er: »**Ich lehre dich Furchtlosigkeit. Dein Verstand denkt ständig daran, zu fallen, und diese Gedanken stehen dem Lernen im Weg.**«

Er hatte recht. Obwohl ich nichts gesagt hatte, hatte ich auf jeder Reise mit der Angst vor dem Fallen zu kämpfen. Ich dachte, es wäre mir gelungen, meine Angst für mich zu behalten, und hatte versucht, alleine mit ihr fertig zu werden, aber Adler versicherte mir mit einem Klaps auf die Schulter: »**Das ist eine andere Ebene.**« Hier würde er mir etwas über Furcht und *Furchtlosigkeit* beibringen.

Der Trommelschlag drang in mein Bewusstsein und sagte mir, dass ich eine *neue Art zu sein* lernen würde. Hier war eine andere Wirklichkeit, in der ich die Dinge mit neuen Augen sehen konnte.

»Oh Herrje!« stieß ich hervor, als ich mir plötzlich all der Angst gewahr wurde, die ich mit mir herumtrug. Nicht nur die Angst vor dem Fliegen, sondern die Angst, die mein ganzes Leben bestimmte – ich sah, wie sie in meinem Körper kauerte, so riesig, dass sie mich ganz zudeckte. Erschrocken hielt ich den Atem an, gebannt von dieser enormen Masse Angst, die sich jetzt zeigte.

Bevor ich vor Schreck zusammensackte, packte mich Adler am Gurt, und los ging es. Diesmal durchbrachen wir eine Barriere in einen so hohen Raum, dass ich die Wolken unter uns sehen konnte. Wir glitten sanft dahin, überholten den Wind, und obwohl ich mich undeutlich erinnerte, dass gerade etwas passiert war, das mir nicht gefallen hatte, konnte ich mich nicht mehr entsinnen, was es gewesen war. Stattdessen dachte ich daran, die Großmütter wiederzusehen. Ich wollte wissen, wie ich mich machte und was ich als nächstes tun sollte. Aber erst einmal war ich froh zu fliegen, dahinzusegeln, in der Luft zu schweben.

Es war klar und kalt über den Wolken, und als ich mich umblickte, stellte ich fest, dass ich allein war: ein einsamer Adler, der dahinglitt. »Ein einsamer Adler«, dachte ich, und da hörte ich: »**Wie es sein soll.**«

Farben verschwammen, und dann bildeten sich Regenbogeneffekte, die sich auf meinen Schwingen spiegelten und durch meine Flügel schienen; Farbtöne von Sonnenuntergängen und Sonnenaufgängen umgaben mich. Ich sah, wie sie sich bewegten, als sie durch meine Federn rannen, und jemand sagte: »**Die Quelle allen Lichts und aller Schönheit ist hier. Das ist Sonnenkraft, die Kraft des Göttlichen.**«

»Alles ist auf meinen Flügeln«, staunte ich, und als ich mich vorwärtsbewegte, folgte mir Macht. »Wie ist das möglich?« fragte ich und erkannte gleichzeitig, wie richtig es sich anfühlte, dass dieses Strahlen durch mich hindurchfloss.

Kreisend stieg ich noch höher, dahinsegelnd und gleitend; es war wie ein Tanz in der Luft. Ich schwebte im feinen, kühlen Licht, wo es nichts zu sehen gab – noch nicht einmal den Wunsch, etwas zu sehen –, und ruhte mich aus. Als ich in einer Strömung dahinflog, ganz im Frieden, sagte eine Stimme: »**Über allem.**«

»Ich bin fast eins mit der Sonne«, sagte ich und hörte: »**Die Sonne ist der beste Freund. Der Adler und die Sonne sind beste Freunde**«, und nach einer Pause: »**Sie haben eine echte Beziehung.**« In diesen Worten erkannte ich eine tiefe Wahrheit, aber ich war zu sehr Teil dessen, was ich erlebte, um darüber nachzudenken.

Ich glitt durch die dünne Luft und zog Farben hinter mir – eine Schleppe aus Schönheit. Als mein Herz von Ehrfurcht erfüllt war vor dem, was ich wahrnahm, rief ich aus: »Oh, lehre mich, mein Geisthelfer, lehre mich und mache mich würdig.«

Da stürmte plötzlich Adler herbei, drehte sich wild zu mir um und packte mich mit seinen Krallen und seinem Blick und schrie:

»**WIRKLICHE ABSICHT!**
VERLIERE NICHT DEN FOKUS!
VERLIERE NICHT DEN FOKUS!
Halte diese Spannung«, befahl er. »**Lass dich nicht ablenken.**« »**Ja, Adler**«, sagte ich und schluckte schwer, während ich ihm bei jeder Bewegung zusah. »Lehre mich, wie. Lehre mich.« »**Schau nicht nach unten**«, sagte er. Ich kletterte auf seinen Rücken, und als er flog, richtete ich meine Augen geradeaus, genau wie er. Als ich zufällig hinunterschaute, sah ich, dass da nichts war.

Plötzlich ging er in den Sinkflug. Ich sah mich auf den vertrauten weißen Kreis zustürzen, und in letzter Minute abbremsend, landete Adler mühelos inmitten der Großmütter. Ich stieg ab, trat vor, breitete meine Flügel aus und verneigte mich vor ihnen. »Großmütter, lehrt mich, heilt mich, macht mich würdig, bereit und fähig, die Arbeit zu verrichten, die ihr mir aufgetragen habt.«

Sie streckten ihre Arme aus und zogen mich zu sich, wieder auf das Podest empor. Hier saßen wir zusammen, ganz still. Als wir unbeweglich so dasaßen, kam mir in den Sinn, dass da etwas war: nur durch unser stilles gemeinsames Dasitzen, obwohl in diesem Moment nichts zu geschehen schien. Als ich mich wie von weitem beobachtete, spürte ich, dass ich ganz und gar im Frieden war, als hätte ich lange meditiert.

»**Wer an seinem Platz ist, tut immer etwas Bedeutsames**«, sagten sie, und durchbrachen damit das Schweigen. Ich spürte diesen »Platz«, von dem sie sprachen, im Inneren, besonders im unteren Teil meines Körpers. Es schien eine Aussparung im Podest zu geben, in der ich mich mit meinen Krallen und meinem Schwanz festhielt. Ich sollte in dieser Aussparung sein. Hier zu sein, machte alles vollständig, ließ alles zusammenwirken. Es war gut, so dazusitzen. Ich war wie ein Puzzleteil, das endlich sein Zuhause gefunden hatte.

Eine Szene von einem Adler im Zoo kam mir in den Sinn, und ich dachte daran, wie traurig es war, dass diese großen Vögel ihre Flügel nicht ausbreiten und fliegen konnten. »Wie falsch es ist, sie einzusperren«, murmelte ich, »es gibt so viel Falsches auf der Erde.« Aber der Ort, an dem ich jetzt war, war anders. Dieser Ort war der *richtige Platz.* Er schuf »Richtigkeit«; er ließ die Dinge sein, was sie waren, jedes an seinem genau richtigen Platz, auf seine genau richtige Weise.

Kaum war dieser Gedanke aufgetaucht, sprachen die Großmütter: »**Alle Geschöpfe in Übereinstimmung mit ihrem Wesen**«, sagten sie, »**das rufen wir jetzt herbei, auch in den Menschen. Alle stimmen mit ihrem Wesen überein, sind an ihrem richtigen Platz. Jedes von ihnen ist auf seine Art vollkommen.**

Was du spürst, ist die Wiederherstellung der Lebensrichtigkeit, der Makellosigkeit des Lebens.« Tiefgründige Worte, die meinen Körper vibrieren ließen. Aber bevor sie mehr sagen konnten, änderte sich der Trommelschlag. Ich warf ihnen einen fragenden Blick zu, aber es blieb keine Zeit mehr; ich musste in die Alltagswirklichkeit zurück.

»Schmerz und Krankheit entstehen dort,
wo neue Energie auf die alte trifft.«

Später an diesem Tag kehrte ich zurück. Nach der abgebrochenen morgendlichen Reise wollte ich noch einmal zurück, obwohl ich müde war. »Adler, komm!« rief ich, als ich mich vom Baum abstieß.

Fast sofort sah ich den Berg vor mir und war überrascht, dass ich nicht durch ihn hindurchging. Stattdessen flog ich schnell an ihm empor. Ich war nicht weit aufgestiegen, als etwas Schreckliches auf mich zukam – dunkel und bedrohlich. Mein Herz raste, und ich spürte, wie mir die Haare zu Berge standen. Da ich nicht sagen konnte, was diese Dunkelheit war, tat ich, was die Schamanin empfohlen hatte. »Bist du mein Geisthelfer?« rief ich. Sogleich war sie fort.

Ich war erleichtert, dass sie weg war, hatte jetzt aber wirklich Angst. Dieses Ding wollte mir schaden; davon war ich überzeugt. »Adler!« rief ich und spürte sofort seine Anwesenheit. Als er vor mir in der Luft stand, erklärte er: »**Das war eine Prüfung auf Furchtlosigkeit.**«

Ich zitterte. Warum brauchte ich so einen Test? Ich wusste es nicht, aber ich glaubte ihm. Dieses Ding hatte mich erschreckt, so dass ich ihm meine volle Aufmerksamkeit schenkte. Wenn etwas in mir vor dieser Begegnung unaufmerksam war, jetzt nicht mehr. Adler klopfte mir auf den Rücken, um mich zu beruhigen, dann bedeutete er mir, ihm zu folgen.

Neben ihm dahinzugleiten, war beruhigend und leicht, also atmete ich tief aus, entspannte mich und genoss den Flug. Dann brachte er mir den Sturzflug bei. Ich liebte das Gefühl von Anmut und Kraft, als ich mit dem Wind rauschte, dahinglitt und mich fallenließ, dahinglitt und mich fallenließ. Mitten in dieser Lektion jedoch fühlte ich einen Anflug von Angst. Ich hatte im Hinterkopf, dass ich nur so viel Zeit pro Reise hatte, so viele Trommelschläge für jeden Besuch in diesem Reich. Ich wollte meine Zeit gut nutzen, um alles zu lernen, was ich konnte.

Schließlich unterbrach ich unseren Flug: »Ich will bei dir sein, Adler«, sagte ich, »aber ich will auch bei den Großmüttern sein. Ich glaube, ich sollte…« »**Entspann dich**«, sagte er und... »**Ahhh**«, nahm er einen

Aufschwung, und ich wurde emporgezogen. Ich holte tief Luft, und er sagte: »**Alle Dinge geschehen zu ihrer Zeit.**« Bei seinen Worten musste ich fast laut auflachen. Ich bildete mir ein, dieses Abenteuer läge in meiner Hand. »Warum mache ich mir Sorgen«, fragte ich mich. »Es geschieht alles nach der Agenda der Großmütter, nicht nach meiner.«

Mein Gewahrsein für das Trommeln verstärkte sich. Obwohl sich der Trommelschlag nicht geändert hatte, gab es eine Veränderung der Schwingung, und jetzt war ich woanders, bewegte mich auf eine Öffnung zu. »Ist das der Eingang zum Kreis der Großmütter?« fragte ich. Es kam mir bekannt vor, aber etwas daran war nicht richtig. »Oh!« rief ich plötzlich aus.

Rechts und links des Durchgangs lauerten Drachen. Entsetzlich, grässlich waren sie und drohten mir; sie versuchten, mir den Weg zu versperren. Aber als ich sie mit der Frage: »Seid ihr meine Geisthelfer?« ansprach, verschwanden sie, und ich konnte unter dem Torbogen aus Bäumen und Grün hindurchgehen. Wieder war ich im weißen Kreis der Großmütter, die auf dem Podium saßen und auf mich warteten.

»Um-m-m-m-m…« summte ich, als ich bemerkte, dass sich mein Körper verändert hatte und ich jetzt mehr war als mein gewöhnliches Selbst. In mir war ein Gewahrsein meines Menschseins und zugleich meines Adlerseins. Ich spürte Krallen, fühlte die Kraft meines Adlergangs und meines durchdringenden Blicks. »**Wir sind unterbrochen worden, Tochter**«, sagten die Großmütter, »**komm näher.**« Und als ich auf sie zuging, tat ich dies als Mensch und als Adler.

Ich kniete nieder und breitete meine Flügel aus, und sie zogen mich an sich. Mit ihren Flügeln umarmten sie mich und begannen, an meinen Schultern zu arbeiten. Sie spreizten meine Federn und strichen ordnend und glättend darüber. Ich stand ganz still, als sie alles nachsahen, es ausrichteten und schüttelten, Federkiele und Federn glattstrichen. »**Alles in Ordnung**«, erklärten sie und blickten mich an.

Bei der Arbeit hörte ich sie sagen: »**Adlerchen**«, und ich schloss aus dem Wort und der Art und Weise, wie sie es sagten, dass ich jung war und in ihren Augen großartig. »**Du machst es genau richtig**«, versicherten sie mir mit liebevollen Klapsen, und ich fühlte mich gut und stolz und empfand eine aufkeimende Wildheit. So, erkannte ich, fühlt sich Adler. »Danke«, sagte ich, »für meinen Adlerlehrer.« »**Das ist deine Natur**«, antworteten sie.

»Großmütter, eure Lehre ruht auf wunderbare, erwartungsvolle Weise in mir, und ich sehne mich danach, meine Flügel zu entfalten und eure Botschaft zu verbreiten.« Als ich das aussprach, war ich so tief bewegt, dass ich anfing zu weinen. Sie traten in einer Bewegung vor und legten mir ein Amulett um den Hals, ein Zeichen, das meinen Auftrag und meine Bestimmung mit ihnen bezeichnete. Es gab Rot und ein Preußisch Blau in diesem Amulett, und als ich es auf meiner Haut fühlte, wurde mir klar, dass dieses tiefe Blau auch um uns herum war, die Atmosphäre durchdrang, die Luft, die wir atmeten. Das Amulett bedeutete irgendeinen Rang. Irgendwie war ich befördert worden. Und meine Flügel! Oh, meine Flügel. Sie waren so viel weiter, und sie zogen an mir!

»**Wir wollen deine Flügel sehen**«, sagten sie. Ich breitet sie aus, folgte den Augen der Großmütter und sah, dass... dass ich gewaltige weiße Flügel hatte, zumindest an den Schultern. Meine Flügel hoben sich von selbst, und ich fing an zu tanzen; vielmehr tanzten meine Flügel *mich*, hoben mich in die Luft und ließen mich wieder herab. »Ah-h-h-h«, rief ich, und mir wurde schwindelig, als ich von diesen Flügeln nach vorne und nach hinten gezogen wurde, auf und ab.

»**Es ist Zeit für dich, so auf der Erde zu tanzen**«, sagten sie. Im Wohnzimmer, in den Hügeln hinter dem Haus – ich musste tanzen. Sie rieben Salbe in die Federkiele an meinen Schultern und am Nacken, wo meine Flügel an meinem Körper befestigt waren. Sie befahlen mir, tief einzuatmen und die Luft dann auszustoßen und zeigten mir, dass meine Kopfschmerzen von meinen Versuchen herrührten, diese wachsende Kraft zu integrieren: »**Schmerz und Krankheit treten auf, wenn neue Energien auf die alten treffen**«, sagten sie. »**Die schmerzenden Stellen in deinem Körper sind ›Eintrittspunkte‹, die sich im Verlauf von Wandel und Wachstum bemerkbar machen. Wir werden dir helfen.**«

Sie umkreisten mich schwebend und tanzten mit ausgebreiteten Flügeln um mich herum. Ihre Flügel übertrugen Macht in meine. Jetzt drehte ich mich und schaute die Großmütter eine nach der anderen an und tanzte dabei allein inmitten ihres sich noch immer drehenden Kreises. Wellen von Energie überspülten mich im Rhythmus ihrer schlagenden Flügel. Ich erhob mich über sie, drehte mich und kreiste über ihren Köpfen, und sie luden mich mit ihrer Kraft auf.

Ich schraubte mich höher, bis ich ihre goldenen Schnäbel und die dunkleren Federn ihrer Körper kaum noch sehen konnte, und als ich noch höher stieg, wurden sie zu Punkten. In der klaren Luft spürte ich die Kälte und schwebte noch einen Augenblick. Dann begann die anmutige Abwärtsspirale, und kreisend, gleitend, kreisend gleitend kehrte ich in die Mitte der Großmütter zurück, die bewegungslos dastanden.

Mich in ihrer Mitte einschließend, bedeckten sie mich schweigend mit ihren Flügeln, und ich war erfüllt von einem großen Frieden, erfüllt von einem großen Segen. Sie beugten sich über mich und streichelten liebevoll Kopf und Schultern, und es fühlte sich an, als ob sie mich mit ihren Flügeln küssten. »**Ruhe dich jetzt aus**«, sagten sie. »**Arbeite ein paar Tage nicht mehr, Adlerchen.**«

KAPITEL 5

Des Tuns zu viel

»Zu Besuch in der Kindheit – und in einer anderen Welt.«

Ich folgte der Anweisung der Großmütter und ruhte mich eine Woche lang von der Reise aus. Die Lektionen waren die erstaunlichsten und anstrengendsten, die mir je untergekommen waren, und zwei Reisen an einem Tag waren zu viel für mich gewesen. Obwohl es mehrere Tage dauerte, bis ich mich wieder »normal« fühlte, war ich so begeistert von dem, was ich von den Großmüttern lernte, dass ich es kaum erwarten konnte, wieder zu ihnen zurückzukehren.

Die Arbeit mit ihnen erforderte allerdings mehr Zeit und Energie, als ich gedacht hatte. Mein Zeitplan war sehr eng, und ich quetschte die Reisen zwischen die Sitzungen mit meinen Klienten und die Versorgung von Haus und Familie. Es fiel mir schwer, erst wieder zu reisen, wenn ich mein letztes Abenteuer mit den Großmüttern aufgeschrieben hatte. Natürlich wusste ich, wie wichtig es war, jeden Teil ihrer Lehren festzuhalten, aber ich war so begierig darauf, mehr zu erfahren, dass ich am liebsten meine ganze Zeit mit Reisen zugebracht hätte.

Als die eine Woche endlich vorüber war, bereitete ich mich auf die Rückkehr vor, und kaum hatte ich mich von meinem Baum erhoben, kam Adler geflogen. Ich ließ mich von ihm mitziehen und sah, dass diesmal die Großmütter direkt über dem Himalaya standen, ausgerichtet auf den höchsten Berg. »Welcher ist der Everest?« fragte ich mich.

Adler flog nicht ganz zu ihnen hin, sondern landete mit etwas Abstand, so dass er *stilvoll* auf sie zu tanzen konnte. Er demonstrierte so viel Macht, wie ich bisher noch nie an ihm gesehen hatte; er war der Gebieter, König der Lüfte, und schritt aufgerichtet in heroischer Anmut. Ich muss seinem Vorbild gefolgt sein, denn auch ich war sehr selbstsicher, als ich vortrat, und vor der größten der Großmütter stand, einem wilden Weißkopfseeadler mit fesselndem Blick. Ich schaute gebannt in diese Augen und bezeugte meine Ernsthaftigkeit: »Ich verschreibe mich dieser Arbeit.«

Sie schlug mit den Flügeln und forderte mich mit einem Nicken auf, auch meine Flügel auszubreiten. In dieser Bewegung sagte sie: »**Ja!**« Sie nahm mein Gelöbnis an.

Während ich meine Flügel ausbreitete, sagte sie: »**Drei zu eins. Wenn du mit uns arbeiten willst, wirst du mehr Reisen für deine Heilung brauchen und weniger, um kosmische Wahrheiten zu erfahren. Solange du körperlich nicht stark bist, wirst du es nicht schaffen, die Lektionen, die wir dir vermitteln, zu behalten und anzuwenden.**«

Ich pflichtete ihr bei, und die Adler-Großmütter lächelten wissend und nickten zustimmend mit den Köpfen, als ich eingestand, dass ich schon immer eine echte »Macherin« war; dass ich das Gefühl hatte, alles selbst tun und die Verantwortung übernehmen zu müssen; dass ich glaubte, für alles sorgen und dann andere herumkommandieren zu müssen. Was für eine Last und schmerzhafte Gewohnheit war das für mich und die anderen gewesen: »**Wir haben gesehen, wie du dich erschöpft hast**«, sagten sie. »**Wir haben zugeschaut, wie du am Rand der Erschöpfung entlanggetorkelt bist. Dies kommt von der Begeisterung, die dir in die Wiege gelegt wurde, und dazu kommt die Angewohnheit, dich zu überanstrengen. *Des Tuns zuviel.***«

Für jedes Mal, wenn ich zum Lernen in die obere Welt kam, sollte ich drei Mal in die untere Welt reisen, um zu heilen. Sie zeigten auf den Bereich meiner chronischen Schmerzen im Nacken und sagten: »**Hierher zu kommen ist anstrengend für den Körper, also drei zu eins: drei Heilungen auf jeden Schritt des Lernens.**«

Einige beugten sich mit ausgebreiteten Flügeln vor, richteten die kleinen Federn an meiner Halskrause und sagten: »**Unternimm drei Heilungs-**

reisen in die untere Welt für jede ausgedehnte Reise in die obere Welt. Du musst stärker werden und mehr Macht bekommen, wenn du unsere Arbeit tun willst. Wir geben dir die Kraft und werden dies auch weiterhin tun, aber wenn du nicht an deiner Heilung arbeitest, wird die Kraft, die wir dir geben, sich nicht entfalten können.«

Ich müsse meinen Körper stärken, damit ihre Weisheit in mir »leben« könne. Da ich von der Schamanin bereits gelernt hatte, wie man in die untere Welt reist, würde meine nächste Reise mich dorthin führen. Wir standen uns gegenüber und nickten uns im Einverständnis zu. Wir waren zu einer wichtigen Einigung gelangt, und als ich mich von ihnen verabschiedete, fühlte ich mich glücklich, bereit, in die Alltagswirklichkeit zurückzukehren, und zugleich begierig auf die anstehende Arbeit.

»Weibliche Macht ist auf der Erde schon lange nicht mehr verkörpert.«

Bald darauf überraschten mich die Großmütter: Sie zeigten mir meine frühen Jahre, besonders meinen Kampf, eine Frau zu werden. Als Szenen aus der Kindheit in mir aufblitzten, sah und fühlte ich mich wie damals – es war keine Erinnerung, sondern ein Wiedererleben. Zehn Jahre alt, furchtsam und ängstlich, als ich die Kellertreppe hinunterging; mit dreizehn, mich nach etwas Besserem sehnend, als ich im Ahorn saß und die Straße hinunterblickte.

Den Schmerz und den Mut jener Jahre wieder zu erleben, ließ ein tiefes Mitgefühl für mein junges Selbst in mir erwachen. »**Als du aufgewachsen bist, musstest du dir selbst beibringen, wie man eine starke Frau wird**«, sagten sie. »**Die Frauen in der Generation deiner Mutter und der vorherigen haben nie zur Macht ihrer Weiblichkeit gefunden. Wenn junge Mädchen nie gesehen haben, wie eine Frau gefestigt und selbstsicher in ihrer Macht steht, wird die Vorstellung von einer mächtigen Frau ihnen fremd oder sogar erschreckend erscheinen. Weibliche Macht ist auf der Erde schon lange, lange nicht mehr verkörpert.**«

Als sie mich mir als junge Frau zeigten, sah ich, wie *hart* ich an allem gearbeitet hatte und wie *müde* ich war. Im Versuch, »machtvoll« zu werden, hatte ich mich zwischen meinem Studium, meinem Lehrerberuf und der Versorgung von Kleinkindern und Familie aufgerieben und fast immer zwei oder drei Dinge gleichzeitig getan.

Als ich sah, dass ich diese Gewohnheit scherzhaft »Selbstausbeutung« genannt hatte, musste ich weinen. Zu viel Kampf und zu viel Yang-Energie und der damit verbundene übermäßige Stress hatten mich krank gemacht. Im Laufe der Zeit entwickelte ich chronische Kopf- und Rückenschmerzen und eine tiefe Erschöpfung.

Jahrelang endlosem »Tun« verhaftet, begriff ich nun, was sie »das Yang-Übergewicht« nannten. Deshalb musste ich jetzt in die untere Welt reisen. Ich sehnte mich so verzweifelt nach einem ausgeglichenen Leben, dass ich erleichtert aufschluchzte, als sie sagten: **»Dein Leben wird eine Freude sein, wenn die Energie von Yin dich erfüllt.«**

Ich hatte mein Leben lang versucht, für alle da zu sein, aber all mein Streben, »machtvoll« zu werden, hatte mich schwächer und nicht stärker gemacht. Immer wieder hatte ich das Yang-Modell der Macht ausprobiert, nur um festzustellen, dass es nicht passte. Ich wusste genau, was sie meinten, als sie sagten: **»Wegen des gegenwärtigen Übermaßes an Yang in der Welt und dem Mangel an Yin leidet die Frau an ihrer eigenen Ohnmacht.«**

»Die Sonne scheint auf alles und berührt alles gemäß seiner Natur.«

Getreu meiner Gewohnheit zu »tun«, dachte ich bei meiner ersten Reise in die untere Welt: »Wenn ich meine Zeit gut einteile, kann ich jede Woche ein oder zwei Reisen zu den Großmüttern unternehmen.« Ich wollte weiter lernen – keine Zeit *verschwenden* mit Heilung und der unteren Welt. Ich merkte, wie süchtig ich nach »Tun« war, aber ich war noch nicht soweit, mein Verhalten zu ändern.

Den Großmüttern war jedoch ganz klar, was ich tun musste; sie hatten gesagt: »Drei zu eins«, und obwohl ich mich verpflichtet hatte, ihren Anweisungen zu folgen, war ich immer noch der Meinung, dass ich es auf meine Weise tun könnte: »Ich werde jeden Tag reisen«, sagte ich mir. »Das wird genügen.« So aus dem Gleichgewicht, so voller Yang-Energie war ich damals.

Auf meiner ersten Reise in die untere Welt fand ich den Zugang durch ein Loch in der Erde. Ich hatte mir einen dramatischeren Übergang auf diese Ebene der nicht-alltäglichen Wirklichkeit erhofft – eine Höhle, ein Luftloch, etwas Spannendes. Aber als ich um meinen Einstiegspunkt bat, sah die Öffnung, die sich bot, wie ein Maulwurfsloch aus. Als ich es ansah und mich bereitmachte, hineinzuspringen, hörte ich in meinem Kopf das Wort »Sipupu«. Monate später erfuhr ich, dass Schamanen dieses Wort für eine Öffnung in die untere Welt gebrauchen.

Ich sprang hinein und stürzte kopfüber in die Dunkelheit der Erde. Wirbelnd fiel ich schnell hinab, fuhr einen schwarzen Tunnel hinunter, und es kam mir wie Meilen vor. Ab und zu sah ich Augenpaare, die mich aus der Finsternis anstarrten.

Endlich leuchtete bewegtes Wasser vor mir auf, ein Fluss, der offenbar bergab strömte. Ein Kanu lag im flachen Wasser, und bevor ich mich versah, war ich darin und paddelte flussab. Die Trommel schlug laut in meinen Ohren, als ich vorwärts eilte, auf der Suche nach einem Geisthelfer; ich paddelte so schnell ich konnte, bis ich auf eine Sandbank auflief.

Ich gelangte an den Saum von etwas, das wie ein Dschungel aussah. Da änderte sich das Licht, und es war nicht mehr so dunkel. Aber weil am Flussufer niemand war, musste ich weitergehen, um einen Geisthelfer zu finden. Ich drängte mich durch die dickblättrigen tropischen Pflanzen zu einer Lichtung im Wald.

Als ich nach links schaute, stand da auf die Hinterbeine aufgerichtet ein riesiger Bär. »Bist du mein Geisthelfer?« fragte ich ängstlich. Ich spürte Wärme von ihm ausgehen und hatte demgemäß ein Gefühl von Fülle in meiner Brust. »Ja«, sagte er. Er war mein Geisthelfer, sehr groß, sehr dunkel. Er nahm meine Hand in seine Tatze und zog mich sanft langsam mit sich: »Ich will Ermächtigung und Heilung«, sagte ich, seine schwerfällige Gestalt von der Seite betrachtend.

Als er schwieg, verstand ich, dass die Arbeit dieser Reise begonnen hatte. Tief durchatmend, sah ich mich um, wachsam und in meiner Mitte – in meiner Mitte.

Wir kletterten auf einen Felsvorsprung, meine Hand in seiner Tatze, als er mich führte. Die Felsvorsprünge fielen in einen Canyon ab, und wir folgten einem Pfad, der sich am Berghang hinaufwand. Der Weg war steil und felsig, aber ich war überrascht, dass ich die körperliche Anstrengung nicht spürte. Obwohl ich mir der Schwierigkeit bewusst war, ermüdete mich der Aufstieg nicht: »Das ist die nicht-alltägliche Wirklichkeit«, rief ich mir in Erinnerung.

Die Sonne stand am Horizont, fast direkt vor mir, ein wenig nach links versetzt. Als wir den Gipfel erreichten, setzte ich mich auf einen bequem aussehenden Felsen und blickte auf das vor uns liegende Panorama. Dies war ein Ort der Ermächtigung. Ich fühlte es.

Bär stand hinter mir und bewegte seine Tatzen im Uhrzeigersinn von der Mitte meines Rückens bis zum Scheitel, um und um im Rhythmus der Trommel. Was auch immer er tat, es beruhigte mich, und allmählich schmiegte ich mich in meinen Sitz auf dem Felsen und entspannte mich im Rhythmus der Trommel. Die Oberfläche des Felsens war warm. Ich schöpfte Kraft aus ihm, Macht und Festigkeit, und wurde mir gewahr, wie mich seine Mineralien kräftigten, während ich da saß. Ich war mir auch der Anwesenheit von Adler bewusst; er saß weiter oben hinter Bär und mir.

Plötzlich fiel mir auf, dass ich immer wieder die gleiche Frage stellte: »Gibt es etwas, das ich auf dieser Reise tun sollte, etwas, worum ich bitten sollte«, wiederholte ich, bis Bär schließlich sagte: »**Sch-sch!**« So wurde ich schließlich still, ließ meine Erwartungen los und gab mich der Erfahrung hin. Tatsächlich entspannte ich mich so sehr, dass ich davontrieb und einschlief, bis Bär mir sanft auf die Schulter klopfte. Die ganze Zeit über saß Adler still da und beobachtete uns, während er über den Canyon hinausblickte.

Als ich schließlich fragte: »Was soll diese Erfahrung?« hörte ich: »**Sei der Fels –standfest und ungerührt.**« Irgendwie verstand ich es: Der Fels sieht alles von seiner Warte und überblickt alles.

Ein starker Schmerz in meiner Seite erregte meine Aufmerksamkeit, und als ich mich auf ihn konzentrierte, bemerkte ich Wolken, die vorbeizogen: »**Vorüberziehende Wolken**«, hörte ich, »**vorüberziehende Wolken.**« Da erinnerte ich mich, dass Schmerzen nur vorüberziehende Wolken sind. Wir saßen zusammen auf dem Berg, Adler, Bär und ich, beobachteten die Wolken, und binnen Augenblicken war der Schmerz verschwunden, aber der Felsen war immer noch warm.

Ich begann, die Energie des Felsens einzuatmen: »Ich bin bereit, so fest und beständig zu werden wie dieser Fels«, sagte ich. Denn diese Eigenschaften wollte ich für mich. Dann wandte ich mich an Bär und fragte: »Gibt es noch etwas, was ich hier tun soll?«

Der Felsen verwandelte sich in einen Lehnstuhl – einen Sessel oder Thron hoch oben auf dem Berg, und ich setzte mich darauf. Bär stand dahinter und Adler hockte darüber, als eine Stimme sprach: »**Meister von allem, was du überblicken kannst.**«

Lange Zeit saßen wir so da – der Berg, die Tiere und ich, bis Adler die Stille durchbrach und rief: »**Schau!**« Als mein Blick in die Ferne schweifte, wurde er zu den farbigen Schichten gezogen, die die Wände des Canyons bildeten, auch zu den üppig grünen Tälern, die sich zum Canyon hin entfalteten und in der Ferne verloren. »**Es gibt alles hier: trocken, halbtrocken, fruchtbar – es *gibt alles hier***«, sagten Adler und Bär. Meine Aufgabe war es, diese ganze Vielfalt zu beobachten, und von dort aus, wo ich saß, war alles bis ins Kleinste schön.

»Oh!« rief ich aus. »So sieht es Adler; deshalb sagte er mir: ›**Schau.**‹« Vom Berggipfel aus war *alles* genau so, wie es *war*, aus sich heraus vollkommen. Adler hat einen weiten Blick; er beobachtet die Welt von einem hohen, sicheren Ort aus, und in diesem Augenblick auch ich.

So dankbar, dass sich die Vollkommenheit des Lebens vor mich hingemalt hatte, verbeugte ich mich ehrerbietig und dankte vor allem dem Berg und dem Felsen unter mir. Und als ich mich bedankte, wurde mir der Stolz des Berges bewusst; auf gute Weise stolz, nicht überheblich, denn der Berg war in seinem Wesen gut.

Voller Dankbarkeit blickte ich auf die Schönheit vor mir. Bär war bei mir und unterstützte mich fürsorglich, während Adler mehr aus der Ferne unterstützend wirkte. »So sind sie«, sagte ich. »Das ist ihre Natur.«
»**Die Sonne scheint auf alles**«, hörte ich, »**und berührt alles gemäß ihrer Natur. Nicht alles braucht gleich viel Sonne oder will es.**«

Ich huldigte der Sonne und den vier Richtungen Norden, Süden, Osten und Westen, indem ich mich mit erhobenen Armen langsam um mich selber drehte, und als ich das tat, spürte ich die Kraft des Felsens in meinen Füßen und in der Mitte meines Körpers. Der Fels atmete mich ein. Ich bewegte mich im Einklang mit dem Berg und atmete den Fels ein, während der Fels mich einatmete. »Danke«, sagte ich zu Bär, zu Adler und zum Berg, als sich der Trommelschlag änderte.

Nach dieser Reise ruhte ich mehr in mir selbst. Erstaunlich ruhig in Geist und Körper, fühlte ich keine unmittelbare Notwendigkeit, in die Alltagswelt zurückzukehren.

Als ich das Tonband, das ich aufgenommen hatte, transkribierte, fielen mir Bedeutungsebenen auf, die ich anfangs nicht verstanden hatte. Ich war besonders bewegt, als ich die Emotion in meiner Stimme hörte, als ich sagte: »**Die Sonne scheint auf alles und berührt alles gemäß ihrer Natur.**« »Natürlich hat Adler eine andere Beziehung zu mir als Bär«, sagte ich. »Meine Beziehung zu Bär fühlt sich persönlich an, während mir die zu Adler unpersönlicher vorkommt. Es ist, wie es sein sollte. Ich brauche nicht die gleiche Art oder Menge an Energie von jedem.« Ich habe aus dieser Aussage viel ziehen können. Wie bei den Reisen zu den Großmüttern, entdecke ich jedes Mal, wenn ich es noch einmal lese, etwas, das ich zuvor übersehen hatte. Langsam offenbaren sich die Bedeutungsebenen dieser Reisen, eine nach der anderen.

Nach einigen Tagen dämmerte es mir, dass ich, wenn ich der »Drei-zu-eins«-Vorgabe der Großmütter folgen wollte, in die untere Welt zurückkehren musste. Ich war nicht jeden Tag auf einer Reise, wie ich es vorgehabt hatte. Dazu drängte mich nichts. Vielleicht änderte sich meine alte Gewohnheit, immer strebsam zu sein.

»Die große Mutter... ist geduldig und wartet.«

Als ich durch meine Öffnung in die Dunkelheit der unteren Welt eintauchte, rief ich: »Bär, komm jetzt. Bring mich an einen Ort der Heilung.« Kaum war ich mit meinem Kanu angelandet und hatte die Blätter des Dschungels durchschritten, da war er, brüllend, auf seinen Hinterbeinen, mit weit aufgerissenem Maul. Er war riesig, und das Rot seines klaffenden Maules erschreckte mich! Aber ich erinnerte mich an die Schamanin, die gesagt hatte: »Das Gebrüll eines Tiergeistes ist ein Gruß, kein Angriff«, also atmete ich tief durch und brachte mein Anliegen vor: »Bitte gib mir Klarheit des Geistes, Kraft des Körpers und Reinheit des Herzens, damit ich die Arbeit der Großmütter verrichten kann«, sagte ich, und dabei hämmerte mein Herz in meiner Brust. »Gut gesprochen«, antwortete er mit einem kurzen Nicken.

Wir stellten uns einander gegenüber, und mit gefalteten Händen beziehungsweise gefalteten Tatzen verbeugten wir uns, dann gingen wir Arm in Arm zum gemessenen Schlag der Trommel los. Wie ein altmodisches Paar gingen wir einen schmalen Pfad hinauf, und als wir um eine Ecke kamen, merkte ich, dass wir heute einen anderen Berg bestiegen. Von hier aus blickte man auf ein sanftes, grünes Tal mit moosbedeckten Felsen, wie in Irland.

Wir begannen, diesen Berg zu besteigen und ihn dann höher zu erklimmen. Der Bär war auf allen Vieren und ich auch; es war ein Griff hier und ein Halt dort in einer immer kargeren Landschaft je höher wir kamen.

Wir erreichten eine Felsplatte und dort, neben einem Weg, befand sich ein fensterartiges Loch in einem Felsen. Die Öffnung schien nicht groß zu sein, aber Bär ging einfach durch sie hindurch, und so folgte ich ihm in eine Art Gang durch dieses dunkle Loch. Ich war ein wenig verunsichert durch die völlige Schwärze, aber obwohl ich ihn nicht vor mir sehen konnte, konnte ich ihn spüren, und die Berührung der Seiten der Höhle half mir, mich zu orientieren. Die Wände waren kühl und trocken, während der Boden der Höhle mit Fell bedeckt war.

Das war sein Unterschlupf, sein Ort der »Innenschau«. Er tätschelte mich, um mich willkommen zu heißen, und drückte gleichzeitig meine Schultern hinab, damit ich hineinschlüpfen konnte. Ich kuschelte mich in seine Höhle und machte es mir bequem.

Ich lag auf dem Rücken, blickte nach oben und beobachtete durch ein Loch in der Decke die Sterne. Es muss Nacht gewesen sein, denn der Himmel war voll von ihnen. Wie ich so schaute, kuschelte ich mich an Bär und dachte: »Bis jetzt war diese Höhle nur für ihn, aber jetzt ist sie, dank ihm, auch für mich. Dies ist ein besonderer Ort, an dem man auf wunderbare Weise allein sein kann – ohne einsam zu sein.«

Als er sich neben mir entspannte, konnte ich erkennen, dass Bär sehr oft hier und ganz und gar im Frieden mit dem Alleinsein war. Er nickte zustimmend, legte eine Pfote auf meine Stirn und ermutigte mich, meine Augen zu schließen, was ich auch tat. Neben ihm fühlte ich mich sicher und geborgen.

Mit geschlossenen Augen, war es allein die Trommel, die die Reise weitergehen ließ. »**Die Jahreszeiten kommen und gehen**«, sagte Bär. »**Die Welt draußen verändert sich, aber dieser Ort bleibt immer derselbe. Diese Höhle ist ein guter Ort, um zu sein; all die Sorgen in deinem Geist haben hier keine Bleibe.**« Dieser Ort ist ewig, erkannte ich, ein inneres Heiligtum, und von irgendwo in meinem Körper kam die Einsicht, dass hier Yin wohnte, das empfängliche Wesen der Frau.

Der Trommelschlag wurde leiser, und jetzt sprach eine Frauenstimme: »**Die Große Mutter ist voller Leben**«, sagte sie. »**Sie ist geduldig und wartet, weil das Leben ganz natürlich wächst.**« »Es ist Gaia, die spricht«, sagte ich. »Es sind alle Frauen, von denen sie spricht.

Um mich her ist es braun und grün; ich bin vom Reichtum der Erde bedeckt.« Nach und nach wurde mir bewusst, dass ich ein Gefühl von Ausdehnung und eine zunehmende Tiefe, Breite und Größe in mir selbst wahrnahm: »Ich *sinke in sie ein*«, rief ich, »versinke in Mutter Erde – und werde riesig!

Ich sehe und fühle anders als je zuvor«, sagte ich erstaunt. »Ich bin so viel größer! Mutter Erde ist eins mit allen Seelen. Sie ist eins mit dem

Bewusstsein aller Tiere. Sie sind hier«, rief ich, »sie sind in dieser Höhle.« Ich schluchzte jetzt, von Gefühlen überwältigt.

Als ich wieder zur Decke der Höhle blickte, sah ich keine Sterne mehr, sondern Tiere. Die ganze Decke war von Tierdarstellungen überzogen; alle miteinander verbunden, vermengten und vermischten sie sich. »Hier«, sagte ich, »ist ein Mammut und eine Frau, die so gezeichnet sind, dass sie fast die gleiche Form haben. Und dieses Kaninchen ist mit dem Pferd verbunden.« Die Zeichnungen überlappten sich so geschickt, dass ich nicht sicher sein konnte, wo das eine endete und das andere begann. Jede Gestalt war Teil der nächsten. Der Künstler zeigte, wie im Leben eine Form mit der anderen verschmolz und die eine aus der anderen hervorging.

Tränen liefen mir über die Wangen, als ich alles betrachtete, und mit jedem Augenblick, der verging, wurde ich größer. Ich wurde tiefer und ausgedehnter, bis ich mich schließlich ausrufen hörte: »Ich bin eins mit IHR!« Ich war mit Mutter Erde verschmolzen.

»Oh, Bär«, weinte ich in seine pelzige Schulter, »danke, dass du mich hier hergebracht hast.« Inzwischen war mein Kopf so voller Tränen, dass meine linke Schläfe vor Schmerz pochte. Er streichelte mich sanft, als er mich in seinen riesigen Armen wiegte, und murmelte: »Schlafe.«

Ich war so müde und mein Kopf schmerzte so sehr, dass ich meine Augen nicht offen halten konnte, und obwohl ich mich hinlegen wollte, war ich besorgt. Wie würde ich meinen Weg aus dieser Höhle finden, wenn die Trommel mich zurückrief? Was wäre, wenn ich nicht rechtzeitig in die Alltagswirklichkeit zurückkehrte? Bär stupste mich, brummte und ließ ein kleines Grunzen hören, als er über meinen linearen Verstand kicherte.

Ich blickte zu seinem vertrauenswürdigen Gesicht auf und erkannte, dass es wirklich ziemlich lustig *war*. Schließlich war er mein Geisthelfer; *er* war es, der mich hierher gebracht hatte. Und außerdem war ich jetzt eins mit *ihr*, eins mit Mutter Erde. Das war mein letzter Gedanke, bevor ich in einen willkommenen Schlaf fiel.

Nach wenigen Augenblicken wurde ich von einer Stimme geweckt. Leise sprach Gaia: »**Ich erfreue mich all dieser Tiere**«, sagte sie. Als ich meine Augen öffnete, sah ich Licht auf den Zeichnungen an der Höhlendecke schimmern: »Diese Tiere sind heilig – Teil der Großen Mutter«, sagte ich, als es mir dämmerte. »Oh«, sagte ich, als ich daran dachte, dass die eingesperrten Zuchttiere in unserer Welt nicht ganz real sind. Sie sind nicht ganz sie selbst, nicht das, wofür sie eigentlich gedacht waren. Sie sind gleichgemacht und nach menschlichem, nicht nach dem göttlichem Plan geformt worden. Es sind die wilden Tiere, die echt sind. Enorme Wellen der Liebe zu ihnen überspülten mich, als ich mir bewusst wurde, wie *sehr* ich sie liebte.

»Ich bin *sie,* und sie sind ich«, sagte ich.

Ich war jetzt so sehr eins mit dem Leben, dass keine Angst mehr in mir war. Freude durchflutete meinen Körper. Ich war *lebendig;* nicht nur eins mit *meiner* Gestalt, ich war eins mit *allen* Lebensformen.

Dieses Gefühl der Einheit erwachte unmittelbar in mir – mit äußerster Klarheit. Ich hatte noch nie etwas so hell leuchten sehen wie das Leben auf der Höhlendecke. Ich hatte noch nie etwas mehr geliebt. »Danke, Bär«, sagte ich zu meinem immer nahen vielgeliebten Begleiter, als sich der Trommelschlag änderte. Ich wandte mich zum Gehen, und Bär nahm mich an der Hand und zeigte mir den Weg.

Die Großmütter und die Geister der unteren Welt überraschten mich immer wieder mit ihren unorthodoxen Lehren. Das Gemälde auf der Höhlendecke von Bär war etwas, das ich nie vergessen werde. Ich hatte jetzt ein Bild, ein Urbild von »wir sind alle eins« in meinem Kopf.

Selten haben mir die Großmütter eine Idee erklärt, sondern mich meist damit alleingelassen; mit ihnen zu arbeiten, bedeutete immer, das Unerwartete zu erwarten. Sie und die Tiergeister erteilten selten Belehrungen, sondern bezogen mich mit ein, bevor ich wusste, wie mir geschah. Und jedes Mal umging dieses Überraschungsmoment meine Abwehr und verankerte ihre Lehren direkt in meinem Herzen.

Wenn ich eine Reise unternahm, wusste ich nie, was mich erwartete, aber weil die Lektionen immer so einzigartig waren, weiß ich, dass es keine Kopfgeburten sind. Dergleichen kann man sich nicht ausdenken. **»Wir unterrichten auf diese Weise, um dir neue Sichtweisen zu eröffnen, um festgefahrene Denkmuster aufzubrechen**«, sagen die Großmütter.

»Nichts geschieht nur im Traum oder nur in der physischen Welt oder nur auf der mentalen Ebene.«

Die Großmütter hatten recht damit, dass ich in die untere Welt reisen musste. Meine Kopfschmerzen verflogen und meine Rückenschmerzen lösten sich auf. Als ich die Vorteile der Arbeit mit den helfenden Tiergeistern erkannte, blieb ich viele Monate lang bei ihrer Drei-zu-eins-Formel. Am Ende überraschte mich an diesen »heilenden« Reisen am meisten, wie viel ich durch sie gelernt hatte. Jeden Tag machte ich meine Notizen, je nachdem, ob die Reise zur Heilung oder zur Unterrichtung war, aber als ich diese Notizen noch einmal durchging, erkannte ich, dass einige der bedeutendsten Lehren auf den Heilungsreisen zu mir kamen.

Oft brachten mich die Geisthelfer in eine Schlucht tief in der Erde, wo sie mich mit einem rötlich gefärbten Schlamm bedeckten und sagten: **»Zieh dich jetzt zurück, für dich wird gesorgt. Keine Arbeit.«** Ihre Worte klangen wie die der Großmütter.

Der Schlamm war beruhigend, und ich entspannte mich darin wie in einem Spa. Ich konnte eine Reise mit schlimmen Kopfschmerzen antreten, und wenn ich zurückkehrte, waren sie verschwunden: »Wie kann das sein?« fragte ich mich. »Wie kann eine Reise in eine nicht-alltägliche Wirklichkeit mich in meiner Alltagswirklichkeit beeinflussen?«

Eines Tages gingen die Großmütter auf diese Frage ein. Ich war gerade angekommen und stand vor ihnen, als ich einen starken Schmerz in meiner Herzgegend spürte, der willkürlich zu kommen und zu gehen schien. Es war ähnlich wie Sodbrennen, aber weil es in der oberen Welt geschah, wusste ich, dass mehr dahinterstecken musste. Als sie meine Gedanken lasen, sagten sie: **»Du hast recht. Der Schmerz, den du fühlst, ist nicht nur körperlich.«** Sie gaben mir einen beruhigenden Klaps und sagten: **»Nichts ist nur eindimensional. Nichts geschieht nur im Traum oder nur in der physischen Welt oder nur auf der mentalen Ebene.«**

Auch im normalen Leben hatte ich bemerkt, dass das Universum nie Gelegenheiten vergeudet. Wann immer sich ein Bereich meines Lebens verändert hatte, haben Veränderungen auch andere Bereiche meines

Lebens neu geordnet. Als ich mit diesem stechenden Gefühl in meinem Herzen vor den Großmüttern stand, wusste ich, dass auf irgendeiner Ebene eine schmerzhafte Veränderung stattfand. Vielleicht war es körperlich, vielleicht war es emotional oder spirituell oder alles zugleich.

Die Großmütter verbanden ihre Lehren in der nicht-alltäglichen Wirklichkeit oft mit etwas, was sich mir im täglichen Leben zeigte. Diese scheinbaren »Zufälle« erschreckten mich zunächst, aber mit der Zeit erfuhr ich, dass sie so mein Vertrauen in sie und ihre Lehren aufbauten.

Sogar das Reisen in der alltäglichen Welt wurde abenteuerlicher, denn ich wusste nie, ob ich nicht über etwas stolpern würde, was eine ihrer Lektionen bestätigte. Die Geisthelfer der unteren Welt hatten auf meinen Reisen roten Heilschlamm verwendet, also verband ich ihn mit dem Reich der nicht-alltäglichen Wirklichkeit. Das war, bevor ich nach Chimayo ging.

Im Januar nach dem Erscheinen der Großmütter fuhren mein Mann und ich zu einem Schrein, dem Sanctuario von Chimayo, New Mexico. Wir kamen an, als die Messe gelesen wurde, also schlüpften wir in den kleinen Raum an der Seite des Heiligtums, einen Raum voller Menschen, die vornübergebeugt mit Löffeln in einem Loch im Kirchenboden gruben. Ich kniete mich hin, um zu sehen, was sie auslöffelten. Weshalb sie gekommen waren, war die rote Erde. Ich hatte nicht gewusst, dass Pilger aus allen Ecken der Welt herkamen, um diese rote Heilerde zu holen, aber als ich zurücktrat und ihnen beim Graben zusah, klangen die Worte der Großmütter in meinem Kopf: »**Rote Erde ist der Mutter heilig.**«

Im April 1998 machten eine Freundin und ich eine Reise durch das ländliche Frankreich. In der Dordogne fuhren wir zur prähistorischen Höhle Pech Merle, die von ein paar einheimischen Jungen in den 1920er Jahren entdeckt wurde.

In die kalte Dunkelheit dieser unterirdischen Welt einzutreten war, wie in der Zeit zurückzugehen. Als der Reiseleiter mit seiner Taschenlampe die Wände anleuchtete, wurden Bilder von laufenden Pferden lebendig. Handabdrücke jener, die einst in diesem Labyrinth gewirkt hatten, markierten andere Wände, und in einer Kammer war ein menschlicher Fußabdruck über Jahrtausende im Schlamm ausgehärtet.

Wir waren fast am Ende unserer Tour, als uns der Reiseleiter zu einer kleinen Höhle führte und mit seiner Taschenlampe eine Zeichnung an der Decke beleuchtete. Vor Tausenden von Jahren ausgeführt, schien die Zeichnung zunächst nicht mehr als ein Durcheinander von Linien und Formen zu sein. Inmitten der vielen sich kreuzenden Linien sah ich Stiere, Hirsche, Rehe, Büffel, Pferde, ein Kaninchen und ein Wollhaarmammut.

Als er auf diesen Abschnitt der Zeichnung zeigte, sagte er, dass einige meinten, dies sei ein Wollhaarmammut, andere aber, es sei eine Frau mit langen Haaren. Er sprach Französisch, also habe ich keine Ahnung, wie ich ihn verstanden habe, aber als er sein Licht auf diese Zeichnung richtete, begann ich zu zittern. Als ich das langhaarige Mammut beziehungsweise die langhaarige Frau anstarrte, erkannte ich die Gestalt wieder, die ich über ein Jahr zuvor in der Höhle mit Bär gesehen hatte.

Auch hier verschmolzen Formen mit Formen. Tiere, Pflanzen und Menschen waren in einem großen Gesamtbild gezeichnet worden, so wie sie in der Höhle meiner Reise mit Bär waren.

Ein Jahr später und viele Tausend Meilen von zu Hause entfernt, spürte ich wieder die ehrfurchtsvolle Verschmelzung, die zugrundeliegende Einheit des Lebens, als sich die visionäre Welt und die materielle Welt als ein und dieselbe zeigten. Als ich in der Höhle stand, liefen mir Tränen über das Gesicht, und die Großmütter sprachen: »**Alle Erfahrungen, die du in der Vergangenheit mit uns gemacht hast, und alle, die du in der Zukunft mit uns machen wirst, sind echt. Haben wir es dir nicht gesagt? Wir sind nicht begrenzt, und auch du bist es nicht wirklich. Verschiedene Arten der Wirklichkeit können sich überlappen, können manchmal ein und dasselbe werden.**«

KAPITEL 6

Wir erfüllen dich ganz

Weitergabe der Ermächtigung der Großmütter

»Dies war genau das, was du brauchtest,
um die Angst, dich zu zeigen, zu überwinden.«

Zu diesem Zeitpunkt hatte ich nur zwei engen Freundinnen von den Großmüttern erzählt. Ich war entschlossen, nicht mit meinen Kollegen über meine Erfahrungen zu sprechen. Wenn ich davon erzählen würde, wäre meine Glaubwürdigkeit als Therapeutin dahin. Wer würde schließlich Klienten an jemanden verweisen, der »auf Reisen zu den Großmüttern« geht?

Es war schon schwierig genug, mit meinem Mann über das zu reden, was ich erlebte, auch wenn ich einige der Informationen der Großmütter mit ihm geteilt hatte. Nicht allzu viele – ich wollte ihm keine Angst machen.

Was ich lernte, war mir kostbar, und ich war mir meiner selbst nicht sicher. Alles, was ich tun konnte, war, ab und zu etwas von einer Reise in mein Gespräch mit Roger einzuflechten wie man Salz in die Suppe streut. Das war vielleicht etwas über die Veränderungen in der Beziehung zwischen Yin und Yang, dann hielt ich den Atem an und wartete auf eine Antwort. Aber obwohl er sich über meine Begeisterung für diese Arbeit freute, verstand er nicht, wovon ich sprach.

Ich konnte das nachempfinden. Während ich darum rang, das, was ich lernte, zu vermitteln, waren meine Erklärungen über das Ungleichgewicht zwischen Yin und Yang und die Kraft des weiblichen Prinzips nicht klar. Es war für mich selbst schwer zu begreifen, geschweige denn zu erklären. Es gab eine Kluft zwischen dem, was ich zu verstehen begann, und dem, was ich kommunizieren konnte. Meine Kinder waren kaum an den Großmüttern interessiert, und ich war mir nicht sicher, ob meine alten Freunde es sein würden. Ich war ganz auf mich gestellt.

Von meinem Privatleben fühlte ich mich oft überfordert. Manchmal fragte ich mich: »Was mache ich da? Ist dieses Zeug überhaupt real?« Es war schwer zu glauben, dass die Dinge so passiert waren – die Großmütter waren beim Spaziergang am Strand aufgetaucht, der Adler hatte sich auf die Trittleiter im Garten gesetzt, und jetzt reiste ich regelmäßig in die obere und die untere Welt. Es klang selbst für mich abwegig, und an manchen Tagen, an denen mir die Komik darin aufschien, konnte ich darüber lachen, bis mir die Tränen kamen.

Um mich in der Wirklichkeit zu verankern, las ich wiederholt, was ich aufgeschrieben hatte, als die Großmütter zum ersten Mal erschienen waren. Jedes Mal, wenn ich es las, wurde mir mit erfrischender Klarheit bewusst, dass diese Gedanken nicht die meinen waren. Das half mir.

Geduldig mit meinem mangelnden Glauben, brachten mich die Großmütter dazu, über mein Bedürfnis, alles in Worte zu fassen, zu lachen: **»Wir wissen, wie schwer es für den Menschen ist, an etwas zu glauben, das nicht aus der materiellen Welt stammt«**, sagten sie. **»Da bist du keine Ausnahme.«** Sie machten sich ein wenig über meinen Unglauben lustig und rollten die Augen, als würden sie sagen: **»Schon wieder?«** wenn mich der Zweifel überkam.

Es war kurz nach meiner Reise nach Chimayo, als ich allmählich den Drang verspürte, ihre Botschaft mit anderen zu teilen, auch wenn ich immer noch Angst vor den Reaktionen hatte. Woher dieser Einstellungswandel kam, weiß ich nicht. Vielleicht war ich es einfach leid, alles für mich zu behalten. Ich war mir zwar nicht sicher, wie ich mit ihrer Botschaft herauskommen sollte, doch ich begann, um den Mut und die Entschlossenheit des Adlers zu beten – und um die richtigen Menschen, denen ich mich mitteilen konnte. Und schon bald wurde mein Gebet erhört, wenn auch nicht so, wie ich es mir vorgestellt hatte.

Meine Gelegenheit ergab sich bei einem Mittagessen, zu dem meine Freundin Carol mich zusammen mit einigen anderen Frauen eingeladen hatte, die eine spirituelle Selbsthilfegruppe gegründet hatten. Zumindest meinte ich, dass sie das gesagt hatte.

Carol wusste schon ein wenig über die Großmütter Bescheid und wollte mehr wissen. Da sie mich mit zu dieser Gruppe einlud, nahm ich an, dass diese Frauen auch daran interessiert waren. Das war die Gelegenheit, um die ich gebetet hatte, und jetzt, da sie sich ergeben hatte, war ich begierig, von den Großmüttern zu erzählen. Endlich würde ich Unterstützung für meine Arbeit bekommen.

Jetzt, da ich diese Worte schreibe, erkenne ich, wie weit ich damals vom Mut entfernt war. Ich wartete eigentlich darauf, dass ich Unterstützung von anderen bekam. Glücklicherweise wussten die Großmütter genau, was ich brauchte, auch wenn ich es nicht wusste.

Es war ein schöner Tag, und als wir uns um den Picknicktisch versammelten, wirkten alle nachdenklich und interessiert. Wir aßen zu Mittag, und eine nach der anderen berichtete von ihren Erfahrungen. Die Frau, die vor mir an der Reihe war, erzählte von ihren jüngsten Erfahrungen, die sich für mich nicht besonders spirituell anhörten. Als ich an der Reihe war, berichtete ich von meiner Begegnung mit den Großmüttern.

Ich sah, wie sich der Gesichtsausdruck der Frauen beim Zuhören veränderte. Sie sahen wohl etwas angespannt aus, aber ich dachte, das komme daher, weil sie eine genauere Erklärung brauchten. Also versuchte ich es.

Ich ging mehr in die Einzelheiten, als eine von ihnen aufstand und sagte, sie habe genug gehört. Dann schrie sie mich an. Was ich denke, wer ich sei? Und wovon in aller Welt ich überhaupt redete?

Die Angst, die aufkam, als sie mich beschimpfte, war *gewaltig*. Ich erbebte auf meinem Stuhl und krallte meine Fingernägel in den Rand des Tisches. Was war schiefgelaufen? Ich blickte über den Tisch zu ihr hinüber: Ihr Gesicht wurde immer röter und röter. Dies war bestimmt nicht die richtige Gruppe, um *das* zu erzählen, dachte ich.

Doch später sagten mir die Großmütter, dies sei weder die falsche Gruppe noch eine schlechte Erfahrung gewesen. »**Ganz im Gegenteil**«, versicherten sie mir wohlgemut, »**war das genau das, was du brauchtest, um die Angst, dich zu offenbaren, zu überwinden.**«

Meine Gebete waren erhört worden. Was ich am meisten gefürchtet hatte, war passiert. Ich offenbarte mich und *wurde* abgelehnt und verspottet. Ich sah keine dieser Frauen je wieder, aber Monate später, als Carol und ich über die Ereignisse dieses Tages lachten, erzählte sie mir, dass eine Frau ihr später ihre Sorge um mich anvertraut hatte: Ich habe offensichtlich eine »Erscheinung« gehabt. Carol meinte, ich habe wohl falsch verstanden, worum es bei der Gruppe ging. Es war gar keine spirituelle Gruppe, sondern nur ein Treffen, bei dem Frauen miteinander ins Gespräch kommen konnten.

Als ich meine falschen Erwartungen erkannte, lachte ich Tränen. Die Großmütter hatten mit mir gespielt und mir eine gute Lehre erteilt; sie führten mich auf den Weg dorthin, wo ich hingehörte.

> »Alles, was notwendig ist, damit die Frau unsere Ermächtigung empfängt und der Mann den Mantel der Geborgenheit, ist ein aufrichtiges Herz und das Verlangen zu empfangen, was wir zu geben haben.«

Als ich das nächste Mal zu den Großmüttern reiste, sagte ich: »Ich will mit euch reden, Großmütter. Wenn ich eure Arbeit tue, will ich makellos sein: Ich will es absolut richtig machen.« Ich gestand meine Angst vor Kritik ein, und mit geneigten Köpfen lächelten sie verständnisvoll und sagten: »**Wir wissen das**«, betonten sie. »**Glaube an dein Selbst. Wenn man mit Menschen redet, muss man sich daran erinnern, dass Menschen nicht im Land des Selbst leben, sondern im Land des kleinen Ego. Es ist**

schwer für sie, die Botschaft des Selbst anzunehmen, also hör nicht auf sie. Behalte dein Ziel im Auge.«

»Großmütter«, sagte ich. »Ich bin so froh, bei euch zu sein. Es gibt niemanden auf der Welt, der das alles versteht. Niemand, mit dem ich reden kann, und ich brauche jemanden von meiner Art.« »**Wir wissen es**«, sagten sie und nahmen meine Hände in ihre.

Als sie meine Hände losließen, hoben sich meine Arme und wurden zu Flügeln; zu Flügeln die reich mit dichten Federn bedeckt waren. Als ich diese Federn sah, fiel mir wieder ein, wie seltsam das Leben für mich geworden war, wie fehl am Platz ich mich jetzt in meinem Alltag fühlte. Plötzlich erinnerte ich mich an das Gefühl des einsamen Adlers im Flug, an die Macht und Klarheit in Adlers Lebensweise. »**Der Adler ist kein geselliges Wesen**«, sagten die Großmütter. »Ich verstehe«, antwortete ich, »und ich nehme es an.«

»Wie soll ich eure Ermächtigung weitergeben?« fragte ich, und sie sagten: »**Hole gute spirituelle Menschen zusammen, die mehr wollen. Tue das bei dir zu Hause.**«

Die Zeremonie der Ermächtigung sollte im schattigen Teil meines Gartens stattfinden. Ich hätte es gerne dort getan, wo der Adler gelandet war, aber unter den großen Farnen wären wir abgeschiedener. »**Der schattige Platz unter den Pfefferbäumen und Farnen ist in Ordnung**«, sagten sie und fügten »**Feuer**« hinzu. Sogleich sah ich eine Flamme. Ich würde eine Kerze in die Zeremonie einbauen: »**Geh hinaus zur Zeremonie**«, sagten sie. »**Die Geister der Bäume werden helfen, den heiligen Raum zu bewahren.**

Um unsere Ermächtigung zu empfangen, ist nichts weiter nötig, als ein aufrichtiges Herz und der Wunsch, zu empfangen, was wir zu geben haben. Auch wenn die Zeremonie nicht unbedingt notwendig ist, hilft sie zu erkennen, was du erhalten hast.

Die Zeremonie beendet das unaufhörliche Geschwätz des Verstandes. Deshalb ermöglicht das zeremonielle Empfangen unserer Ermächtigung, dass das Geschenk der Glückshaube tiefer in Seele und Körper eindringt.« Um sicherzugehen, dass ich verstanden hatte, sagten sie: »**Um**

ihre volle Wirkung zu entfalten, muss die Erfahrung sowohl leiblich und emotional als auch mental sein.

Errichte einen Altar am Pfefferbaum«, sagten sie. »**Versammelt euch dort und ruft das Göttliche in allen Formen an. Lasst jeden einzelnen aufstehen, um die Glückshaube oder den Mantel der Geborgenheit zu empfangen; lasse sie ihre Füße auf der Erde spüren. Wenn sie auf das Feuer zugehen, können sie sich durch ihre Füße erden und dann empfangen. Danach kann die Gruppe sie umringen.**« Sie erklärten: »**Wenn wir sie umarmen, umarmst auch du sie**«, sagten sie, »**beginne jetzt, diesen heiligen Bezirk einzurichten.**

Sprich und erkläre die Dinge vor der Zeremonie. *Wir* werden sprechen«, sagten sie. Sie würden durch mich sprechen: »**Mache dir keine Sorgen**«, sagten sie. »**Erzähle einfach, was mit dir geschehen ist, sprich die Wahrheit über das große Yin, über die Abtrennung *der Frau von ihrem Wesen, jener des Mannes von seiner Quelle der Kraft* und was dies der Welt angetan hat. Erzähle ihnen, wie der Mann unter seiner eigenen Tyrannei und Verderbtheit leidet und die Frau unter ihrer Ohnmacht.**«

Anmerkung: Als sie diesen letzten Satz sprachen, war das Wort, das ich sie über die Männer sagen hörte, »Verderbtheit« (*depravation*); viele Monate später erfuhr ich jedoch, dass sie Entbehrung (*deprivation*) sagten und meinten, dass die Männer der Weichheit und der Nährkraft von Yin beraubt sind und sie entbehrten.

Sie richteten sich hoheitsvoll zu ihrer ganzen Pracht auf und verkündeten: »***Jetzt ist es Zeit für die Rückkehr der Großen Mutter der Welt.* Die Welt braucht jetzt Bemutterung.**« Nach kurzem Schweigen fuhren sie fort: »**Lasse sie alle sich der Großen Mutter öffnen und dann still sein.**« Die Zeit der Stille würde dieses Geschenk tief in ihre Herzen dringen lassen.

»**Es gibt einen verborgenen Funken in jedem Wesen, und es ist dieser Funke, den unsere Einweihung entzündet. Der Funke wird zur Flamme, wenn die Essenz, die bis zu diesem Moment in ihnen schlummerte, entfacht wird. Dies ist der Zweck unserer Ermächtigung.**

Nach dem Erhalt der Ermächtigung wird jede und jeder auf seine oder ihre Weise erblühen. Sie werden erblühen als die Blume, die sie sind und immer schon waren. Und da keine zwei Blumen gleich sind, wird sich auch die Farbe der Glückshaube oder des Mantels der Geborgenheit, den sie erhalten, von der Farbe aller anderen unterscheiden.«

Als sie in meinen Gedanken die Angst lasen, wie viel Verantwortung ich mit dieser Arbeit übernahm, sagten sie: »**Deine Arbeit ist einfach. Alles, was du tun musst, ist, den Funken von uns auf sie zu übertragen.**« Sie lächelten breit und sagten: »**Tu die Arbeit voll Freude, sie wird den Funken entzünden.**« Sie drückten mir die Hände und flüsterten: »**Hab keine Angst. Die Arbeit, die du tust, ist gut, und wenn du auf sie und auf uns vertraust, wird sie dir Freude bereiten. Diese Freude wird dein ganzes Leben erfüllen.**

Wir werden dir immer die Kraft geben, die du brauchst, um diese Arbeit zu tun – aber nicht mehr«, sagten sie. »**Zu viel würde anderen schaden und sie abstoßen, und zu viel Macht wäre nicht gut für dich. Aber keine Sorge. Du wirst haben, was du brauchst. Die Macht, die wir dir geben, wird sich steigern und wird deiner Arbeit immer angemessen sein.**«

»Bitte führt mich, alles richtig zu machen«, sagte ich. Sie ließen ihre Blicke über mich schweifen und sagten: »**Wenn du ein starkes Gefühl hast, wenn du etwas sowohl emotional als auch in deinem Körper spürst, folge ihm. Wenn es nur vom Verstand herrührt**«, sie hielten inne und hoben den Finger, »**musst du wissen, dass es kein wahres Gefühl ist.**

Wenn du eine Abneigung gegen jemanden verspürst, vertraue darauf. Dann stimmt etwas nicht.« Und erklärend fügten sie hinzu: »**Die** ***körperlichen und emotionalen Empfindungen kommen nicht aus dem Ego;*** **gedanklicher Zwiespalt und Hader mit dem Selbst jedoch schon.**«

Ich versandte Einladungen zu einer Ermächtigung, die am 22. Januar stattfinden sollte, und weil ich noch nicht verstanden hatte, wie es um das Geschenk der Großmütter für die Männer stand, schickte ich sie nur an Frauen. Es vergingen mehrere Jahre, bevor Männer an den Großmüttertreffen teilnahmen.

Als der Tag der Ermächtigung kam, fragte ich mich, ob es noch etwas gab, was die Großmütter von mir wollten, etwas, das ich tun oder sagen sollte, woran ich noch nicht gedacht hatte. Ich konnte meine Nervosität kaum im Zaum halten, und so legte ich zwei Stunden vor der Ankunft der Frauen meine Kopfhörer an und reiste los.

Adler kam herbeigeflogen, als ich von meinem Baum abhob; und er hielt sich unter mir, beschützte und unterstützte mich bis zu den Großmüttern. Als ich meine Flügel faltete und mich vor ihnen verbeugte, fühlte ich eine größere Kraft in meinen Flügeln, und als ich meinen Kopf neigte und nach unten blickte, sah ich, dass sie jetzt dunkler waren bis zu den Spitzen.

Als ich vor ihnen stand, mein Mund trocken vor Aufregung, sagte ich: »Großmütter, heute ist der Tag, an dem ich eure Ermächtigung weitergebe. Gibt es noch etwas, das ich wissen sollte?«

»**Der Ort unter den großen Farnen, an dem du gearbeitet hast, um ihn zu heiligen, wird heute mit diesem Kreis verbunden sein**«, sagten sie. Das war etwas, woran ich mich erinnern sollte, besonders im Moment der Ermächtigung. Sie zeigten mir die Beziehung zwischen den großen Farnen in meinem Garten und ihrem Kreis in der oberen Welt, und ich spürte eine gegenseitige Anziehung. Ausgerichtet auf den Sammelplatz im Garten, schwebte der Kreis der Großmütter direkt darüber: »**Vergiss das nicht**«, sagten sie.

Ich war fasziniert von der Vorstellung, Wirklichkeiten zu verzahnen, aber wieder erregten meine Flügel meine Aufmerksamkeit. Sie waren nicht nur dunkler und mächtiger, sie waren auch länger und breiter als zuvor. Als ich diese Veränderungen wahrnahm, begannen meine Flügel, ihren eigenen Tanz aufzuführen, erst der eine, dann der andere bogen sie sich nach innen und dann nach oben. Meine Flügel hoben und senkten sich wie zum Spaß und bewegten *mich.* Ich lachte, als ich mich erhob und wieder zu Boden kam und mit meinen Flügeln tanzte, während die Großmütter zusahen und vor Freude klatschten.

Es gab so viel Freude! Als ich mich umschaute, war sie ein Leuchten in der Luft. Die Großmütter schienen mir Liebe zu schicken. »**Du hättest nie gedacht, dass du eine solche Freude haben würdest, oder?**« fragten sie.

Ich war sprachlos, voll des Glücks. Aber es gab noch mehr. Ein Gefühl von überschäumender Fülle kam in mir auf, und ich keuchte: »*Das* ist die Gegenwart des Göttlichen!« Und als ich an mir hinunterblickte, wusste ich, dass *Gott in meinen Flügeln* war. Sie wurden jetzt überlagert von sich vervielfältigenden immer größeren Flügeln. Konzentrisch und durchscheinend von überirdischen Farben wogten sie auf und ab, und sich überlagernd erstreckten sich meine Flügel ins Unendliche.

Pink, Gold, Gelb, Orange, Blau, all das und noch mehr zuckte wie Blitze von meinen schlagenden Flügeln, bis der ganze Himmel von diesen Farben erfüllt war. Ich hörte: »**Bedecke die Welt**« als die Flügel weiterschlugen und Freude in meinen Körper zogen, in meinen Körper und über die ganze Welt.

Ich war in Tränen aufgelöst – die Schönheit so groß, dass sie mich überwältigte. »Großmütter«, schluchzte ich, »ich habe keine Fragen mehr.« Still umarmten wir uns, und als ich aus ihrem Tal flog, kam Adler noch ein Stück mit. »**Auf Wiedersehen, Grünschnabel**«, rief er mir nach.

Elf Frauen kamen an diesem Tag in den Garten. Ich hatte dreißig eingeladen, aber elf kamen durch die Tür, elf ungewöhnlich schöne Frauen – schön in ihrer Liebe zum Göttlichen und den Menschen. Mit mir waren wir zwölf. »Zwölf Frauen«, schrieb ich in mein Notizbuch, »und zwölf im Rat der Großmütter – ein verheißungsvoller Beginn.«

Die Großmütter waren während der Zeremonie anwesend, wie sie es versprochen hatten, alle Frauen spürten sie. Als ich ihre Botschaft erklärte, trat ein Teil von mir zurück und staunte: Es *waren* die Großmütter, die sprachen. Ihre Worte flossen aus meinem Mund in das Herz der Frauen, und ihre Liebe strömte in endloser Fülle durch mich hindurch. Ich war voll der Demut, Teil von etwas so Heiligem sein zu dürfen.

Als die Zeremonie zu Ende war, fragte ich mich, wie gut ich die Großmütter erklärt hatte, aber zumindest hatte das, was ich gesagt hatte, niemanden schockiert oder beleidigt. Doch so großartig die Ermächtigung auch war, ich war froh, als sie vorbei war. Als sie da waren, erfüllte mich grenzenlose Kraft, aber sobald die letzte Frau aus der Tür war, ging ich zu Bett.

»Der Glaube an das Selbst ist das Wichtigste. Wir glauben an dich.«

Wie die Großmütter während der Zeremonie mit mir arbeiteten, war erstaunlich; so viel Macht strömte durch mich hindurch, dass ich high war – angeschlossen an die Quelle. Aber mein Körper konnte ihre Energie nicht halten, und ich stürzte ab. Zu erschöpft, um danach noch viel zu tun, wollte ich mich nur ausruhen. Ich brauchte eine ganze Woche, bis ich die Erfahrung verarbeitet hatte und wieder arbeiten konnte.

Als ich schließlich meinen nächsten Flug in die obere Welt antrat, flog ich hinter Adler her. Wir waren jedoch nicht weit gekommen, als ich bemerkte, dass ich Mühe hatte, mit ihm mitzuhalten. »Warum das?« fragte ich mich.

Adler sah mich zurückfallen und nahm mich auf den Rücken: »**Genieße einfach den Flug**«, sagte er. Ich nahm ihn beim Wort, legte mich für ein paar Minuten auf seinen Rücken, und als ich mich wieder stark genug fühlte, ließ er mich wieder alleine fliegen, breitete aber seine Flügel unter mir, nur für den Fall.

»**Du warst zu lange weg**«, sagten die Großmütter, als sie mich auf das Podium hoben. Da wurde mir klar, dass sie wollten, dass ich zu ihnen komme, wenn ich müde war, und mich nicht in mich selbst zurückzog.

Als sie sich näherten, sah ich, dass einige von ihnen Kleider trugen, während andere Adler waren. »Ich freue mich ebenso wie sie, bei ihnen zu sein«, sagte ich zu mir, und ehe ich mich versah, hatten sie einen Kreis um mich herum gebildet. Mit erhobenen Armen traten sie auf mich zu, ließen ihre Arme oder Flügel nach unten fallen und bewegten sich tanzend wieder weg. Sie tanzten auf mich zu und wieder weg, und das schien die Müdigkeit aus mir herauszuziehen, während sie mir Kraft übertrugen. Hinein und heraus, hinein und heraus – ich fühlte es mehr als dass ich es verstand.

Kraftwellen stürzten auf mich ein, als sie mich umkreisten. Ich wurde aufgefüllt. Sie kümmerten sich auch um meine Flügel – bürsteten, lockerten und richteten meine Federn.

»**Du musst bei deinesgleichen sein**«, sagten sie. »**Du musst öfter kommen.**« Sie schauten mich aufmerksam an und sagten: »**Versuche es nicht alleine, sondern komm zu uns. Alles wird zu *unserer* Zeit geschehen. Es gibt keine Eile.**« Als ich mich ihnen zuwandte, richteten sich zwölf Augenpaare auf mich: »**Der Glaube an das Selbst ist das Wichtigste. Wir glauben an dich. Wende dich an uns, und wir werden dir helfen zu lernen, an dich zu glauben...**« Ich kam zu ihnen nicht nur um zu lernen, wie ich bis jetzt gedacht hatte. Wie die Geister der unteren Welt würden auch sie bei der Heilung helfen – bei einer anderen Art Heilung.

Schritt für Schritt bewegten wir uns im Uhrzeigersinn im Kreis. Als ich den Tanz unterbrach, um Informationen zu weiteren Ermächtigungen zu erbitten, riefen sie: »**Empfange! Wir lehren dich nicht umsonst. Wir können nichts geben, wenn du nicht ganz da bist. *Du hast vergessen, dass du eine von uns bist.* Das ist das erste, was in Ordnung gebracht werden muss.**«

Als sie ihren Kreis enger zogen und näher herantanzten, richtete sich meine Wirbelsäule von selbst auf. Der gespannte Ausdruck in ihren Gesichtern ließ mich wissen, dass sie etwas Wichtiges vorhatten.

Plötzlich war ich etwas Festes. Meine Füße waren in der Erde verankert, mein Körper war gerade und stark, ich war im Einklang mit *ihnen*. Ich sah, wie die Macht aus der Erde hervorschoss, als sie sich mit mir und mit der Erde verschmolzen – damit ich nicht wegflog und mich im Raum verlor und vergaß, wer ich war. »**Um diese Arbeit tun zu können**«, sagten sie, »**musst du mit uns und mit der Erde verschmelzen. Das wird dich verankern, aber nicht einschränken, so dass du immer noch auf andere Ebenen gelangen kannst.**«

Ich war fest, geerdet und doch nicht eingeschränkt. Obwohl sich mein Körper in der Erde verankert fühlte, sah ich mich in der Luft schweben, so weit über dem Boden, dass ich scheinbar endlos in die Ferne sehen konnte. Mit den Großmüttern verschmolzen, wie ich war, sah ich alles. Weitblickend war ich und dabei sowohl weitsichtig als auch geerdet – alles zugleich.

Mich in die Einheit mit der Erde auszudehnen hieß auch, mich in andere Dimensionen auszudehnen; ich war in Mutter Erde verankert und dehnte mich zugleich in die Galaxie aus. Und es passierte alles *jetzt.* Als ich mich zur Bestätigung an sie wandte, sagten sie nur: »**Nimm auf.**« Ich war im Jetzt voll und ganz gegenwärtig. Normalerweise war ein Teil von mir distanziert oder zurückgenommen. Jetzt war ich *gegenwärtig.*

Die Großmütter hatten Blockaden beseitigt. Ich nahm wahr, wie sie überholte Einstellungen und Wahrnehmungen aus meinem Kopf und meiner Seele entfernten. Dieses Hinein und Hinaus wirkte wie ein Magnet, saugte Müdigkeit und seelischen Müll aus mir heraus.

Während sie tanzten, stiegen Erinnerungsfetzen, Empfindungen von Schmerz und Hitze in mir auf und ließen wieder nach oder wurden durch Empfindungen von tiefem Frieden und Erleichterung ersetzt. »Nehmt alles, bitte«, sagte ich, »nehmt all das Zurückgehaltene. Nehmt es alles.«

»Wir erfüllen dich ganz. Lass uns.«

Nach einer Reise in die untere Welt kehrte ich zu ihnen zurück. Diesmal wollte ich wissen, wie ich im Selbst geerdeter, wirksamer und sicherer werden konnte. Ich startete von meinem Baum aus und erklärte dies als meine Absicht, und als ich durch die Wolkenmembran in die erste Ebene der Oberwelt kam, segelte Adler zu meiner Linken herbei, sah mich belustigt mit seinem grimmigen Gesicht an und sagte: »**Ich kann dir mit der Erdung nicht helfen.**«

Seite an Seite flogen wir nach oben, und als ich den weißen Kreis der Großmütter sah, lehrte er mich, wie man in ihm landete. Es war diesmal viel einfacher; das Landen war ein Gleiten. Ich ging auf sie zu, und mein Herz sang: »Froh, froh, froh, hier zu sein.«

Sie standen im Kreis, und ihre Schwingen bedeckten die Erde, umhüllten sie und hielten sie von unten. »**Das**«, sagten sie, »**ist die Kraft der**

Oberen, die das Untere nährt und hält. So ähnlich hält Mutter Erde die Erde von innen.« Als sie das sagten, dachte ich an das hermetische Prinzip: »Wie oben, so unten; wie unten, so oben.« War das die gleiche Vorstellung? »**Ja**«, nickten sie.

»Großmütter«, sagte ich, »es fällt mir schwer, mich im Frieden zu fühlen und der Erde zugehörig. Ich habe Schwierigkeiten, mich zu erden.« Sie lachten und antworteten: »**Als gäbe es überhaupt einen Ort, an den du gehörst!**«

»Es fällt mir schwer, ein normales Leben zu führen«, sagte ich und versuchte erneut, mich zu erklären. »Seit ihr an jenem Septembermorgen gekommen seid, hatte ich nicht mehr das Gefühl, auf die Erde zu gehören. Ich weiß nicht, wie ich mit dem täglichen Leben umgehen soll.« Ich wartete, hoffte auf eine Antwort, aber sie sagten nichts, sahen mich nicht einmal an. So wandte sich meine Aufmerksamkeit von ihren Gesichtern ab und nach innen zu mir selbst.

Aus der Ferne beobachtete ich mich und sah dieses »Ich« im tiefen Schnee vorwärts gehen. Ich war in meinem Adlerkörper, und als ich einen Schritt tat, war ich fasziniert von meinen großen Vogelfüßen. Mit ihren Krallen hatten sie die Größe und Form von Schneeschuhen. Bei jedem Schritt sank ein riesiger Fuß durch den Schnee und fiel dann durch die Schichten der Erde. Obwohl meine Füße die Erde durchdrangen, blieb mein Kopf hoch in den Wolken. Ich war oben, ich war unten, ich war in allen Welten zugleich.

»**Nichts ist eindimensional**«, klang es in meinen Ohren, und als ich einen weiteren Schritt tat, sah ich, wie mein langgestreckter Fuß in der Erde versank. Hinab und immer tiefer hinab ging es. »**Dein Schritt ist nicht mehr an der Oberfläche**«, sagten die Großmütter. »**Jetzt gibt es eine tiefe Verbindung.**«

»**Denke daran, wer du *bist***«, riefen sie, und mir fest in die Augen blickend sagten sie: »**Denk an die Größe deines Seins, nicht an dein kleines Ego, sondern an dein großes Selbst, das eins ist mit der Quelle von allem.**« Ich konzentrierte mich auf ihre Worte und bat sie, mir eine

Erfahrung mit diesem Selbst zu vermitteln, und in weniger als einer Sekunde schwoll ich an und wurde immer größer.

Obwohl ich mir noch immer bewusst war, dass ich in meinem Körper war, war das, was ich war, so viel größer, so viel mehr als dieser Körper, dass mir schwindelig wurde. »Großmütter«, rief ich. »Hilfe!

Mit strengem Blick sagten sie: »**Du musst öfter in die untere Welt gehen – um dich zu heilen, zu erden und zu orientieren. Das ist der einzige Weg, diese Arbeit zu tun.**«

Diese Ausweitung war fast mehr, als ich ertragen konnte. Ich fühlte mich schwach und fing an, mir Vorwürfe zu machen, weil ich mit ihrer Drei-zu-eins-Formel nachlässig geworden war. Ich hatte angefangen, Pausen vom Reisen zu machen und mich von der nicht-alltäglichen Wirklichkeit abzuwenden, wenn ich mich überlastet fühlte. Als ich dann weitermachte, ging ich nicht in die untere Welt zur Heilung, sondern gleich wieder zu den Großmüttern, um weitere Informationen zu erhalten. Ich hatte gemogelt und kam damit nicht mehr durch. Die Energie, die sie mir eben gegeben hatten, war mehr, als ich halten konnte.

»In Ordnung, Großmütter, ich werde mich jetzt an eure Anweisungen halten. Aber solange ich hier bin, darf ich euch ein paar Fragen zu eurer Arbeit stellen? Zu unserer Arbeit«, korrigierte ich mich schnell. »**Gut!**« sagten sie, falteten ihre Flügel vor der Brust und sahen mich an, amüsiert über meine Beharrlichkeit.

»Soll ich ein Buch darüber schreiben?« fragte ich. »**Wir werden das Buch schreiben**«, sagten sie. »**Das ist die Arbeit, die du tun wirst**«, fuhren sie fort und bestätigten damit unsere Zusammenarbeit »**Tu es. Die Blüte soll der Knospe folgen, der Zweig dem Ast. Wir werden dich begleiten. Bleib dir treu und tu es.**«

»Gibt es etwas, das an euren Lehren hervorzuheben ist?« fragte ich. »Etwas, das andere hören müssen?« Ich hatte das schon auf einer früheren Reise gefragt, aber es kam erneut aus meinem Mund.

Sie schwiegen, und so schwieg auch ich, und als ich mich meinem Inneren zuwandte, war ich erstaunt, die Gegenwart der Mutter in mir zu finden. Ihre Liebe floss durch meinen Körper; *sie* lebte in *mir.* Und weil sie da war, erkannte ich mich selbst als Teil von etwas Gewaltigem und Großartigem.

Die Liebe strömte in mich hinein und wieder aus mir heraus, aber ich war durch dieses Verströmen keineswegs erschöpft; weil die Liebe nicht meine war, sondern ihre, ganz ihre. Es gab keine Trennung zwischen dem, was sie war, und dem, was ich war. Als die Liebe meinen Körper erfüllte und sich dann aus ihm ergoss, sprachen die Großmütter: »**Die Verminderung des Selbst tritt ein, wenn du denkst, dass du – dein kleines Ich – durch Geben erschöpft oder weniger wird**«, sagten sie und lächelten geheimnisvoll. »**In Wahrheit ist es aber nicht so.**

Erst anfüllen«, sagten sie. »**Lasse dein großes Selbst dein kleines Selbst anfüllen. Das ist das allererste. Nimm dir Zeit dafür. Dieses Anfüllen muss das erste sein und zu Ende gebracht werden. Dann wird dein Geben mühelos sein und wie von selbst geschehen. Es ist kein Karma an diese Art von Geben gebunden, es ist nichts daran gebunden. Diese Art des Gebens**«, sie lächelten, »**ist so einfach wie Atmen.**«

Vor mir erschien ein schönes Zimmer. Das Morgenlicht strömte durch ein kleines verglastes Fenster auf einen zum Frühstück gedeckten Tisch. Auf dem Tisch stand ein übergroßer Krug, dick und stabil, mit einem großzügigen Ausguss und anmutig geschwungenen Wänden. Cremefarben und von Sonnenlicht überflutet, strahlte der Krug einen Glanz und ein Gefühl der Fülle aus. Das goldene Licht, das durch das Fenster strömte, ließ alles im Raum von Licht erfüllt erscheinen, alles schien aus Licht zu bestehen.

Als ich genauer hinsah, sah ich, dass der Krug von mehr als nur Licht erfüllt war. Er hatte nicht nur die Farbe von Sahne, er war mit Sahne *gefüllt*; Sahne, dick und schwer, blubbernd bis zum Rand. Eine getöpferte Tasse stand neben dem Krug, und auch auf sie regneten Lichtstrahlen.

Als die Großmütter etwas aus dem Krug in die Tasse gossen, füllte sich der Krug magisch wieder auf. Vielleicht war es das Sonnenlicht, das ihn voll bleiben ließ, aber ganz gleich, wie oft etwas ausgegossen wurde, die Sahne stieg immer wieder bis zum Rand.

»Denk an diesen Becher und Krug. Wir füllen dich voll. Lass uns«, sagten sie voll Freude und formten ihre Handflächen zu Schalen, um zu zeigen, wie wir empfangen sollen. **»Wenn du an uns und das Netz aus Licht denkst, zu dem du gehörst, werden wir dich erfüllen und dich immerfort erfüllt halten.«**

Sie hatten mir den Krug und den Becher gezeigt, aber was war dieses Lichtnetz, das sie erwähnt hatten? Sie sagten nichts, sondern riefen: **»Keine Leere mehr! Aus *diesem* Zustand der Fülle heraus findet der Akt des Gebens statt. So leicht, dass du es nicht einmal als Geben betrachten wirst, so leicht, dass es keine Trennung zwischen Geber und Empfänger geben wird. Das Geben wird alles eins sein…«** Freudestrahlend fügten sie hinzu: **»Teil des Flusses von jener Quelle, von der du ein Teil bist.**

Die vollständige Füllung beseitigt jedes Gefühl der Trennung von der Quelle, beseitigt jedes Gefühl der Kleinheit, der Bedürftigkeit oder der Minderwertigkeit. Das alles ist verschwunden«, sagten sie. **»Es gibt nur das volle Erfülltsein, und aus diesem Zustand fließt alles leicht.**

Erfreue dich daran«, sagten sie, **»und dein Leben wird immer leichter werden – wie es sein sollte! Oh, du wirst deine Schwierigkeiten haben«**, lachten sie. **»Es werden Dinge geschehen.«** Sie reckten die Hände empor, als ob sie sagen wollten: »Na, was erwartest du?« **»Das gehört zum Wachsen dazu. Aber keine Bürde mehr und kein beschwerliches Tragen von Lasten mehr.«**

Sie betrachteten mich ernst und dann wurde ihr Gesichtsausdruck spitzbübisch. **»*Wir* tun geben«**, sagten sie. **»Du tust leben.«*** Ich kannte diese Liedzeile. Sie stammte aus einem alten Elvis-Presley-Song! Meine Augen weiteten sich, als ich sie anstarrte, und sie brachen in entzücktes Gelächter aus. Ich stammelte: »Ihr seid erstaunlich, Großmütter.« Sie wurden wieder ernst. **»Lass uns geben – durch dich«**, sagten sie. **»Und freue dich daran!**

Diese Art des Gebens wird dich mit Freude erfüllen. Du wirst unsere Gegenwart und unsere Liebe durch dich hindurchströmen fühlen. Dann

* We do the giving. You do the living.

wird das Geben nicht zu Erschöpfung führen. Die alte Art des Gebens«, sie schüttelten angewidert ihre Köpfe, »**bei der vor allem die Frau Geberin war und zugleich abgeschnitten von ihrer eigenen Kraftquelle, hat sie erschöpft.**« Tief in Gedanken hielten sie inne, dann sagten sie: »**Das ist nicht die wahre Art zu leben und zu geben.** ***Du bist nicht abgeschnitten!*** **Du bist ein Teil der Quelle.**

Du bist eine edelsteingeschmückte Facette der Quelle«, sagten sie. »**Das bist du, wo immer du bist. Betrachte dich als den Krug, der ausgießt und weiß, dass er davon niemals leerer wird…**« Mit den Fingern wedelnd, sagten sie: »**Gehe nicht achtlos umher und gebe.** ***Denke*** **nicht einmal ans Geben.**

Sei stattdessen offen für uns; immer offen für uns. Bitte um alles, was du brauchst. Es wird dir gegeben werden«, versprachen sie, »**und dann wird alles, was du gibst, mühelos und mit Freude aus dir herauskommen.**«

»Danke, Großmütter.« Ich verbeugte mich. »**Wir danken** ***dir*****«,** sagten sie. »Warum danken sie mir?« murmelte ich, und sie erklärten: »**Eins**« seien sie mit allen, die sie »**die edelsteinbesetzten Facetten**« nennen. »**Wir sind dankbar für jede Facette des Göttlichen, die in dieser Zeit erscheint, um unser Werk auf Erden zu tun.**«

Ich war begeistert von diesem Konzept des mühelosen Gebens und wollte etwas über die »**edelsteinbesetzten Facetten**« wissen… Sie würden jedoch nichts mehr sagen; der Trommelschlag änderte sich und rief mich zur Rückkehr.

KAPITEL 7

Weibliche Macht ist eine ehrfurchtgebietende Sache

Die Kraft der Würde

»Weil du ein Mensch bist, hast du ein begrenztes Verständnis von ›männlicher‹ und ›weiblicher‹ Macht.«

Voller Fragen grübelte ich über das nach, was die Großmütter mir gesagt und gezeigt hatten. Zu diesem Zeitpunkt hatte ich ihre Ermächtigung an drei Gruppen von Frauen weitergegeben, und ich fragte mich, ob dies der beste Weg sei, ihre Botschaft zu vermitteln. Ich war auch gespannt auf das, was sie »müheloses Geben« nannten. Es gab so viel, was ich wissen wollte, und auch wenn jede Reise ein paar Fragen beantwortete, warf sie andere auf.

Adler war zu meiner Linken, als wir nach oben flogen und in einer Formation aufstiegen (obwohl wir nur zu zweit waren), und er ließ mich führen: »Adler, warum bist du männlich?« fragte ich über meine Schulter blickend. »Die Arbeit der Großmütter dreht sich hauptsächlich um Frauen, also warum bist du ein ›Er‹?« »**Weil ich es bin**«, sagte er.

Vielleicht brauchte ich seine männliche Kraft, um das Fliegen zu meistern, oder seinen Kampfgeist, um diese Arbeit zu tun. Was auch immer es war, er wollte nicht mehr sagen.

Wir näherten uns dem Kreis der Großmütter und schwebten hoch über ihm, dann setzte ich zum Sturzflug an. Als ich in letzter Minute abbremste, sah ich aus wie eine Comicfigur: die Flügel über dem Kopf, als meine Krallen auf dem Boden aufkamen.

Ich landete sanft und stolzierte auf sie zu, genau wie Adler. Ich musste über mich kichern; dabei neigte ich den Kopf und sah an mir hinab. Was war das? Meine Brust und mein Bauch waren hart und flach, ein Penis baumelte zwischen den Beinen, die gerade und stark in großen, festen Füßen wurzelten. Nichts an diesem Körper war rund oder weich. Ich hatte einen männlichen Körper.

Ich fühlte mich auch anders – entschlossen, energisch und ungeduldig; ich konnte meinen Eifer spüren, mich einzubringen. Ich war männlich, genau wie Adler. Das machte mir Angst, bis ich mich daran erinnerte, dass alles, was auf einer Reise geschah, Teil einer Lektion war. »Warte!« sagte ich, als ich darüber nachdachte. »Bin ich männlich, oder verkörpere ich nur männliche Kraft?«

»Großmütter«, rief ich dann, und sogleich standen sie in ihren Adlerkörpern vor mir. »Was ist das für eine männliche Macht, die ich habe? Was hat das Verkörpern männlicher Macht mit der Ermächtigung der Frau zu tun?«

»Weil du ein Mensch bist, hast du ein begrenztes Verständnis von ›männlicher‹ und ›weiblicher‹ Macht«, sagten sie. **»Weil die Menschen nicht wissen, was diese Begriffe wirklich bedeuten, ist alles, was sie als ›männlich‹ oder ›weiblich‹, ›maskulin‹ oder ›feminin‹ bezeichnen, ein Kategorisieren.«** Sie lächelten, amüsiert über meine Unwissenheit, als ich meinen Körper erneut untersuchte. »Lehrt mich, Großmütter. Lehrt mich die wahre Macht der Frau.«

»Weibliche Macht ist etwas Ehrfurchtgebietendes«, sagten sie, **»sie ist etwas Ernstzunehmendes…«** Sie schüttelten den Kopf und sagten: **»Sie**

ist nicht das, was ihr hier auf der Erde über sie denkt – zurückhaltend, gefällig und manipulierend. Nichts davon!« riefen sie empört aus. »**Es ist eine Kraft von ungeheurer *Würde*.**« An ihrer **königlichen** Haltung konnte ich ihre diesbezüglichen Gefühle ablesen. »Es ist an der Zeit für mich, mir auch etwas von dieser Würde anzueignen«, dachte ich, »damit ich ihre Botschaft besser vermitteln kann.«

Jetzt stand ich als Frau groß und selbstbewusst vor ihnen. Dieses »Ich« war anmutig, sicher in seinen Bewegungen und seiner Rede und vor allem mit einer klaren Absicht. Ich hatte mich nie für würdig gehalten. »**Gewöhn dich daran**«, lachten sie, »**es ist deine Bestimmung.**«

Lächelnd und scherzend beruhigten sie mich: »**Man kann immer noch Spaß haben – es ist kein Freudekiller; es ist würdevoll, immer würdevoll, auch im Spiel. Die Würde hat mit der Heiligkeit des Wesens zu tun, das du bist…**« Mir tief in die Augen blickend befahlen sie: »**Niemals, *niemals* vergessen! *Das* ist es, was du bist.**«

»Großmütter«, sagte ich, »ich nehme an, dass ich eure Lehren und eure Ermächtigung weitergeben soll, die Dinge, die ihr mir gesagt habt, so wie jetzt. Stimmt das?« »**Ja**«, sagten sie, und zwölf Adlerköpfe nickten.

»Ich habe mit Frauengruppen gearbeitet, wie ihr wisst.« »**Das ist im Moment in Ordnung**«, sagten sie, »**es baut sich auf. Die Welle wird dich tragen, dann wirst du deine Richtung erkennen. Die Welle wird sie dir zeigen.**«

»Soll ich das den Frauen ständig anbieten?« »**Ja, ja**«, antworteten sie enthusiastisch, »**lasse es sich entwickeln. Das ist der Weg. Es wird sich herumsprechen.**«

Sie traten zurück und inspizierten mich, und meine Blicke folgten den ihren. Ich blickte hinunter, um nach meinem Körper zu sehen, und sah, dass ich jetzt mein gewohntes weibliches Selbst war, und als ich eilig aufblickte, sah ich, dass auch sie ihre Adlerkörper abgelegt hatten. »Mmh«, grübelte ich. »Diese Körper sind wie Kostüme, nützlich, um etwas auf den Punkt zu bringen oder zu veranschaulichen.« Die Großmütter lächelten und nickten. Dann zogen sie mich an sich, legten ihre Hände auf mein Herz, hoben meine Brust und sagten: »**Hochherzig.**«

Ich neigte meinen Kopf, um zu sehen, was sie taten, und sah Licht, das von meiner Vorderseite ausstrahlte, es schoss aus meinem Herzen hervor! Das Licht schien von ihnen zu kommen.

»**Das hohe Herz**«, sagten sie, als sie mein Herz mit ihrem Licht anfüllten. »Oh… jetzt fühle ich es«, keuchte ich, als eine Macht meine Brust durchdrang und mich öffnete wie eine erblühende Blume. In strahlendem Wechselspiel schoss das Licht zwischen uns hin und her. Es war ein Austausch von Licht und Kraft – von meinem Herzen zu ihrem und von ihrem zurück zu meinem.

»Ich will mehr an das Selbst glauben, Großmütter – an das große Selbst« sagte ich. »In diesem Körper«, ich wies auf mich, »will ich an das Selbst glauben. Ich will Vertrauen haben in meine Gedanken, in mein Aussehen, in alles. Bitte helft mir.« Sie umringten mich und berührten mich hier und da, streckten meine Wirbelsäule und verlängerten sie und sagten: »**Eine würdevolle Haltung ist wichtig.**«

Ich beobachtete, wie sie sich vor mir aufstellten, jede Großmutter hatte etwas Schweres auf dem Kopf. Sie zeigten mir, wie man eine Last mit Anmut trägt, und ich folgte ihnen und ahmte ihre Bewegungen nach, als auch ich Wasser in einem Krug auf meinem Kopf trug. »**Die gerade Wirbelsäule macht es einfacher**«, sagten sie, als sie sich umblickten. »**Vergiss das nicht.**«

Ich blickte kurz von dem Weg auf, und als ich wieder nach unten sah, gab es keine Krüge mehr, und unsere Arme und Hände waren frei. Sogleich begannen wir zu lachen, und herumwirbelnd vollführten wir einen Tanz. Aber als ich in dem willkommenen Gefühl von Leichtigkeit aufging, änderte sich der Trommelschlag. Schnell endete der Tanz, und ich wandte mich um und verbeugte mich zum Abschied.

KAPITEL 8

Du musst in deinen Geist hineinwachsen

»Wir zeigen dir die Energie von Yang, wie sie auf Erden ist... völlig außer Kontrolle.«

Ich lebte noch immer in zwei Welten – der Welt der nicht-alltäglichen Realität mit den Großmüttern und dem täglichen Leben mit meinem Zuhause, Klienten und Freunden. Ich bemerkte jedoch, dass mir die Unterschiede zwischen diesen Realitäten nicht mehr so gravierend vorkamen. Obwohl ich die Großmütter meinen Klienten oder den meisten meiner Freunde gegenüber nicht erwähnt hatte, waren die Lehren der Großmütter inzwischen zu einem festen Bestandteil meines Lebens geworden. Die Energie des Yin hatte begonnen, mein Herz zu erweitern und meine Ecken und Kanten zu mildern. Ich ärgerte mich jetzt weniger und war offener geworden.

Meistens war ich bei der Arbeit mit den Großmüttern hochgestimmt, aber es gab Zeiten, in denen ich das Gefühl hatte, dass es zu viele Informationen waren, zu viel Veränderung, einfach *zu viel* für mich, und dann sehnte ich mich nach einem »normalen« Leben.

Das erlebte ich zum ersten Mal, als ich schon ein paar Monate mit den Großmüttern gearbeitet hatte. Nachdem ich fast täglich gereist war, wurde ich von der Menge an Informationen, die ich erhielt, überwältigt und begann, meinen Drei-zu-Eins-Rhythmus zu lockern und nur dann zu reisen, wenn ich mich danach fühlte.

In der Dimension der nicht-alltäglichen Realität zu arbeiten, war eine faszinierende, aber auch harte Arbeit. Einige Reisen weckten Erinnerungen und Gefühle, von denen ich gar nichts gewusst hatte. Als dies geschah, brauchte ich eine Weile, um die auftauchenden Bewusstseinsinhalte zu verarbeiten. Andere Reisen waren so voll von unorthodoxen Ideen und Bildern, dass mein Verstand gegen diese Merkwürdigkeiten aufbegehrte. Ich könnte versuchen, meine Erfahrungen zu ordnen, indem ich die Lektionen der Großmütter in Schubladen sortierte – aber das wäre ein vergebliches Unterfangen.

Es gab niemanden, dem ich das alles erzählen konnte. Nach ein paar zaghaften Versuchen wurde mir klar: Solange ich nicht wirklich verstanden hatte, was die Großmütter mir beibrachten, konnte auch niemand sonst es verstehen. Sogar meine spirituellen Freunde konnten all das nicht verstehen, solange es mir selbst nicht klar war. Mein Mann war an so merkwürdigen Erfahrungen nicht interessiert, also lebte ich für mich in einer multidimensionalen Welt, in der ich mich immer noch wie ein normaler Mensch verhalten musste.

Der Versuch, diesen Prozess zu verlangsamen, war wie der Versuch, eine Welle zurück ins Meer zu schieben. Wann immer mir die Arbeit zu viel wurde und ich aufhörte zu reisen, tauchten die Großmütter in meinem Bewusstsein auf, ließen nicht locker und unterrichteten mich, während ich meinen Tag verbrachte. Bär tauchte in meinen Träumen auf. Ich wehrte mich gegen die nicht-alltägliche Realität, bis ich mich daran erinnerte, was ich gesagt hatte, als die Astrologin mir von der Arbeit erzählt hatte, die mich erwartete: »Wenn ich meiner Angst vor dem Unbekannten nachgebe, werde ich mir das nie verzeihen.« Ich konnte nicht aufhören.

Wenn ich meine eigenen Gedanken klar von den Botschaften unterscheiden könnte, die ich vom Geist erhielt, würde ich mich vielleicht nicht so überwältigt fühlen von dem, was auf einer Reise auftauchte. Ich wollte objektiver sein, nicht so persönlich von dieser Arbeit betroffen.

Als ich meinen nächsten Besuch in die obere Welt antrat, sah ich aus wie die Statue auf dem Flughafen von Albuquerque, wo ein Schamane sich an einem Adler festhielt. Aus irgendeinem Grund kam ich diesmal nicht einmal auf den Gedanken, alleine zu fliegen. Stattdessen streckte ich meine Arme nach Adlers Füßen aus, hielt mich fest, und als er sich in die Luft schwang, bog sich mein Körper, und ich griff fester zu. »Ich war in letzter Zeit ziemlich müde«, sagte ich mir, »das muss es sein.«

Adler brachte mich so bis zu den Großmüttern. Als wir über ihren Kreis glitten, ließ er mich sanft herab, und ich sah Mitgefühl in seinem Blick: »Etwas kann mit mir heute nicht stimmen«, dachte ich. »Adler sieht mich sonst nie so an.«

Ich hockte mich ganz in mich gekehrt vor sie hin, und es brach aus mir heraus: »Großmütter, mein Geist wurde verletzt, Adler hat es mir gezeigt.« Ich sprach die Worte, bevor ich den Gedanken dachte. Mein Geist *war* verwundet worden. Das war es, was Adler gesehen hatte.

Ich blickte an mir hinab und sah, dass ich wieder einmal in männlicher Gestalt war. Diesmal war ich jedoch ein verwundeter indianscher Krieger mit nackter Brust und Leggins.

Die Großmütter sahen mich lange fest an und sagten: »**Du versuchst, zu viel zu tun. Warte ab. Du musst in deinen Geist hineinwachsen.**« Ich sollte nichts mehr von mir aus tun. »Großmütter«, schluchzte ich, »ich will euch führen lassen, nicht kämpfen und mich immer abrackern. Ich möchte vom Geist aus nach außen wirken.« Sie blickten mich mit weisen Augen an und sagten: »**Anders kannst du auch nicht so hoch fliegen.**«

Ich hörte die Wahrheit darin und fragte: »Was *ist* der beste Weg, das anzuwenden, was ihr mir gegeben habt?« »**Setz dich einfach still hin**«, sagten sie. »**Warte ab. Die nächste Welle wird aus deinem Inneren kommen, aber**

du musst auf sie warten. Jetzt ist die Zeit für den Aufbau deiner Reserven, dann wirst du mehr geben können.

***Die Arbeit soll mühelos sein*«**, sagten sie. **»Wenn es nicht mühelos ist, sind nicht *wir* es, die arbeiten, sondern dein Verstand.«** Mit »Arbeit« erkannte ich, meinten sie nicht nur diese, sondern *jede* Arbeit.

»An der Leichtigkeit der Arbeit wirst du erkennen, ob es der Geist ist, der durch dich wirkt, oder ob nur dein Verstand etwas macht. Das Beste, was du aus dem machen kannst, was wir dir gegeben haben, ist, unsere Lektionen zu leben. Das ist der höchste, tiefste und beste Nutzen, und daraus wird sich alles andere ergeben. Suche nicht nach etwas, sondern warte ab.

Lerne deinen Körper kennen«, sagten sie, »**dein Körper ist dein Kompass. Sowohl körperliche Gefühle als auch Emotionen werden im Körper registriert. Da ist Ganzheit, eine Erdung in dieser Art der Wahrnehmung, die zuverlässiger ist als der Verstand. Du wirst die Wahrheit *fühlen*!**

Der Verstand erzeugt nicht eigentlich ein Gefühl«, sagten sie, »**sondern er zieht sich unter Zweifel und Sorge zusammen; er sagt viele Worte und zeigt Bilder, aber es gibt kein wahres Gefühl darin.«** Als ich über ihre Worte nachdachte, wurde mir klar, dass dies eine genaue Beschreibung meines Verstandes war: »**Vertraue dem Gefühl«**, sagten sie. »**Wie fühlst du dich? Es ist ganz einfach.«**

Ihre Worte wurden zu einem Prüfstein, einem Mantra. Es war einfacher, meinen Verstand klar zu halten und mit mir selbst in Kontakt zu bleiben, wenn ich mich fragte: »Wie fühlst du dich?«

Nach einer kurzen Pause sagte ich: »Großmütter, könnt ihr mir etwas über die Kopfschmerzen erzählen, die ich habe?« Die Frage: »Wie fühlst du dich?« hatte mich wieder an meine Kopfschmerzen erinnert. Sie schwiegen, also fuhr ich fort: »Gibt es etwas, das mir hilft, mit diesen Schmerzen zurechtzukommen oder sie loszulassen?«

Ich hatte gehofft, dass sie mir die Ursache meiner Kopfschmerzen, eine tiefsitzende Haltung oder ein traumatisches Ereignis nennen würden, etwas, das diesen chronischen Schmerz verständlich machen würde.

»Ich bin bereit, alles zu tun, was nötig ist, um dies aus meinem Körper zu entfernen«, sagte ich. Mehrere Minuten vergingen, während ich wartete.

Ich wollte schon aufgeben, als sie auf mich zu traten und mit den Händen zugriffen, um meinen Körper zu öffnen. Als ich meinen Schädel und meine Wirbelsäule sah und wo beide verbunden waren, flüsterte ich: »Da ist etwas, das nicht wie ein Körperteil aussieht.« Gespannt beobachtete ich sie bei der Arbeit und sah, dass etwas, was auch immer es war, an meiner Wirbelsäule festsaß. Bevor ich danach fragen konnte, sagten sie: »**Du tust das Richtige.**« Meine Ernährung war gut, ich bekam Bewegung, machte Körperarbeit und meditierte. »Ja,« sagte ich, »aber ich habe immer noch Schmerzen.«

»Oh,« rief ich aus, als ich eine Reihe von Haken sah, die sich in das Fleisch und die Knochen meiner Wirbelsäule gebohrt hatten. Die Großmütter zogen an ihnen und lockerten sie auf der rechten Seite. Als sie das taten, lief ein stechendes Gefühl in mir auf und ab. Wo das Fleisch in diesen Haken festhing, war es rot und entzündet. »Oh, Gott sei Dank«, schrie ich, als sie meinen Rücken mit einem dampfenden Umschlag bedeckten.

»Muss ich an diesen Haken hängen bleiben?« wimmerte ich. »**Wir können jetzt nicht mehr tun**«, sagten sie. »**Es ist noch nicht an der Zeit für seine Entfernung.**« Sie wischten meine Tränen fort und versicherten mir: »**Sie wird kommen.**« »Aber Großmütter, wie soll ich bis dahin mit dem Schmerz zurechtkommen?« »**Wir sind hier**«, sagten sie und hielten mich in ihren Armen.

Geborgen in ihrer Umarmung, fühlte ich, wie die Sonne Wärme und Licht über uns ausgoss, und schließlich beruhigte ich mich. Sie hatten gesagt, dass ich von den Schmerzen erlöst würde, und ich glaubte ihnen.

Als ich unversehens an meinem Körper hinabschaute, sah ich, dass ich wieder in Adlergestalt war. »Hm-m-m-m-m-m«, grübelte ich, »als ich heute kam, war ich ein Mann, verwundet und gebrochen, und jetzt bin ich ein Adler. Großmütter, warum war ich ein Mann, als ich kam?« »**Du warst total Yang**«, sagten sie. »**Yang-Energie hat dich an den Rand der Erschöpfung gebracht.**« All mein Bemühen, meine Sorge, ja alles richtig zu machen – das war es, was sie meinten. Das waren Symptome von zu viel Yang, und ich hatte sie schon lange. Kein Wunder, dass ich so ausgesehen hatte.

Sie gingen mit mir an den Rand ihres Kreises und zeigten in die Ferne, wo ich etwas sich bewegen sah. Staub wirbelte auf und bildete eine Wolke, die mit der Bewegung dahinglitt, und als ich näherkam, gewahrte ich irgendein Tier, das an einen Pfahl gebunden war. Es zerrte an seinem Seil und warf eine Staubwolke auf, als es hin und her galoppierte.

Ich wollte ihm nicht zu nahekommen, aber von dort, wo ich stand, sah es aus wie ein wilder Stier. Keuchend und Schaum vor dem Maul, lief er von einer Seite zur anderen, zerrte an dem Seil, während Dampf von seinem Rücken aufstieg.

Der Stier war furchterregend, schien aber erschöpft zu sein. Jedes Mal, wenn er vom Pfahl wegrannte und sich ins Seil warf, dehnte sich der Lederstrang weiter und wurde dünner. Das war offensichtlich schon seit einiger Zeit so, denn das Seil hielt inzwischen kaum noch.

Als ich mich fragte, warum mir die Großmütter das zeigten, sagten sie: »**Die Energie von Yang läuft Amok. Wir zeigen dir die Energie von Yang, wie sie heute ist.**« Der Stier, der sich gegen seine Fessel wirft, stellte Yang dar. Wie wahnsinnig mit wildem Blick donnerte er vorbei, und ich sprang zurück. Als die Großmütter mir bedeuteten, mich hinter ihnen zu halten, sagten sie: »**Yang ist völlig außer Kontrolle.**«

Wir standen beisammen, während das Tier wieder so weit wie möglich zurückgaloppierte und wieder so weit raste, wie das Seil es zuließ. »**Es gibt keine Kraft auf der Welt, die stark genug ist, um diese außer Kontrolle geratene Energie von Yang auszugleichen**«, sagten sie. »**Yin ist ausgelaugt und nicht in der Lage, Yang aufzuhalten, das immer wilder und gewalttätiger geworden ist. Und die Menschen, die in diesen Zeiten des großen Ungleichgewichts leben, haben gelernt zu glauben, dass das Leben so ist – angefüllt mit gewalttätigen Exzessen. Durch das Yin-Yang-Ungleichgewicht und die Yang-Dominanz ist deine Sicht auf das Leben verzerrt, so dass du an die Unvermeidlichkeit von Gewalt glaubst.**

Yin«, summten sie, »**ist Warten. Yin ist Halt**«, sangen sie, und ihre Stimmen fielen ab auf »**Halt**«. »**Yin ist ein Behälter, ein Behälter, den wir füllen können. Wir werden dich anfüllen.**« Als ich heute zu ihnen kam, war ich ein gebrochener Mann, erschöpft von zu viel Bemühen. Leise murmelte ich: »Das ist es, was ich brauche – ich muss mich von ihnen anfüllen lassen.« Die durchgedrehte Stierenergie von Yang hatte mich in die Erschöpfung geführt.

»**Mach es jetzt nicht mehr allein**«, sagten sie, »**und versuche nicht, die Dinge selbst in die Hand zu nehmen. Das ist die alte Art.**« Sie schüttelten angewidert den Kopf. Und als sie mich mit ernstem Blick ansahen, sagten sie: »**Lass *uns* dich auffüllen.**«

Als ich in meinem Adlerkörper auf dem Podium saß, fühlte ich mich so viel besser als zu Beginn der Reise. Jetzt konnte ich meinen Kopf und meine Flügel bewegen; schon hatte ich etwas Kraft zurückgewonnen. Ohne dass ich sie überhaupt gefragt hätte, hatten die Großmütter meine Frage beantwortet, wie man die Botschaften meines Verstandes von ihren Botschaften unterscheiden kann: Ich musste auf meine Gefühle hören.

»Großmütter«, sagte ich, »es fühlt sich so gut an, wieder stark zu sein und gut geerdet dazusitzen. Danke.« Ich neigte meinen gefiederten Kopf. »Und danke, Adler.« Ich drehte mich um, um meinen Begleiter und Freund zu würdigen.

Auf dem Weg zurück in die alltägliche Wirklichkeit dachte ich über diese Reise nach. Es war mein Verstand, der mich zu den Anstrengungen getrieben hatte, die, wie mir klar wurde, sinnlos waren. Das zu erkennen, hatte mir Kraft geraubt und mein Selbstvertrauen geschwächt. Wie der Stier war auch mein Verstand angebunden: ohne Sinn und Zweck und ohne innere Ausrichtung. Yang hatte mich wie den Stier in den Kreislauf von Anstrengung und Verzweiflung getrieben und mein Herz verwundet, das eigentlich nur aufnehmen musste. Da war die Tyrannei der Yang-Energie am Werk. Ich kannte sie genau. Ich hatte mein ganzes Leben unter ihr gelebt. Aber das wollte ich nicht mehr.

KAPITEL 9

Das Netz aus Licht

»Dies ist das Netz, das die Erde zusammenhalten wird.«

Ich hatte die schmerzhaften Exzesse von Yang satt und musste einen Weg finden, mich in der Energie von Yin zu erden. Aber wie? Das war die Frage für meine nächste Reise, aber als ich vor den Großmüttern stand, bereit, meine Frage zu stellen, sprachen sie: »**Würdige die Töchter und Söhne, wie du die Mutter würdigst**«, sagten sie. »**Sie alle sind ihre Kinder. Gib es weiter, an die Jüngeren, an die Älteren, an alle, die es nicht haben. Gib es weiter.**«

Ich nahm an, dass der erste Satz bedeutete, dass ich alle Menschen lieben sollte, wie ich die Muttergöttin liebte, alle ihre Kinder, die Teil derselben Familie sind. Aber »**Gib es weiter**«? Die Großmütter ignorierten meinen verwirrten Ausdruck und fuhren mit Nachdruck fort.

Ich hörte einfach zu und beobachtete, wie zwei Schwestern vor mir erschienen, die letzten Monat zu einer Ermächtigungszeremonie bei mir waren. Obwohl ich wusste, dass die beiden jetzt in Indien waren, sah ich sie so deutlich, als würden sie vor mir sitzen. Bea trug ein blaues Kleid und lächelte ihr breites Lächeln, während Peggy, etwas hinter ihr stehend, ihren Kopf reckte und mich schelmisch angrinste, als ob sie sagen wollte: »Ich wette, das hast du nicht erwartet.« Ein leuchtendes Band verband sie mit mir und mich mit ihnen: »**Das ist das Band aus Licht, das alle Frauen verbindet, die unsere Ermächtigung erhalten haben**«, sagten die Großmütter.

Ich sah zu, wie sie jede Frau vortreten ließen, an die ich ihre Ermächtigung weitergegeben hatte. Vor uns auf dem Boden ausgebreitet war ein leuchtendes Netz. Jede Frau stand an einem Punkt in diesem Netz, an dem die Lichtstränge sich trafen und ein Kreuz oder ein X bildeten. Das Netz dehnte sich weit in die Ferne aus und schien von diesen Frauen stabil gehalten und erleuchtet zu werden.

Andere Menschen waren auch im Netz des Lichts anwesend, aber sie waren weiter weg, und ich konnte ihre Gesichter nicht sehen. Die Großmütter sagten: »**Zusammen bildet ihr ein Netz, ein Netz aus Licht. Es ist ein Netzwerk, ein liebendes Netz, und alle in diesem Netz sind eine Familie.**«

Sie standen hoch aufgerichtet wie die Königinnen, die sie waren, und verkündeten: »**Dies ist das Netz, das die Erde zusammenhalten wird. Das Netz**«, wiederholten sie, »**das die Erde zusammenhalten wird.**«

Es war dasselbe Lichtnetz, von dem sie schon gesprochen hatten. Eine ihrer zentralen Lehren ist, dass das Lichtnetz die Möglichkeit bietet, sich gegenseitig zu unterstützen und zugleich die Erde zu unterstützen. Das Licht, das sich entlang seiner Stränge bewegt, ist sichtbar gemachte Liebe; im Netz sind Licht und Liebe dasselbe. Weil das Netz unmittelbar mit der Liebe arbeitet, wenn wir uns mit ihm verbinden, werden wir zu Werkzeugen für einen Wandel zum Guten auf der Erde.

In den ersten Jahren versammelten sich nur Frauen, um die Arbeit der Großmütter zu tun. Aber als auch Männer zu unseren Versammlungen kamen, gaben mir die Großmütter die Zeremonie für den Mantel der Geborgenheit, um ihn an sie weiterzugeben: damit nicht nur Frauen, sondern auch Männer Teil des Lichtnetzes werden und daran mitwirken konnten, den Planeten wieder mit der Energie von Yin zu durchtränken.

Die Aktivierung des Lichtnetzes zu diesem Zeitpunkt ist unabdingbar, denn es bildet ein Band der Kraft, ist eine Metapher für die liebevolle Verbindung, die die Erde hält und erhält. Als ich auf das Netz aus sich kreuzenden Linien vor mir starrte, sagten die Großmütter: »**Meditiert auf**

dieses Netz aus Licht. Benutzt es, um euch gegenseitig zu unterstützen, die Erde zu unterstützen und die Energie von Yin auf dem Planeten zu stärken.

Unterschätze so scheinbar unbedeutende Aktivitäten wie diese nicht«, sagten sie. »**Jede Veränderung im menschlichen Bewusstsein, so klein sie dir auch erscheinen mag, hat weitreichende Folgen.**«

»Großmütter, was für ein Geschenk ihr macht«, sagte ich. »**Es ist *unser* Geschenk**«, sagten sie, und aus der Betonung von »unser« schloss ich, dass sie alle einbezogen, die in diesen Akt des Gebens am Netz beteiligt waren. »**Es ist unser Geschenk an einander und an *sie*, die wir alle verkörpern.**«

Als sie sagten: »***Sie*, die wir alle verkörpern**«, spürte ich die Gegenwart der Göttin; die Geliebte war bei uns. Die Luft schimmerte, als Wellen der Macht mich wuschen, und ganz unvermittelt, obwohl ich immer noch mit den Großmüttern reiste, war ich auch in Indien mit Bea und Peggy. *Ich war überall.* Der Satz der Großmütter, »**bedeckt die Erde**«, fiel mir wieder ein, als ich mich eins fühlte mit Gaia, der großen Erdmutter, die zu einem riesigen Körper anwuchs, und die ich gleichwohl in endlos vielen Flügeln oder Armen (ich weiß nicht, was) an meinem Herzen wiegte.

Die Zärtlichkeit und Liebe, die ich empfand, tat fast weh: »Ich kann diese Herrlichkeit nicht in meinem Körper halten, Großmütter«, schluchzte ich. »**Genieße dieses Geschenk, das dir gegeben wurde**«, sagten sie, die Augen voller Liebe. »**Freu dich daran.**« Ich hatte noch nie solche Blicke gesehen.

Endlich beruhigte ich mich und verbrachte den Rest der Reise damit, diese Liebe in mich aufzunehmen; ich war so voll davon, dass mein Körper zitterte und zu leuchten schien, als sich der Trommelschlag änderte und ich mich auf meinen Weg zurück in die Alltagswelt machte. Ich war so tief zufrieden, dass ich für den Rest des Tages kein Wort sprechen konnte.

»Das Werk des Lichtnetzes wird durch euch vollbracht.
Alles Gute und Gütige fließt in ihm.«

Nach ein paar Reisen in die untere Welt kehrte ich zurück, um mehr über das Netz aus Licht zu erfahren. Die Großmütter hatten mir gesagt, ich solle »es weitergeben«, aber wie?

Heute waren sie in menschlicher Gestalt, und nachdem sie mich in ihre Mitte genommen hatten, sagten sie mir, ich solle mich schrittweise langsam im Kreis drehen. Als ich mich drehte, erfüllte mich jede Großmutter mit Macht, strahlte sie in meinen Rücken aus, auf meine Vorderseite und an beide Seiten, bis ich vor Energie nur so summte.

»Jeder Mensch ist ein Juwel im Netz aus Licht«, sagten sie, »**und hilft, das Netz zusammenzuhalten.**« Wieder sah ich die Frauen, an die ich ihre Ermächtigung weitergegeben hatte. Sie schienen zu leuchten, und hinter ihnen standen Reihen und Reihen von Menschen. Als ich sie sah, sagten die Großmütter: »**Dieses Leuchten im Netz, das du siehst, ist Juwelenlicht.**

Erkenne die Realität dieses Netzes, denn wenn du es kennst und mit ihm eins bist, tust du ungeahnt Gutes«, hörte ich. »**Ohne zu denken, ohne Anstrengung, ohne bewusst wahrzunehmen, dass es geschieht, allein, indem du mit der Macht des Lichtnetzes eins bist, tust du ungeahnt Gutes.**

Denke zuerst an das Netz aus Licht und dann an dich selbst als schimmernden Lichtpunkt im Netz. Dies wird dir Frieden, Freude und Selbstvertrauen geben«, sagten sie.

»**Das Lichtnetz arbeitet durch euch, es geschieht still und leise. Das Gehirn kontrolliert das nicht. Diese Arbeit geschieht durch das Juwel in eurem Herzen, durch das *Sein*, das ihr seid. Daraus fließt die Güte und alles Gute.**

Ihr seid mit uns und untereinander durch das Netz aus Licht verbunden«, sagten sie. »**Freut euch darüber. Es ist ein besonderer Segen, Teil dieses Netzes zu sein, und kein Zufall.**« Sie zeigten mir, dass ich das Netz des Lichts in Form einer geführten Meditation an andere weitergeben sollte.

War ich auch von der Großartigkeit dieses Netzes tief bewegt, so erschütterte mich zugleich die Macht, die in ihm lag. Die Großmütter hatten noch nie so nachdrücklich gesprochen; meine Augen waren weit aufgerissen, und vor Ehrfurcht stand mir der Mund offen.

Sie lachten und machten sich einen Spaß daraus, dass ich sie noch immer ehrfürchtig ansah; sie zogen mich damit auf, dass ich mich immer noch als Kind und sie als Erwachsene betrachtete. Sie schüttelten die Köpfe, als wollten sie sagen: »Wann kommst du bloß darüber hinweg?« und fluteten mich mit Liebe.

> »Die große Fülle des Universums will einen Ort, um sich zu zeigen, und das kann sie nur in einem offenen Herzen.«

Nachdem ich das Lichtnetz an mehrere Gruppen weitergegeben hatte und wir geübt hatten, auf der ganzen Welt jenen das Netz zuzuwerfen, die sich nach einer Verbindung sehnten, fragten mich mehrere Frauen: »Können sich auch Männer dem Lichtnetz anschließen?« Ich wusste keine Antwort, also fragte ich die Großmütter.

»**Nicht viele Männer werden von der Vorstellung von einem Netz aus Licht angezogen werden**«, sagten sie. »**Wenn sie es sind, sind sie willkommen, aber nur Männer, die bereits ein Gleichgewicht von Yin und Yang in sich haben, werden davon angezogen werden, und es gibt nicht viele von ihnen**«, sagten sie. »**Was das Netz aufrechthält, ist vor allem die Yin-Energie in den Frauen. Männer sind im Netz willkommen**«, sagten sie, »**aber solche Männer gibt es nicht häufig.**« Männer sind von Natur aus mehr Yang, während Frauen mehr Yin sind. Da das Netz des Lebens selbst ein Yin-Gebilde ist, nährend und tragend, und Frauen mehr Yin als Yang sind, ist es für Frauen einfacher, sich mit dem Netz aus Licht in Beziehung zu setzen.

»**Wenn ihr Licht über das Netz aussendet, sendet es vor allem an Frauen**«, sagten die Großmütter. »**Die Hauptfunktion des Netzes besteht darin, die Struktur der Erde zu erhalten, und erst in zweiter Linie soll es einzelnen helfen und sie unterstützen.**« Sie erklärten: »**Weil den Frauen am meisten an diesem Netz liegt, sie daran glauben und mit ihm arbeiten, wirf es zuerst ihnen zu.**

Für die meisten Männer ist das Lichtnetz bloß eine Vorstellung. Weil sie es nicht verstehen, werden sie nicht mit ihm arbeiten. Alle Menschen

werden vom Netz profitieren – wie jede Lebensform –, aber wenn ihr das Netz auswerft, richtet euch in erster Linie an die Frauen.« Ich vernahm die Richtigkeit, die Angemessenheit in dem, was sie sagten. Damit ein Yin-Gebilde (das Netz aus Licht) effizient arbeiten konnte, brauchte man einen Yin-Bediener (eine Frau).

»Gibt es noch mehr, was ihr über das Lichtnetz sagen wollt, damit ich es erklären kann?« fragte ich. »**Vertraut darauf, dass ein Geben immer ein Empfangen ist**«, sagten sie. »***Aus dem Herzen zu geben,*** **führt immer dazu, dass einem gegeben wird. Andere Arten des ›Gebens‹ sind überhaupt kein Geben; nur aus dem Herzen geben wir.**

Das Universum unterstützt ein offenes Herz. Das Universum ***wartet*** **auf ein offenes Herz. Die große Fülle des Universums will einen Ort, um sich zu zeigen, und das kann sie nur in einem offenen Herzen.**« Staunend schüttelten sie die Köpfe. »**Du hast keine Ahnung, welche Freude im Himmel ist, wenn ein Herz sich öffnet. Sofort strömt die große Fülle herbei, um dieses Herz zu füllen.**«

Voll Leidenschaft sagten sie: »**So viel mehr würde dir gegeben werden, so viel, so** ***viel, viel*** **mehr, wenn du nur offen wärest! Es ist wie das Ansaugen einer Pumpe. Wenn du nur ein wenig von dem Wasser deines Herzens ausgießt, wird ein ganzer Schwall zu dir zurückkommen.**« Lachend sagten sie: »**Das versteht niemand.**« Und sie hielten sich die Bäuche und freuten sich schon auf die Überraschung, die auf uns wartete, wenn wir es schließlich herausfänden.

»**Dein Herz empfängt etwas, wenn es durch das Netz aus Licht etwas gibt, und das kannst du mit deinen Sinnen wahrnehmen. Es kann die Berührung eines Windhauchs sein, die Umarmung eines Freundes, der Duft von Blumen, vom Meer oder einer Kiefer. Schöne Farben, Anblicke, Klänge und Geschmäcker – oh, so viele Geschenke werden dir gemacht. Du hast keine Ahnung**«, lachten sie. »**Pass auf**«, sagten sie, »**diese Geschenke nehmen kein Ende.**«

Ihr Redefluss überwältigte mich, aber sie waren noch nicht fertig. »**In diesem Moment lebst du in der großen Fülle**«, sagten sie. »**Das ist …**«, sie hielten inne, suchten nach dem richtigen Wort, »**ein Geheimnis. Es ist zu**

einem Geheimnis *geworden*«, korrigierten sie sich. »**Niemand erkennt, dass in diesem Moment alle in der großen Fülle leben.**« Sie sahen mir in die Augen und drängten: »**Öffnet eure Herzen! Gebt! Sendet Licht, damit mehr zu euch stoßen.**«

> »Diese Meditationen sorgen dafür, dass die Arbeit, die wir vermitteln, euch in Fleisch und Blut, in Körper und Geist übergeht und dort bleibt, um wahr zu werden.«

Als ich fragte, was ich noch weitergeben sollte, sagten sie: »**Wir werden euch Meditationen und Visualisierungen geben, mit denen ihr unsere Lehren verankern könnt. Sie sorgen dafür, dass die Arbeit, die wir vermitteln, euch in Fleisch und Blut, in Körper und Geist übergeht und dort bleibt, um wahr zu werden. Diese Wahrheit**«, sagten sie, »**wird ein tiefes Wissen sein, nicht nur im Verstand.**

Das Lichtnetz ist ein Beispiel für eine solche Meditation. Visualisiere es als ein leuchtendes Fischernetz, dessen Stränge vom Wesen jedes einzelnen gehalten werden; nicht durch bewusste Anstrengung, sondern durch ihr eigenes Wesen. Frauen, denen die Ermächtigung zuteil wurde, und Männer, die den Mantel der Geborgenheit empfangen haben, halten das Netz am strahlendsten. Von ihnen breitet es sich auf andere aus.

Das Lichtnetz schafft einen Paradigmenwechsel, einen Bewusstseinswandel, der dann zu einem Wandel in der Materie wird. Das Licht, das von diesen Menschen ausgeht, taucht nach unten in die Erde ein und breitet sich überall hin aus.« Als sie so sprachen, sah ich, wie es geschah. Je mehr Menschen es hielten, desto heller leuchtete das Lichtnetz. Es war genau so, wie die Großmütter gesagt hatten; seine Stränge breiteten sich aus und bedeckten die Welt.

»**Ihr werdet das funkelnde Sprudeln des Lichtnetzes in euren Adern spüren und erleben, wie Licht aus euren Herzen strömt. Das Licht, das von euren Herzen ausgesandt wird, wird durch eure Augen und Ohren und euren Atem zu euch zurückkehren.**« Als sie so sprachen, begann

Energie von meinem Herzen auszuströmen, und gleichzeitig gab es ein neues Gefühl in meinen Augen und Ohren. Meine Atmung vertiefte sich.

Einige Minuten lang hörte ich nur dieses tiefe Atmen, und dann sagten sie: »**Durch das Netz aus Licht zu geben und zu empfangen ist eine gewaltige Erfahrung.**« Schon oft hatten sie von Erweiterung gesprochen, und ein paar Mal hatten sie mir einen Vorgeschmack davon gegeben, aber was ich jetzt fühlte, ging weit darüber hinaus. Als ich mich umschaute, sah ich, wie die Seelen der Menschen sich über die ganze Welt erstreckten, auf eine Weise, die ich mir nie hätte vorstellen können. Ich konnte auch meine eigene Ausdehnung spüren. Verbunden und allwissend, fächerte mein Körper sich auf und wurde zum Universum.

Ich war so begeistert von dem, was ich wahrnahm, und wollte, dass alle daran teilhaben. »Die Menschen könnten das Netz malen oder es sogar tanzen«, dachte ich. »Das würde es für sie realer machen.« Sofort kamen mir Gedanken und Bilder von Menschen, die schrieben, sangen und tanzten. »Sind das meine Gedanken oder die der Großmütter?« fragte ich mich und hörte ihre Antwort: »**Gibt es da einen Unterschied?**«

Als ich den Kopf schüttelte und aufblickte, sah ich, wie sie kicherten. Dann nahmen sie mich, streichelten mir den Rücken und sagten: »**Diese Gruppe, mit der du arbeitest, wird sich vertiefen; sie wird an Macht gewinnen.**« Verständig mit dem Kopf nickend, sagten sie: »**Sie werden auf vielen, vielen Ebenen Gutes tun. Ebenen, von denen sie keine Ahnung haben. Dies**«, sagten sie, »**ist das Potential des Lichtnetzes.**« Und lachend bekräftigten sie, dass wirklich sie, die Großmütter, sprachen.

»**Das Netz ist in ihnen allen verankert**« , sagten sie, »***und der* Prozess, die Erde zu halten, hat bereits begonnen. Es ist nicht nötig, dass du etwas *tust.* Es gibt keine Verantwortung für diese Arbeit – es gilt, sie zu genießen. Und diejenigen, die mehr daran teilhaben wollen, werden mehr Freude daran haben.**

Diejenigen, die diese Arbeit tun«, lächelten sie, »**deren Freude wird anwachsen. Sie werden Freude *sein.***« Mit oder ohne Hilfe würden die Großmütter den notwendigen Wandel der Energie auf der Erde herbeiführen. Diejenigen, die sich entschieden, bei dieser Arbeit mitzutun, hätten die Freude, an der Rettung unseres Planeten mitzuwirken.

»Großmütter«, sagte ich, »bevor ich gehe, muss ich etwas fragen. Ich habe immer noch Angst davor, mit eurer Botschaft nach außen zu gehen. Bitte helft mir.« Sie berieten sich, dann wandten sie sich mir zu.

»**Die Angst davor aufzulösen, sich hinzugeben**«, sagten sie, »**hat damit zu tun, sein Wesen zu weiten. Eine solche Erweiterung beseitigt automatisch die Angst, weil Angst selbst die Kontraktion ist. Angst ist der Zustand, in dem man im kleinen Selbst gefangen ist.**«

Während ich mich bemühte, zu verstehen, was sie gesagt hatten, richteten sie sich zu ihrer ganzen Größe auf. »**Es ist deine Identifikation mit deinem kleinen Selbst, die deine Angst erzeugt**«, sagten sie. »**Wenn du das erkennst, wird die Angst einfach verschwinden. Die ›Auflösung‹ dieses kleinen, angstvollen Selbst wird sich durch die Weitung vollziehen; umgekehrt wird die Weitung stattfinden, wenn sich das kleine Selbst auflöst.**« Indem mein Bewusstsein sich weitete, würden Angst und Sorge verblassen; mit schwindender Angst würde sich mein Bewusstsein erweitern.

»**Die Schwingen breiten sich nun weiter aus, weiter und höher**«, sagten sie, und ich fühlte mich wieder in meinem Adlerkörper, bemerkte meine Flügel, die nun zu schlagen begannen und mich aufhoben. Als sie sich öffneten, merkte ich, wie sie mein Herz erweiterten. »**Fühle das!**« sagten die Großmütter. »**Sei es!**«

Ich erkannte, dass ich, wann immer ich Angst bekam, daran denken konnte, meine Flügel auszubreiten, mein Herz zu öffnen und zu weiten. Wenn ich meine Augen schloss und mich an mein großes Selbst, mein Adler-Selbst erinnerte und statt gegen Angst oder Sorge anzukämpfen, ich mich einfach an dieses *Selbst* hielt, würde sich mein kleines Selbst bald auflösen. Mein alter Glaube, dass ich dieses kleine Selbst *bin*, lag all meiner Angst zugrunde.

Als ich tief durchatmete, hörte ich mich sagen: »Ich bin der Vogel mit den ah h-h-h-h… hellen Flügeln!« Ein mythisches Wesen, dem keine Grenzen gesetzt sind. »Ausbreiten, aus und a-u-s«, sang ich, als ich sah, wie meine Flügel Berge und Täler überspannten.

In Ekstase stieg ich auf, bis sich der Trommelschlag änderte. Dies brachte meine Füße wieder auf den Boden; ich stand vor den Großmüttern, verbeugte mich tief, wandte mich dann Adler zu und begann meinen Abstieg. Das Gefühl der Weite, dieses große Selbst zu sein, hielt lange an, nachdem ich in die Alltagswirklichkeit zurückgekehrt war. Es dauerte Tage, bis ich tatsächlich wieder unten war.

Die Lichtnetz-Meditation verankert die Arbeit der Großmütter auf der Erde. Ich musste mehrmals zu ihnen reisen, bis ich sie gut genug verstand, um sie weitergeben zu können, aber schließlich rief ich alle zusammen, die ihre Ermächtigung erhalten hatten, und teilte sie mit ihnen. Von da an bildeten wir eine Gruppe, die regelmäßig zusammenkam, um die Lehren der Großmütter zu praktizieren. Mit der Zeit wuchs diese Kerngruppe von den ersten elf, die die Ermächtigung der Großmütter erhielten, auf über hundert.

Anmerkung: Einige Jahre später wurden Tausende von Frauen und viele Männer mit der Ermächtigung der Großmütter oder dem Mantel der Geborgenheit versehen, und derzeit gibt es Großmüttergruppen auf der ganzen Welt.

Die Gruppe in Laguna Beach umfasst alle Altersgruppen; die Jüngste ist in ihren Zwanzigern, die Älteste in ihren Achtzigern. Die meisten Frauen und Männer befinden sich in der Mitte ihres Lebens. Viele Frauen haben die Ermächtigung der Großmütter und einige Männer den Mantel der Geborgenheit erhalten, und die meisten von ihnen sind über den ganzen Erdball verteilt. Aber diejenigen, die in der Nähe wohnen, sind zu einem festen Bestandteil der Arbeit der Großmütter geworden. Nach der Ermächtigungszeremonie durchliefen einige dramatische Veränderungen, während andere subtilere, oft tiefgreifendere Veränderungen erlebten. Es war für mich eine große Freude, ihr Wachsen zu beobachten.

Die Großmütter sagen: »**Gruppenarbeit verankert unsere Lehre für alle auf der Erde, indem sie den Planeten tiefer mit Yin-Energie durch-**

tränkt.« Die Arbeit dieser Gruppe kommt nicht nur den Teilnehmern, sondern allen zugute.

Bald nachdem sie die Ermächtigung erhalten hatten, erzählten mir die Menschen von Veränderungen in ihrem Leben. Mary zum Beispiel war gerade vierzig Jahre alt geworden, als sie zu ihrem ersten Großmütter-Treffen kam. Fünf Jahre lang hatte sie versucht, schwanger zu werden; sie sprach mit uns über ihre Sehnsucht nach einem Baby und ihre Verzweiflung, dass es nicht klappte. Einen Monat später, als ich unser nächstes Treffen ankündigte, rief sie mich an, um mir zu sagen, dass sie schwanger war: »Ich habe nie an Wunder geglaubt, aber die Großmütter haben diesmal eines gewirkt«, freute sie sich. Acht Monate später brachte sie einen kleinen Jungen zur Welt.

Mary bekam ihr Baby, Carolyn begann ihre erste gesunde Beziehung zu einem Mann und Lori fand die richtige Berufslaufbahn. Michael, ein brillanter Wissenschaftler, erwachte jetzt auch in seinem Herzen, nicht nur in seinem Gehirn, und begann, an einer Erfindung zum Wohle der Menschheit zu arbeiten. Es gab so viele Erfolgsgeschichten, die alle einer Ermächtigungszeremonie auf dem Fuße folgten.

Solche Geschichten mögen sich einfach anhören, aber in Wahrheit *hatten* wir uns verändert, nachdem wir die Ermächtigung der Großmütter erhalten hatten. Wir sahen es bei uns selbst und bei einander, und jedes Mal, wenn wir uns trafen, teilten wir unsere Freude darüber. Wunder geschahen, und sie geschahen schnell. Aber ganz gleich, wie das »Wunder« aussehen mochte, allen gemeinsam war, dass das Vertrauen in das Selbst größer geworden war. Schon früh hatten die Großmütter gesagt: »**Jeder Mensch ist nicht nur ein kleines und begrenztes Selbst, sondern Teil von etwas viel Größerem.**« Dieses »**Selbst**« war es, das wir kennengelernt hatten.

Connie, eine Frau mit leiser Stimme und schöpferischen Fähigkeiten, hat das gewachsene Selbstvertrauen deutlich gemerkt. Als versierte Malerin neigte sie, bevor sie die Ermächtigung der Großmütter erhielt, dazu, sich für ihre Arbeit zu entschuldigen. Bei unserem ersten Treffen sprach sie so leise, dass ich sie kaum verstand. Aber nach sechs Monaten mit den Großmüttern sagte sie uns: »Ich bin jetzt besser denn je in meiner Arbeit.

Wie ich meine Kunst wahrnehme, ist anders, und auch meine Wahrnehmung des Lebens ist eine andere. Seit die Großmütter in mein Leben getreten sind, reagiere ich positiver auf alles; auch wenn die ›Prüfungen und Herausforderungen‹ in meinem Leben ziemlich gleich geblieben sind: *Ich bin eine andere.*« Dem konnten wir nur zustimmen. Die Großmütter hatten versprochen, dass unser Leben einfacher werden würde, wenn wir uns der Yin-Energie öffnen. Und genau so schien es zu sein.

Lucille erzählt, wie es ihr mit den Großmüttern erging: »Kurz nach meiner Ermächtigung und bevor ich viel über sie wusste, verfiel ich in eine leichte Depression. Da ich eigentlich nie depressiv war, war das merkwürdig, vor allem, weil es in meinem Leben keine Ursache dafür gab. Ich überlegte weiter, was alles in meinem Leben passiert war, aber ich konnte nicht herausfinden, woher dieses schwere Gefühl kam.

Nachdem sich die Schwermut ein paar Tage hingezogen hatte, ging ich an den Strand, setzte mich einfach in den Sand und rief die Großmütter an. Ich erinnere mich, dass ich sagte: ›Ich weiß nicht, ob es euch gibt oder nicht, aber wenn ihr mich hört, nehmt es von mir.‹ Es war mir gleich, woher die Depression kam; ich wollte nur, dass sie verschwand. Sobald ich darum gebeten hatte, fühlte ich mich anders. Ich spürte körperlich, dass die Depression weg war, und es passierte praktisch sofort. Das ist jetzt zwei Jahre her, und sie kam nie wieder.«

Ann erzählt: »Gleich nach der Geburt unseres Babys verlor mein Mann seinen Job, und plötzlich waren wir in einer finanziellen Notlage. Das war der Tag, an dem Sandra mir von den Großmüttern erzählte, und so kam ich einfach mal mit.

Gleich nach der Ermächtigungszeremonie begann ich, mit den Großmüttern zu kommunizieren. Es fühlte sich komisch an, bei einem solch spirituellen Anlass um etwas Materielles zu bitten, und ich war mir nicht sicher, ob es richtig war; aber weil meine Familie dringend Hilfe brauchte, fragte ich dann doch.

Als ich von diesem Treffen nach Hause ging, fühlte ich mich ganz ruhig, und am nächsten Tag kamen aus heiterem Himmel mein Mann und ich auf neue Ideen für eine Broschüre für sein Geschäft. Wir haben sie gestaltet, und kaum hatten wir sie verschickt, fing das Geld an zu fließen. Unsere finanzielle Situation hatte sich innerhalb von zwei bis drei Wochen gedreht. Obwohl ich natürlich nicht weiß, weshalb sich unser Glück so schnell gewendet hatte, kann ich es nur den Großmüttern zuschreiben.«

Jeder Mensch entwickelte schnell seine eigene Beziehung zu den Großmüttern. Richard spürt die Großmütter, wie sie um ihn herumstehen, besonders, wenn er mit einem Patienten arbeitet. Bei manchen erscheint eine bestimmte Großmutter. Stephanie zum Beispiel hat eine schwarze Großmutter, die immer bei ihr ist, während Helgas Großmutter wie eine Indianerin aussieht. Weder ist Stephanie schwarz, noch Helga Indianerin – es hat sich einfach so ergeben. Einige spüren die Anwesenheit von zwei oder drei Großmüttern, während andere ein Gefühl für die ganze Gruppe haben; für einige ist die Anwesenheit der Großmütter klar, für andere eher undeutlich. Sie sind jedoch *gegenwärtig*. Darin sind wir uns alle einig.

Gemeinsam so tiefe Erfahrungen zu machen, brachte die Gruppe zusammen. Nach unserer Meditation fordere ich alle auf, ruhig zu bleiben und sich nach innen zu richten, aber die meisten schaffen es nicht. Die Freude, die in ihnen aufkommt, lässt sich nicht zurückhalten. Sie tun sich schwer, die Treffen zu verlassen, und manche gehen dann lieber zusammen Mittagessen und halten so ihre guten Gefühle so lange wie möglich. Mein Mann fragte mich einmal, warum die Leute immer wieder zu diesen Treffen kommen. Als ich seine Frage an die Gruppe weitergab, sagten sie: »Es erfüllt mich.« »Es ist wie Kirche, nur besser.« »Es ist die Liebe.« »Die Großmütter haben mich verändert.«

Auch wenn die Wichtigkeit der Verbindung der Menschen durch das Netz aus Licht nicht hoch genug eingeschätzt werden kann, wird sie vielleicht durch Shirleys Geschichte am deutlichsten. Shirley, ein Mitglied der Kerngruppe, war gerade aus dem Krankenhaus entlassen worden, als sie eines Morgens anrief. Obwohl sie immer noch schwach war und sich von der Unterkühlung erholte, wollte sie mir erzählen, was ihr passiert war.

Sie war mit ihrem zehnjährigen Sohn und seinem Freund während einer Hitzeperiode campen gefahren, und gleich als sie ankamen, sah sie die Menschen sich auf dem Fluss vergnügen. Kaum waren sie aus dem Auto gestiegen, packten sie ihre Luftmatratzen und liefen zum Wasser hinunter.

Die drei ließen sich den Fluss hinuntertreiben, lachten und glitten über kleine Stromschnellen, trieben aber meist nur mit der Strömung, bis sie auf einen Baum stießen, den das Frühlingshochwasser angetrieben hatte. Ein untergetauchter Baum ist gefährlich in einem Fluss, aber Shirley wusste es nicht. Die Jungs trieben daran vorbei, aber bevor sie wusste, wie ihr geschah, geriet sie in einen Strudel.

Sie wurde nach unten in die Äste des Baumes gedrückt, wo sie eine scheinbare Ewigkeit festhing. Als sie endlich eine Öffnung zwischen den Ästen fand, wurde sie von der Strömung festgehalten. Sie hatte den Kopf über Wasser und konnte atmen, aber sie steckte fest.

Als er merkte, dass seine Mutter nicht mehr da war, kletterte ihr Sohn aus dem Wasser, und als er ihren Kopf auftauchen sah, lief er ans Ufer, um sie zu retten. Aus Angst, dass auch er in den Strudel geriet, rief sie den Jungs zu, sie sollten zur Straße laufen und Hilfe holen. In der Zwischenzeit trat sie Wasser und wartete.

Das Wasser kam von der Schneeschmelze, und obwohl jetzt Hochsommer war, war es eiskalt, so kalt, dass sie es vielleicht nicht überleben würde, wenn sie ihre Beine nicht frei bekam. Der Schock musste ihren Geist und ihren Körper betäubt haben, denn als sie versuchte zu meditieren oder zu beten, konnte sie sich nicht genug darauf konzentrieren. Aber sie konnte an die Kerngruppe denken, mit der sie schon viele Monate zusammenarbeitete. »Das hat mich aufrecht gehalten«, sagt sie. »Ich dachte an meine Verbindung zu euch allen durch das Netz aus Licht.

Die ganze Zeit, als ich im Wasser war, war da eine beruhigende Präsenz. Sie vertrieb jede Angst, die ich normalerweise gehabt hätte. Ich war damals überrascht, dass ich so ruhig war. Es war einfach. Ich konnte mich auf nichts anderes konzentrieren. Alles, woran ich denken konnte, war diese Gruppe und das Netz aus Licht. Das war es. Nachdem ihr mir in den Sinn kamt, fühlte ich mich verbunden, und danach überließ ich mich einfach dem, was auch immer passieren würde.« Sie wartete im eiskalten Wasser und wusste, dass es ihr Tod sein könnte; aber sie hatte keine Angst mehr, bis die Retter sie aus dem Fluss zogen.

Als sie mir das erzählte, weinte ich Tränen der Dankbarkeit für die Großmütter, die uns dieses wunderbare Werkzeug gegeben haben. Shirleys Verbindung zum Lichtnetz hatte ihre Angst aufgelöst; es hatte ihr in einer Zeit großer Not Frieden gegeben. Ich erzähle diese Geschichte, weil sie sowohl die Kraft des Lichtnetzes zeigt wie auch die intensive Verbindung zwischen jenen, die es nutzen.

KAPITEL 10

Es ist Zeit für Yin und Yang, sich zu bewegen

»Die Sicht der Menschheit ist verdunkelt in dieser Zeit, und viele leben in Angst.«

Obwohl ich mit absoluter Sicherheit von der Wahrheit dessen überzeugt bin, was die Großmütter sagten, war ich mir immer wieder selbst im Weg. Kurz nach den Berichten der Kerngruppe überkamen mich wieder Zweifel: »Ich bin froh, dass diese Frauen die Macht und den Frieden der Großmütter erleben«, sagte ich mir, »aber es sind nur einige wenige.« Mein Verstand stellte den Wert meiner Arbeit in Frage.

Diese Rückfälle in den Zweifel wurden immer häufiger. Obwohl es für mich keinen Grund gab, mich wegen der Arbeit der Großmütter schlecht zu fühlen, tat ich es. Warum? Ich suchte in meinem Kopf nach der Ursache, konnte sie aber nicht finden.

Ich beschloss, den Großmüttern dieses Problem vorzulegen, aber als ich mich nach oben aufschwang, wurde mir klar, dass es der heilige Mann war, den ich wirklich sehen wollte: »Er ist schon lange bei mir«, sagte ich, »wie ein Vater, nur besser.«

Kaum war mir dieser Gedanke gekommen, stand er da. Aber anstatt mich willkommen zu heißen, blickte er nur finster, und bevor ich ein Wort sagen konnte, packte er meine Hand und führte mich an den Rand einer Klippe. Er zeigte in die Ferne und sagte: »**Schau!**«

Ich schaute, sah aber nicht viel, nur eine dunkle Masse. Unter grauen Wolken lag ein dunkles Land vor mir. Der Rauch und die Wolken, die in der Luft hingen, verdunkelten alles. »**Das**«, sagte er, »**ist die Dunkelheit, die die Erde bedeckt und sie weiter zu überziehen droht. Und *das***«, er deutete mit dem Finger darauf, »**ist die Dunkelheit, die dich zuzudecken droht!**« Er schaute mich streng an und sagte: »**Du verlierst dein Ziel aus den Augen.**«

»Was?« stammelte ich, aber er würde nicht mehr sagen. »Bitte nicht!« Ich schrie entsetzt auf und hörte sofort: »**Schneide es ab!**« Ein Messer stürzte auf meinen Kopf zu, und eine dunkle Masse fiel links und eine andere rechts von mir ab. Ein Haufen Dunkelheit hatte in der Mitte auf meiner Brust gelegen!

Der heilige Mann hatte von meinem Brustbein aus, nur auf der Haut, einen Schnitt gemacht, nach links und nach rechts. »Oh, mein Gott«, wimmerte ich. »An so etwas habe ich nie gedacht. Ich nahm an, dass ich etwas falsch gemacht habe, deshalb bin ich heute gekommen. Ich habe geglaubt, *ich* hätte meine Mutlosigkeit verschuldet, und gemeint, es sei meine falsche Einstellung, etwas…«

»**Nein, nein**«, sagte er und zeigte mir, dass das, was ich für *meine* Entmutigung gehalten hatte, in Wirklichkeit diese dunkle Masse war. Ich zitterte, als ich das erkannte. Nicht im Traum hätte ich gedacht, dass ein solcher Schrecken möglich war. Ruhig richtete er meine Wirbelsäule gerade und stärkte sie. »**Musst Rückgrat haben**«, sagte er. »**Zu viele Zweifel.**

Heutzutage ist es schwierig, den Glauben aufrechtzuerhalten, ohne dass Zweifel kommen.« Die Masse von Düsternis, die ich gesehen hatte, unterstrich das. Die Entmutigung und die Zweifel, die ich empfunden hatte, waren nicht meine eigenen. Als ich mich an das schwarze Ding erinnerte, das an meiner Brust festsaß, fing ich wieder an zu zittern.

Ich beobachtete, wie er mir die Überreste vom Rücken schälte, und sah, dass es einem schweren Umhang ähnelte. »Deshalb war es für mich so schwer, die Menschen mit dieser Botschaft zu erreichen«, sagte ich. »Ich wurde beschwert.« Dann wurde mir klar, dass jene, die ich zu erreichen hoffte, auch beschwert waren. *Alle* waren von diesem dunklen Zeug bedeckt.

Als er weitere Schichten von meinem Rücken ablöste, was für eine Erleichterung! »**Du musst dein Licht leuchten lassen**«, sagte er, und als ich an mir hinabsah, leuchtete ich tatsächlich. Licht, das mit jedem Augenblick heller wurde, strömte hinten und vorne aus mir heraus: »**Zu lange zu viel Dunkelheit**«, sagte er.

Helligkeit und ein vibrierender Schimmer sickerten durch meine Haut und drangen nach außen; ich strahlte und summte. Während ich so eingehüllt war, kam mir das Treffen in den Sinn, an dem ich heute Abend teilnehmen würde. »**Geh heute Abend**«, sagte er, »**und sei ein Licht. Wohin du auch gehst, jetzt trägst du dieses Licht.**

Die Sicht der Menschheit ist verdunkelt in dieser Zeit, und viele leben in Angst. Eigentlich ist das Licht in ihnen groß«, sagte er, »**aber das Licht, das von ihnen ausgeht, ist klein.**

Schau nicht auf andere«, sagte er, und meinte damit jeden einzelnen. Da die meisten Menschen ihr eigenes Licht nicht kennen, würden sie auch das meine nicht sehen. Deshalb können wir von anderen keine Bestätigung erwarten. Wir müssen uns dem Licht in uns zuwenden, nicht der Dunkelheit, die die Welt um uns herum einhüllt. »**Schau auf das Göttliche. Was bringt es dir, dich zu verstecken?**« machte er mir Mut. »**Was hat es gebracht, dich im Dunkeln zu verbergen?**

Tritt jetzt ins Licht! Sei kein Kind, das darum bettelt, mich zu sehen, und um meine Zustimmung bangt. Tritt in das Licht und *sei es!* Sei die stolze Aufrichtung dieser Macht«, sagte er und zeigte, wie die Ausrichtung auf dieses Licht mich zu meiner vollen Größe führte. Hoch aufgerichtet, pulsierte mein Körper.

Die Kraft des Lichts erfüllte mich, und ich reckte mich empor und richtete mich darauf aus: »Das ist meine Natur«, dachte ich, jedermanns

Natur. »Woher *wissen* wir, wann wir richtig gestimmt sind und wann wir nach dem göttlichen Plan leben?« fragte ich. »**Geh aufrecht**«, sagte er. »**Wenn du aufrecht gehst**«, er richtete sich selbst auf, »**ist das Göttliche in dir. Die Ausrichtung deiner Wirbelsäule wird das Göttliche immer anziehen. Steh aufrecht, sitz aufrecht, *sei* das Licht, das du bist, und wenn du zweifelst, steh aufrecht.**«

Plötzlich stand Adler hinter mir – seine Flügel waren meine Flügel, seine Haltung die meine. »**Du wirst dich hoch hinaufschwingen**«, sagte der heilige Mann. »**Es liegt in deiner Natur, das zu tun. Kein Herumkriechen mehr**«, er zeigte mit dem Finger. »**Das bist nicht du. Fliege hoch.**«

Nun erschienen die Großmütter: »***Tritt in deine Macht***«, sagten sie, und als ich vortrat, durchströmte mich Macht. Meine Füße und Beine waren in der Erde verwurzelt, so fest, dass ich mich nicht hätte bewegen können, auch wenn ich es gewollt hätte.

Als die Reise vorüber und ich auf dem Weg zurück in die Alltagswirklichkeit war, fiel mir etwas ein, das so wichtig war, dass ich es aufschrieb. Eine letzte Mitteilung der Großmütter, um die Dinge zurechtzurücken: »**Du bist nichts Besonderes**«, sagten sie, »**nicht mehr als jeder andere. Aber du musst machtvoll sein und Größe zeigen, denn diese Arbeit verlangt es.**«

Es dauerte eine Weile, bis ich diese Reise für mich angenommen hatte. Wie andere, hatte sich auch diese um Zweifel gedreht, aber diesmal war der Zweifel Teil eines kosmischen Zustands. Anders als auf anderen Reisen, war die Dunkelheit diesmal nichts Persönliches.

Später, als ich mich mit Mahri unterhielt, einem Mitglied der Kerngruppe und schon lange auf dem spirituellen Weg, kamen wir auf das Thema Angst: »Zweifel ist eine Form von Angst«, sagte sie. »Ich habe gelernt, dass Angst, egal wie sie aussieht, immer Ego ist. Das ist es, womit du es zu tun hast. Es ist eigentlich das kleine Selbst, das Angst hat.

Das Ego will weiterexistieren; mit Angst und Zweifel versucht es, die Kontrolle zu behalten. Hinter deiner Angst, mit der Botschaft der Großmütter herauszukommen, steckt dasselbe. Das Ego sagt an einem Tag, du bist »nicht würdig«, und am nächsten »das ist zu heiß«. Du bist so damit beschäftigt, würdig zu sein oder Angst davor zu haben, eingebildet zu sein, dass du dich nicht auf das konzentrieren kannst, was du tust. Es ist ein heimtückisches Ding, das Ego.«

»Mangelndes Selbstvertrauen zeigt, dass Aufrichtung notwendig ist.«

Ein paar Tage später, inspiriert von meiner Erfahrung mit dem heiligen Mann und Mahris Worten, reiste ich in die untere Welt und suchte Kraft: »Ich liebe dich, Bär«, sagte ich und umarmte ihn zur Begrüßung, und dabei dachte ich: »Im Gegensatz zu Adler ist Bär weder Er noch Sie. Bär ist einfach Bär.«

Bär trug mich auf seinem Rücken. Er trottete durch dichten Wald auf eine Lichtung, wo hell die Sonne schien. Hier stand ein hoher Pfahl. Er wandte sich an mich und sagte: »**Mangelndes Selbstvertrauen zeigt, dass Aufrichtung notwendig ist; so wie dieser Pfahl dasteht, so steht Selbstvertrauen da.**«

Um uns herum versammelten sich Gruppen von Menschen, die sich an den Händen hielten und auf den Pfahl zu und dann wieder von ihm weg tanzten. Sie riefen die Kraft der Aufrichtung an. Ich schloss mich ihnen an und war mir gewahr, wie dieser Tanz die hoch aufgerichtete Kraft des Pfahls in uns hineinzog.

»Bär«, sagte ich, »ich möchte geläutert werden, um das Werk der Großmütter zu tun, um es aus reinen und geheiligten Motiven zu tun – geläutert von Selbstsucht und Angst.« »**Selbstvertrauen und das, was du erbittest, sind ein und dasselbe**«, sagte er und tanzte wieder mit den Menschen um den Pfahl.

Wir bildeten einen Kreis, der sich innerhalb eines größeren drehte, und sangen, als drei männliche Tänzer, die aussahen wie alte Inkas, in den Raum zwischen den Kreisen wirbelten. Ihre Bewegungen wurden tief am Boden ausgeführt, ahmten aber den Flug nach, und alle Tänzer taten es ihnen nach. Ich war eine von ihnen.

In meinem Kopf sah ich dieses Ritual so, wie es in der Vergangenheit in Nordeuropa und in Amerika vollzogen worden war. Es war ein Kraftbringer und übertrug den einzelnen und den von ihnen vertretenen Nationen Macht. Als wir tanzten, fielen Regenbänder anmutig herab, segneten und nährten jene, die an dieser Arbeit beteiligt waren. Wieder war ich eine von vielen.

»**Diese Arbeit ist nichts Besonderes**«, sagte Bär. »**Lass dich davon nicht beeindrucken. Sie ist nicht besonders, es ist einfach deine Aufgabe.**« Er erinnerte mich daran, dass jeder von uns etwas zu erledigen hat, und sagte: »**Nimm eine sachliche Haltung ihr gegenüber ein. Respekt, aber keine Ehrfurcht. Ehrfurcht ist fehl am Platz; sie nährt das Ego – deines und das anderer. Es ist einfach. Dies ist eine Zeit zu handeln, eine Zeit, in der die Menschen zur Schwester- und Brüderlichkeit gerufen werden**«, sagte er, lächelte mir zu und ergänzte: »**Wenn du sie rufst, werden sie kommen.**

Gib mehr Ermächtigungen«, sagte er. »**Warte nicht, bis du perfekt bist. Warte nicht, bis du etwas perfekt kannst. Tu es einfach, tu es!**« »Okay, Bär«, nickte ich. Er hatte recht. Wenn ich wartete, bis ich perfekt war, würde gar nichts geschehen.

KAPITEL 11

Die Neuordnung von Yin und Yang

»Die Arbeit, die dir übertragen wurde, bewegt die Energie dessen, was du Yin nennst, so, dass sie gegen Yang drückt... es neu ordnet.«

Als meine Angst davor, mich mit den Großmüttern weiterzuwagen, nachließ, wollte ich mehr erfahren über das Ungleichgewicht von Yin und Yang in mir und in allem. Aus irgendeinem Grund zog es mich in die untere Welt.

Ich fiel über den Rand meiner Öffnung in der Erde und tauchte durch die scheinbar meilentiefe Schwärze, bevor ich in den Fluss platschte. Dann stieg ich in das Kanu und paddelte, bis ich die dicken Blätter sah, die mein Ziel markierten. Bär wartete hinter diesen Blättern, nahm mich auf den Rücken und sagte: »**Wir müssen weit reisen.**«

Ich schlang Arme und Beine um ihn, während er seine Nase hob und schnüffelte, bevor er loslief. Der Boden war felsig, aber mit wenig Mühe kletterte er auf einen Weg, der sich nach oben wand, und bevor ich mich versah, waren wir aus dem Schatten des Berges hinaus und liefen in der brennenden Sonne.

Bär wurde nicht müde. Die Hitze schien ihm nichts auszumachen, wie das auf der Erde gewesen wäre; er kam noch nicht einmal außer Atem.

Ich fühlte die Sonne auf meinen Armen und dem Rücken, aber irgendwie fühlte es sich gut an. So anfällig ich sonst für Sonnenbrand war, fühlte ich mich unter diesem lodernden Himmel wohl. Hitzewellen gingen von den Felsen an unserem Weg aus, aber ich schwitzte nicht einmal.

Bär trug uns hinauf und über eine Hügelkuppe in ein grünes Land, in dem sich ein Fluss schlängelte. Ich roch das Grün von neuem Gras und fühlte eine Brise, aber wir hielten hier nicht an. Bär erklomm einen Felsen und kletterte, bis wir noch höher waren.

Plötzlich sagte eine Stimme: »**Fruchtbar oder unfruchtbar, grün oder trocken. Das sind Gegensätze – aber notwendig.**« Das hörte sich nach den Großmüttern an; doch als ich mich umschaute, sah ich sie nicht. Aber als ich von Bärs Rücken rutschte und meine Füße den Boden berührten, verschwand Bär.

Sogar der Berg war jetzt weg, und ich stand auf einer sich schnell bewegenden Plattform; ich war ein Passagier auf einer Art Pritsche, die durch wechselnde Landschaften eilte. Bäume, Berge und Schluchten flogen so schnell an mir vorbei, dass ich sie kaum richtig wahrnehmen konnte.

Nadelwälder erstreckten sich in die Ferne soweit ich sehen konnte. Ich roch den Duft der Nadeln, aber kaum wurde ich dessen gewahr, waren die Wälder weg und es ging rasend schnell durch noch höhere Berge, deren felsige Gipfel über die Baumgrenze ragten. Bevor ich jedoch in Ruhe einen Blick auf diese Landschaft werfen konnte, stürzten wir auf eine fruchtbare Ebene hinab, auf der Herden grasten.

Ich wollte anhalten und sie beobachten, aber alles ging so schnell, dass ich nur einen Blick auf sie werfen konnte, bevor ich mich in einer Wüste wiederfand, in der überhaupt nichts wuchs, in der sich der Sand ins Endlose zu erstrecken schien. Dann sausten wir durch ein weiteres Flusstal und über noch einen Berg.

»Was ist los?« sagte ich und konnte meiner Beunruhigung kaum Herr werden. Die Gegensätze, die vor meinen Augen dahinflogen, hätten nicht dramatischer sein können, aber es blieb keine Zeit, sich auf etwas zu konzentrieren. Es ging viel zu schnell.

Wieder sagte die Stimme: »**Fruchtbar oder unfruchtbar, grün oder trocken. Das sind Gegensätze – aber notwendig.**« »Das ist es, was ich sehe – Gegensätze«, sagte ich. Hoch und niedrig, nass und trocken, heiß und kalt. Dieses Fallen aus der Üppigkeit in die Wüste und von einem felsigen Gipfel hinab in ein grünes Tal hatte mich überwältigt. Die Kontraste hatten meine Sinne verstört.

Als die Stimme wiederkam, war ich mir sicher, dass es die Großmütter waren: »**Alles ist im Wandel und im Fluss**«, sagten sie. »**Was fruchtbar scheint, trägt in sich die Samen der Verwandlung in Trockenheit. Was trocken scheint, enthält die Samen einer großen Fruchtbarkeit. Gemeinsam tanzen wir in einer wechselseitigen Bewegung.**« Und nach einer Pause fügten sie hinzu: »**Was falsch scheint, trägt in sich die Samen des Richtigen.**« Das war eine geschliffene Sprache, fast Poesie, aber ich fragte mich: »Was bedeutet das?« »**Yin und Yang sind fließend**«, sagten sie. »**Sie sind nur scheinbar Gegensätze.**

Die Arbeit, die dir übertragen wurde, bewegt die Energie dessen, was du Yin nennst, so dass sie gegen Yang drückt und es neu ordnet.« Das erschreckte mich. Wie konnten sich Yin und Yang, die Bausteine des Universums, verändern?

Sie lasen meine Gedanken und sagten: »**Es besteht zu dieser Zeit keine Gefahr für die Erde oder für dich. Beide werden durch die Katastrophe nicht zerstört, wie so viele befürchten. Es gibt eine neue Bewegung, die Leben bringt.**

Ein Großteil der Bedrängnisse und Schmerzen in der heutigen Welt hat mit der Stagnation von Energie zu tun; Energie wird zurückgehalten und gestaut.« Sie zeigten mir Baumstämme, die im gestauten Wasser eines Flusses trieben, und in dem stillen Wasser sah ich die Widerspiegelungen der Großmütter.

Ich schaute auf und war ganz ergriffen von ihren mitfühlenden Blikken, als sie dieses Wasser betrachteten. »**Wenn es keine Bewegung gibt, kein Leben, keine wachsende Veränderung**«, sagten sie, »**tritt Stillstand ein – und daraus entstehen Zerstörung, Verderbnis und Böses. Also**«, sagten sie, »**bist du eine Hebamme und hilfst, das Neue zu gebären, dessen Zeit gekommen ist. Dies ist ein natürliches Fortschreiten und Wachstum. Es ist Zeit**«, riefen sie, die Köpfe triumphierend zurückgeworfen. »***Das* sind gute Neuigkeiten!**«

»Was hat das, was ihr sagt, mit meiner Gesundheit zu tun?« fragte ich, als ich an meine ständige Sorge um meinen Körper denken musste. »**Du bist Teil des Planeten**«, sagten sie. »**Stagnation und festgefahrene Zustände musst auch du überwinden. Deine Arbeit ist nicht getrennt von der planetaren Arbeit. Was wir meinen**«, fügten sie hinzu, die Arme weit geöffnet, »**mit *dir* ist nichts falsch! Euer individuelles Karma wird verbrannt, das ist alles.**« Sie hoben ihre Hände. »**Das Karma des Planeten wird verbrannt, das Karma eines jeden wird verbrannt.**« Lächelnd sagten sie: »**Tue es mit gutem Willen.**

Du bist Teil eines Prozesses, und egal, was getan wird, dieser Prozess, der begonnen hat, wird sich fortsetzen. Du kannst daran teilhaben. Du kannst in Freude mit uns mitgehen und anderen helfen, diese Freude zu haben, *aber der Prozess wird stattfinden, ganz gleich, was du tust.* Obwohl es nichts gibt, was du *tun* musst, tue es zu deiner eigenen Freude! Wisse jedoch, dass niemandes Schicksal von deinen Handlungen abhängt. Du hast das Glück, die Arbeit zu tun, wenn du es willst, denn sie wird schön sein und dir Freude bereiten.« »Ich will«, sagte ich. »Ich will!«

Plötzlich begannen ein Bär, ein Hirsch und mehrere andere Tiere um mich herum zu tanzen. Es war die gleiche Ein- und Auswärtsbewegung, die die alte Energie herauszog. Während sie tanzten, sprachen die Großmütter. »**So wie sich Wasser in einem Fluss oder Bach bewegt, muss sich auch das Leben bewegen, um Stagnation, Krankheit und Böses zu vermeiden. Frische, Neuheit und Klarheit kommen mit der Bewegung**«, sagten sie. »**Diese Veränderung von Yin und Yang wird einem stehenden Gewässer Frische verleihen und das stinkende Wasser absondern.**

Freue dich über deine Befreiung«, sagten sie, »**freue dich über die Befreiung der Erde – große Freude!**« Die Tiere tobten wie toll umher und waren überglücklich, dass ich die Gelegenheit hatte, aus freien Stücken an dieser Arbeit mitzuwirken. Als ich zusah, hörte ich: »**Die Schrecken in der Welt sind nur das Zerbrechen des Alten; der Stillstand löst sich auf. Yin und Yang formen sich gegenseitig, indem sie sich gegeneinander bewegen und in ihrem natürlichen Fluss aneinanderstoßen.**«

Etwas bewegte sich; es gab eine Verschiebung von Hell und Dunkel. Ich blickte auf die sich bewegenden Formen und sah… dass die Großmütter recht hatten! Die Gestalt von Yin und Yang änderte sich. Das war nicht dasselbe geschwungene, tränenförmige Muster, das ich kannte; es verwandelte sich in verschiedene Formen.

»**Die Menschen denken Yin und Yang nur so, wie sie in ihrer Ruhestellung dargestellt werden**«, sagten die Großmütter, »**wenn die Energien für gewisse Zeiten ein Gleichgewicht erreichen. Dies ist das Muster, das du kennst, dein Bild von Yin und Yang. Wenn das Leben aber diese Energie in Bewegung versetzt, sie schiebt und schüttelt, entstehen viele Formen.**« Und sie fügten hinzu: »**Yin und Yang haben immer den gleichen Umfang.**«

Bei diesem letzten Satz sah ich sie prüfend an: »Wenn Yin und Yang den gleichen Umfang haben«, dachte ich, »wie kann es ein Problem mit zu viel Yang in der Welt geben?« Wortlos antworteten sie. Der *Umfang* von Yin und Yang bleibt gleich, aber wie stark oder schwach sich die Energie manifestiert, kann sich von Zeit zu Zeit ändern. Yin, das sich seit vielen Jahrhunderten in einem erschöpften, ruhenden Zustand befindet, erwacht nun. Dieses erwachende Yin verschiebt sich, nicht im Umfang, sondern in seiner Stärke, seiner Macht.

Später fragte ich mich, was sie gemeint hatten, als sie sagten: »Yin und Yang sind nur *scheinbar* Gegensätze.« Als ich darüber nachdachte, kam mir in den Sinn, dass Yin und Yang nur keine »festen Gegensätze« sind. Sie sind Gegensätze, ja, aber fließende, keine festen.

»Das Göttliche ist in Gestalt der Großmütter gekommen, weil es bei dieser Arbeit um das weibliche Prinzip geht, um Yin.«

Ich wollte nicht nur etwas über die Veränderungen im Yin und Yang wissen, sondern auch das weibliche Prinzip selbst verstehen. Ich wusste, dass die Großmütter Teil dieser Energie sind, aber ich wollte mehr über das große Weibliche, das Yin, erfahren.

Als ich ihr Tal in der oberen Welt erreichte, landete ich dort nicht, sondern flog weiter. Meine Flügel schienen heute ihren eigenen Willen zu haben und ließen mich aufsteigen: »Ich will mehr über die Große Mutter erfahren«, wiederholte ich, als ich höherstieg.

Ich kam durch mehrere Ebenen der oberen Welt und fragte mich, warum ich immer noch höherstieg, als ich Adler an meiner Seite erblickte. »Adler, ich bin so froh, dich zu sehen«, sagte ich. »Ich hatte Angst, dass ich zu weit gegangen bin.«

Er winkte mir, also schwang ich meine Beine auf seinen Rücken und schlang meine Arme um seinen Hals, und wir stiegen noch höher. Schließlich landeten wir, und als ich abstieg, bemerkte ich, dass der Boden hier weiß war, wie von Schnee bedeckt. In der Ferne ragten schneebedeckte Umrisse, die den Klippen von Dover ähnelten, am Horizont empor.

Dies war ein ganz anderer Ort, anders als die Erde und anders als die Ebenen der anderen Wirklichkeit, die ich bisher gesehen hatte. Es fühlte sich heilig an. Kaum hatte ich dies erkannt, näherte sich eine weibliche Figur mit langen dunklen Haaren. Hier in dieser weißen Umgebung trug sie ein helles Gewand, und um sie herum war die Aura von Heiligkeit. Als ich mich ihr zuwandte, um sie genauer zu betrachten, sah ich, dass sie leuchtete! Ihr Gesicht, ihre Gewänder, alles an ihr leuchtete. *»Das«*, flüsterte ich, »ist die Große Mutter.« Als ich sie ehrfürchtig betrachtete, antwortete sie: »**Die Menschen verstehen das weibliche Prinzip nicht.**«

Ich nickte zustimmend, und sie sagte: »**Das Göttliche ist in Gestalt der Großmütter gekommen, weil es bei dieser Arbeit um das weibliche Prinzip geht, um Yin. Es ist angebracht, dass es die Frauen, die Großmütter, sind, die diese Lehre bringen. Wenn es in der Lehre für diese Zeit darum ginge, ein Krieger zu sein**«, lachte sie, »**wäre ein Krieger gekommen.**

Es ist an der Zeit, dass die Welt zum Genährtsein, zur Liebe und Geborgenheit der Mutter zurückkehrt. Eroberung und Aggression wurden so

weit getrieben, wie es möglich war, ohne alles Leben zu zerstören«, sagte sie. »**Die Energie muss sich jetzt dem Erhalt des Lebens zuwenden – sich mehr dem Mitgefühl und Verständnis zuwenden, dem Aufbau von Weisheit, anstatt Wissen anzuhäufen.**

Die Lebensenergie muss sich bewegen«, sagte sie. »**Es muss jetzt neue Ziele geben: lebensbejahende, lebensverbessernde Ziele, die die Erfahrung des Menschseins vertiefen. Damit die Tage, die man lebt, *gute* Tage sind, *geschätzte Tage*, auf die man sich freut**«, sagte sie mit einer weiten Armbewegung. »**Sich freut, weil man sich geliebt fühlt.**« Und ihre Arme öffneten sich nun zu einer weit ausholenden Geste, als sie rief: »**Weil man Liebe *ist*!**

Verständnis, Hingabe und die Vertiefung des Mitgefühls zur Weisheit sind Eigenschaften der Mutter. Dies«, sie lächelte mild, »**sind Yin-Qualitäten. Sie kommen, wenn man annimmt, was das Göttliche zu jeder Zeit gibt.**

Wenn der Verstand nach Äußerem strebt, was Yang ist, kann es kein Annehmen geben. Dann gibt es zu viel Geschäftigkeit, zu viel Tun und Anschaffen.« Lachend sagte sie: »**Das Leben ist einfacher als das und wird leichter *sein,* wenn Yin kommt. Dann wird es ein Gleichgewicht geben, und alle werden dieses Gleichgewicht in ihren Herzen, in Geist und Körper spüren. Das Leben wird dann Freude sein, nicht Quälerei oder Anstrengung.**« Ihr Gesicht hellte sich auf, als sie sagte: »**Oh, es wird immer Anstrengungen geben. Das ist Teil des Vergnügens … aber im Gleichgewicht.**«

Sie sah mich mitfühlend an und war Schönheit jenseits von Schönheit; ich konnte sie kaum ansehen. Dann strömten Tränen über mein Gesicht, und ich konnte nichts mehr sehen. Aber ich konnte sie immer noch hören: »**Das Leben ist nicht Kampf oder Krieg**«, verkündete sie. »**Das Leben ist nicht gegen irgendetwas gerichtet. Das ist kein Leben. *Das* ist die Energie von Yang – ein Anrennen so weit das Seil reicht. Yang ist jetzt müde, müde**«, sagte sie, »**und überspannt.**«

Sie nickte traurig und sagte: »**Ihr seht einander mit euren Sorgen und Problemen, Anspannungen und Qualen.**« Sie hob ihren Kopf, sah mich direkt an und sagte: »**Wir sehen *alles*.**« Jetzt traten die Großmütter an ihre Seite, und alle sprachen mit einer Stimme: »**Wir sehen den Energiekörper des Planeten und den Energiekörper aller Lebensformen. Sie alle sind angespannt und gebunden durch Mühsal, gebunden durch Angst und Ablehnung. Das muss ein Ende haben.**«

In die Ferne blickend, sagten sie und die Großmütter: »**Es gibt große Schönheit an jedem Tag, es gibt große Schönheit in jedem Wesen, aber *allzu lange* haben die Menschen diese Schönheit nicht gesehen. Das geht jetzt zu Ende**«, sagten sie und reckten die Schultern. »**Diese Arbeit wird mithelfen, dass es zu Ende geht.**

Schreibe aus deinem Herzen«, riefen sie im Chor. »**Dein Herz weiß es. Wir sprechen durch dein Herz, wir leben in deinem Herzen**«, sagten sie, »**und hören deine unausgesprochenen Fragen, wer wir wohl sind.**« Das erschütterte mich. Ich hätte nicht gedacht, dass sie wussten, wie oft ich ihre Fähigkeit in Frage gestellt hatte, eine Aufgabe dieser Größe zu bewältigen. Die Wiederherstellung des Gleichgewichts auf der Erde schien mir ein zu gewaltiger Job für eine Gruppe alter Frauen zu sein. Die Großmütter und die Große Mutter sahen mich scharf an.

»**Wir sind nicht vom Göttlichen getrennt**«, sagten sie. »**Wir sind eins mit dem Göttlichen. Es nimmt**«, erklärten sie, »**zu verschiedenen Zeiten verschiedene Formen an, um die Lektionen und Gaben des Augenblicks zu geben.**«

»**Wir sind jetzt gekommen.**« Es sprachen die Großmütter, und die Große Mutter nickte zustimmend. »**Und unsere Lehre für diese Zeit ist die Wiederinkraftsetzung des weiblichen Prinzips, um es in ein richtiges, stabiles Gleichgewicht mit dem männlichen Prinzip zu bringen. Wir bringen Leben und Energie in das Yin, das kraftlos geworden ist und sich jetzt wieder füllt. Und wir nehmen die Gestalt an, die zu dieser Arbeit passt. Wir kommen**«, sagten sie, »**als die Großmütter, als der Große Rat der Großmütter.**«

Die Große Mutter im hellen Gewand berührte mich an der Schulter, und ich verbeugte mich, aber sie richtete mich auf, und wir sahen uns an: »**Wir treffen uns heute auf einer höheren Ebene der oberen Welt**«, sagte sie, »**denn hier sind wir *weit weg* von der Erde, wo es kein Verständnis oder Anerkennung für den weiblichen Aspekt Gottes gibt. Diese Arbeit**«, sie wies auf die Großmütter, »**bringt dieses Bewusstsein in Strängen aus Licht in die Erde.**« Sie tätschelte mich besänftigend und sagte: »**Das geschieht genau so, wie es richtig ist.**«

Die Großmütter umringten mich, und als sie näherkamen, begannen sie, mich schön zu machen. Eine hielt einen Spiegel hoch, und ich sah mich in ihren Armen, wie sie mein Gesicht streichelten und mich tätschelten. Ich sah jünger aus.

Das war seltsam, aber wunderbar, und als ich fühlte, wie die Schönheit in mir zunahm, sagten sie: »**Aus diesem Buch werden viele Gesprächsgruppen erwachsen und viel Unterricht. Das Buch**«, sie unterstrichen es mit einer Bewegung ihrer Hände, »**ist ein Lichtstrahl, der die harten Schichten der Erde durchdringt, sich festsetzt und sich von dort ausbreitet. Die Lehren und andere Arbeiten, die daraus entstehen werden, werden großartig sein.**«

Der Trommelschlag änderte sich. Als ich mich zum Gehen wandte, bebte mein ganzer Körper; er war voller Emotionen. Ich zitterte so sehr, als ich mich auf den Rückweg machte, dass Adler dicht neben mir herflog und auf mich aufpasste.

»Der Akt der Verehrung schafft eine Trennung
zwischen Verehrern und Verehrtem.«

Aufgrund meines religiösen Hintergrunds hatte ich mir immer vorgestellt, dass die Große Mutter wie die Jungfrau Maria aussehen würde, und obwohl diese Mutter nicht wie sie ausgesehen hatte, hatte sie sich wie sie *angefühlt*. Ich erkannte, dass es viele Gestalten der Großen Mutter gab, verschiedene Formen für verschiedene Kulturen. Das war etwas, von dem ich wenig gewusst hatte, und es blieb mir ein großes Geheimnis.

Kurz nach dieser Reise kehrte ich in die obere Welt zurück, nur um bei den Großmüttern zu sein. Sie waren in ihrer menschlichen Gestalt, begrüßten und umarmten mich, traten dann zurück und sahen mich mit einem geheimnisvollen Lächeln an. Ich bewunderte sie und spürte ihre Liebe, als ich aus dem Augenwinkel eine Bewegung wahrnahm. Eine riesige Gestalt näherte sich.

In leuchtendem Blau und Rot kam eine Frau, die von innen heraus zu leuchten schien, langsam auf mich zu. Es war die Große Mutter, die diesmal als Königin des Himmels erschien.

Sie trug eine Krone und sah *genau so* aus, wie ich mir die Gottesmutter vorgestellt hatte. Als sie näherkam, fiel ich auf die Knie, und während mein Blick von dem Strahlen um sie her gefesselt war, griffen ihre Hände nach oben und nahmen die Krone von ihrem Haupt. Zu meinem Entsetzen setzte sie sie mir auf den Kopf. Schnell schob ich sie ihr wieder hin, aber sie sagte »**Nein!**« Als sie die Krone wieder auf meinen Kopf setzte, sagte sie: »**Ich will deine Verehrung nicht.**« Ich starrte sie mit offenem Mund an.

»**Du sollst lieber daran denken, mit mir *eins* zu werden**«, sagte sie. »**Wenn du das tust, kann ich anfangen, durch dich zu arbeiten. Lade mich ein**«, sagte sie, »**lade ein, welche Form des Göttlichen auch immer du in deinem Leben verehrst. Der Akt der Verehrung**«, erklärte sie, »**schafft eine Trennung zwischen Verehrern und Verehrtem. Dies beschränkt die Fähigkeit des Göttlichen, in das menschliche Leben zu treten und darin zu wirken.**

Du musst deine eigene göttliche Natur erkennen. Darum geht es jetzt.« Mit Nachdruck sagte sie: »***Du kannst dir den Irrglauben nicht mehr leisten, dass du von Gott getrennt bist.* Erst wenn du anfängst, dich auf diese neue Weise mit dem Göttlichen zu verbinden, wirst du helfen können, deinen Planeten zu retten.**«

Ich durfte mich nicht mehr als armseligen Menschen betrachten. Ich musste aufhören zu leben, als wäre ich nur mein kleines Selbst, und mich in das *große Selbst* begeben. Das war etwas, das alle tun mussten. Als mir diese Gedanken kamen, lächelte sie und nickte.

Auf dem Rückweg in die Alltagswirklichkeit habe ich darüber nachgedacht: »Die grenzenlose Macht der Göttlichkeit will in mir und durch mich arbeiten, in und durch jeden von uns«, sagte ich. Ich schwor mir, mich nicht mehr als von Gott getrennt zu betrachten und mit dem üblichen Bitten aufzuhören und mich stattdessen der Stille im Inneren zuzuwenden. *Verschmelzung mit der Gegenwart,* das war es, was die Große Mutter forderte.

»Wir geben, wir helfen, gewähren und halten. Wir schaffen einen sicheren Behälter für die Familie des Lebens.«

Mehrfach wurde ich gefragt: »Warum die Großmütter? Wenn die Energie des Yin das ist, was auf Erden gebraucht wird, warum ist dann nicht die Mutter gekommen?« Diese Frage hatte mich nie beschäftigt, da ich diese weisen alten Frauen von Anfang an geliebt hatte. Um herauszufinden: »Warum die Großmütter«, musste ich also reisen.

Sobald ich sie fragte, lachten sie und hüllten mich in einen Schal. Hergestellt aus weicher Wolle und erdfarben, umrahmte er mein Gesicht, bedeckte meinen Rücken und überkreuzte sich an meiner Brust. Ich sah aus wie eine mexikanische Großmutter, die in ihren Rebozo gehüllt war.

Es war höchst interessant. Sobald mich die Großmütter eingewickelt hatten, *wurde* ich eine traditionelle Großmutter, und so gewandet, erfuhr ich das Leben aus einem anderen Blickwinkel. Ich merkte, dass ich eher Beobachterin war, statt teilzunehmen.

Mitten auf einem belebten Marktplatz stehend, beobachtete ich das Treiben um mich her, aber ich gehörte nicht dazu. Die Leute feilschten miteinander und hasteten an mir vorbei. Männer stolzierten, Frauen tratschten, und am Boden spielten Kinder. Kaum jemand beachtete mich, und ich schaute einfach nur. Obwohl ich Interesse und Mitgefühl für alle auf dem Markt hatte, war ich nicht ganz da.

Als ich mich darüber wunderte, sprachen die Großmütter: »**Es ist schwer, auf eine Großmutter wütend zu sein**«, sagten sie, »**es ist schwer, überhaupt Erwartungen an eine Großmutter zu haben**«, fügten sie leise hinzu. »**Eine Großmutter ist vom Theater des täglichen Lebens ein Stück weit entfernt.**

Die Position einer Großmutter ist keine des Kampfes«, sagten sie. »**Sie mag sexuelle Gefühle haben, aber sie wird nicht vom Verlangen beherrscht. Es umgibt sie nicht das Klima von Eroberung und Kampf, wie es bei jüngeren Frauen oft der Fall ist. Eine Großmutter strebt nach nichts. Sie will nicht im Mittelpunkt stehen, sondern hält sich zurück, pflegt und unterstützt die Familie.**« Sie sprachen nicht von einzelnen Großmüttern, sondern von der archetypischen Großmutter: »**Ja**«, sagten sie, zeigten auf einander und fügten hinzu: »**Wir tun das.**

***Wir* geben, wir helfen, gewähren und halten. *Wir* schaffen einen sicheren Behälter für die Familie des Lebens. Die Familie ist sicher und geborgen, *weil wir hier sind,* weil wir alle halten und tragen.**

Diese besondere Eigenschaft der einen, die Großmutter genannt wird, ist etwas, das jeder versteht«, sagten sie. »**Großmütter wollen den Fortbestand der Familie, sie fördern das Gute im Leben; sie trachten danach, Halt zu geben.**« Ja, dachte ich, es sind die Alten, Großmütter und Großväter, die der Familie die Weisheit bewahren. »Deshalb seid ihr als Rat der Großmütter gekommen, nicht wahr?« fragte ich.

»**Das ist unsere Mission**«, sagten sie. »**Als Großmütter halten wir alle Väter, Mütter und Kinder der Familie des Lebens. Das sind unsere Söhne, unsere Töchter und unsere Enkelkinder.**

Wir wünschen uns das höchste Wohl für alle. Diese Eigenschaft des selbstlosen Gebens ist das, was jetzt auf der Erde gebraucht wird. *Deshalb ist der Große Rat der Großmütter gekommen:* die Väter zu lieben, die Mütter zu lieben, die Kinder zu lieben, alle zu lieben.«

Ich weinte, als ich das hörte. »Ja, sie sind genau das, was die Welt jetzt braucht«, sagte ich. Und in meinen Rebozo gehüllt, verabschiedete ich mich von diesen liebenden, Großmüttern, und hatte nur den einen Gedanken – ich wollte sein wie sie.

»Wir sind eine einfache Form des Göttlichen, zu dem die Menschen leicht Zugang finden werden. Wir sind umsorgend und einladend, wir sind eine nährende Präsenz.«

Es sind diese Qualitäten der Großmütter, die die Menschen spirituell lebendig gemacht haben und damit einen langwährenden Hunger nach Gott stillen.

Lorna, eine gestandene Achtzigjährige und Mitglied der Kerngruppe, glaubte nie, dass sie eine persönliche Beziehung zu Gott haben könnte, bis sie die Ermächtigung der Großmütter erhielt. Sie sagte: »Ich habe mich abgemüht und mindestens fünfzig meiner achtzig Jahre nach Gott gesucht.« Als Christin erzogen und mit einem Juden verheiratet und obwohl sie sich aufrichtig bemüht hatte, erst das Christentum anzunehmen, dann das Judentum, sagt sie: »Ich weiß nicht warum, aber ich habe innerlich einfach nichts gespürt. Ich versuchte es, aber die Religion war für mich trocken – sie hinterließ einen Geschmack von Asche in meinem Mund.«

Sobald sie von den Großmüttern ermächtigt worden war, kam sie immer wieder und brachte jedes Mal eine neue Freundin mit. Ihre Augen bekamen einen leichten Glanz, als sie uns sagte: »Ich hätte nie gedacht, dass mir das passieren würde, aber jetzt habe ich eine enge Beziehung zu Gott. Ich habe endlich gefunden, wonach ich mein ganzes Leben lang gesucht habe.«

Sarah, die ich vor vielen Jahren in einem streng gegliederten Meditationskurs kennengelernt hatte, hat eine ähnliche Geschichte. In Bezug auf damals sagte sie: »Ich folgte damals meinen Meditationslehrern und hielt mich an ihre strenge Disziplin, bis ich sie nicht mehr ertragen konnte. Ich habe wirklich hart an meinem spirituellen Leben gearbeitet, und es war so viel Arbeit, dass nach einer Weile kein Herz mehr darin war. Ich hörte schließlich auf, als ich erkannte, dass ich mich Gott dadurch nicht näher fühlte als zu Beginn. Ich habe damals Gott so ziemlich aufgegeben«, sagte sie, »ich hatte getan, was ich konnte, aber nichts war passiert. Ich dachte, Gott muss für andere Menschen sein, aber nicht für mich.«

Ich hatte lange keinen Kontakt mit Sarah gehabt und wusste nichts von dieser Verzweiflung. Aber als ich sie nach der Ermächtigung der Großmütter strahlen sah, wurde mir klar, wie viel ihr dieses Ereignis bedeutet hatte. Sie wurde Teil der Kerngruppe, kam zu jedem Treffen und erzählte eifrig von den Auswirkungen der Ermächtigung der Großmütter. Und wegen ihrer spirituellen Disziplin übte sie ihre Meditationen mit Inbrunst und hatte immer etwas Interessantes zu berichten.

Eines Tages sah sie mich mit ihren dunklen Augen an und sagte: »Ich kann dir nie genug danken, dass du mir Gott zurückgegeben hast. Ich hatte jede Hoffnung auf eine Beziehung wie diese verloren, aber seit den Großmüttern habe ich Gott wieder.«

KAPITEL 12

Das Gewebe des Seins

»Die Unterschiede in den Menschen sind nur scheinbar.
Es ist der Umhang, der echt ist.«

Die Großmütter hatten mich so viele Erfahrungen machen lassen, dass ich das weibliche Prinzip verstanden hatte. Yin war nicht mehr nur ein Wort für mich; ich hatte es in meinem Körper gespürt. Aber wie konnte ich anderen diese Erfahrung vermitteln? Das war der Fokus meiner nächsten Reise.

Der Adler flog neben mir her, und als wir das Tal der Großmütter erreichten, ahmte ich seine Landung nach, die Flügel weit gespreizt und die Füße nach unten gerichtet. Ich war ein Weißkopfseeadler mit wildem Gesicht und gebogenem Schnabel, als ich mich vor den Großmüttern verbeugte. »Oh, meine Damen«, sagte ich, »ich will wissen, wie ich anderen helfen kann, das weibliche Prinzip zu verstehen.« Sie freuten sich, dass ich wieder bei ihnen war, und auch über meine Frage.

Ich schaute und wartete, meine Flügel wie Hände im Gebet gefaltet, während sie sich an meinen Schultern zu schaffen machten. Sie machten mir einen Umhang mit einem Stehkragen, der von meinem Schlüsselbein bis über den Kopf reichte. Er war elisabethanisch im Stil, nur war er viel höher und nicht aus Stoff, sondern aus Licht.

Als ich auf meine Frage zurückkam, wie ich anderen helfen konnte, das weibliche Prinzip zu verstehen, gewahrte ich einen senkrechten Zug. Etwas schoss durch den Stehkragen nach oben und gleichzeitig meine Wirbelsäule hinab. Dies erzeugte eine Spannung, die mich gerade hielt; meine Wirbelsäule dehnte sich aus und wurde gleichzeitig heiß. Die Mitte meines Rückens war nun entflammt; sie hätte mir die Finger verbrannt, wenn ich sie berührt hätte.

Da ich nicht verstand, worum es hier ging, stellte ich meine Frage noch einmal. »**Du kannst nicht dir helfen, ohne damit auch anderen zu helfen**«, sagten die Großmütter, und ich verstand, dass ich, indem ich mich aufrichtete und stärkte, auch anderen half. »Ich glaube, das habt ihr mir schon einmal gesagt«, sagte ich. »**Und wir werden es dir immer wieder sagen.**«

Der Umhang war immens. Nahtlos und tiefblau schien er Teil des Nachthimmels zu sein, der die Erde bedeckte. »**Alle sind in diesem Umhang enthalten**«, sagten sie. »**Die Unterschiede, die du bei den Menschen siehst, sind nur scheinbar. Sie treten auf der irdischen Ebene des Lebens auf.**« Und sie fügten hinzu: »**Es ist der Umhang, der echt ist.**«

Sie zeigten auf kleine Unebenheiten unter dem Umhang, und ich beobachtete, wie sie sich bewegten, die Unebenheiten verschwanden und tauchten dann irgendwo unter dem Stoff wieder auf. »Diese Unebenheiten sorgen für viel Aktivität«, sagte ich, »aber da ist nicht viel dran.« Die Großmütter nickten.

Es fühlte sich wunderbar an, von diesem »Umhang von allem« bedeckt zu sein, wie sie ihn nannten. Hell, aber Geborgenheit vermittelnd, war er nachtblau und von Sternen übersät. Als ich die Falten näher betrachtete, die sich über mir ausbreiteten, sah ich, wie hell die Sterne leuchteten, und erkannte, was ich erblickte. »Oh«, sagte ich, »der Umhang ist der Nachthimmel, und jedes Wesen ist ein Stern an diesem Himmel!« Die Großmütter lächelten breit.

Das meinen sie also, wenn sie sagen: »**Alle sind in diesem Umhang enthalten**«, dachte ich, und dann traf mich die Ungeheuerlichkeit dieser Vorstellung. Wie könnte ich so etwas Großartiges wie das hier anderen begreiflich machen? Kaum hatte ich meine Frage gedacht, hörte ich die Großmütter sagen: »**Lass es sie erleben.**« Sollte ich es als Meditation vermitteln? »**Ja**«, stimmten sie zu. »**Lasse sie sich in den Nachthimmel ausdehnen, in die Farbe dieses Himmels eingehüllt werden, die Brise hier spüren, das Sternenlicht sehen und fühlen.**

Das ist Wirklichkeit«, sagten sie. »**Was ihr ›Realität‹ nennt, ist überhaupt nicht real.**« Auf den Umhang deutend, der die Erde bedeckte, sagten sie: »**Was ihr ›real‹ nennt, sind nur die kleinen Beulen in dem Umhang, dieses kleine Kommen und Gehen unter seinen Falten.**

Es ist der nahtlose Stoff des Umhangs, der echt ist. Das ist ein Tuch, das alles bedeckt.« Und sie kreuzten ihre Arme vor der Brust und sprachen: »**Das ist das Tuch von allem, *das Gewebe des Seins! Das Gewebe des Seins*«**, wiederholten sie. »**Diejenigen, die diese Lehre verstehen, werden von Freude erfüllt sein und ein Gefühl des Wiedererkennens haben.**« Und kryptisch fügten sie hinzu: »**Viele werden es nicht, und doch werden es viele sein.**

Nicht alles an dieser Arbeit ist für jeden bestimmt«, erklärten sie, »**aber für jeden ist etwas dabei.**« »Wie wunderbar, Großmütter, dass nicht alle Lektionen für jeden passen müssen, damit das Gewebe des Seins allen Menschen zugute kommt.« Schon seit einiger Zeit machte ich mir Gedanken, wie viel von meinen Erfahrungen mit den Großmüttern ich in das Buch einfließen lassen sollte, aber was sie gerade gesagt hatten, hat das geklärt.

Als ich aufblickte, sah ich zu meiner Überraschung Bär. Außer mir vor Freude, ihn hier in der oberen Welt zu sehen, rief ich: »Oh Bär, du hast mir so gefehlt!« Seine Liebe floss zu mir über; ich merkte, dass er genauso glücklich war, mich zu sehen, wie ich, ihn zu sehen.

Die Großmütter sahen zu, wie wir uns umarmten, und lächelnd sagten sie: »**Wir manifestieren uns freudig aus dem Gewebe des Seins als ein bestimmter… Faden.**« Sie lachten, weil sie nach dem richtigen Wort gesucht und in »Faden« gefunden hatten. »**In Freude verstofflichen wir uns als besonderer *Faden*«**, sagten sie. »**Wir reiben uns an einander, verweben uns mit einander und berühren uns. Auf diese Weise wird die Liebe im Gewebe des Seins tausendfach verstärkt.**

Wenn wir uns wiedererkennen, wie Bär und du es gerade getan haben, dringt Freude in das Gewebe des Seins. Deshalb sind Liebesgeschichten so beliebt. Es macht uns glücklich, etwas Liebevolles zu sehen, eine liebevolle Berührung oder einen verliebten Blick, weil wir es *mitfühlen.* Wir *fühlen* es im Gewebe des Seins.

Lasst euch in das Gewebe des Seins kleiden und wisst, dass jeder einzelne so gekleidet ist. *Jeder.*« Sie deuteten in Richtung des Planeten Erde und sagten: »**Einige werden natürlich fasziniert sein von den kleinen Unebenheiten, die sich unter diesem Gewebe bewegen, den kleinen Unebenheiten, die kommen und gehen.«** Sie zuckten mit den Schultern, als ob sie sagen wollten: »Das ist nicht zu ändern«, und sagten: »**Denke an das Gewebe des Seins als den Nachthimmel und sieh dich an einem offenen Ort stehen: oben, vorne, hinten und an den Seiten vom Himmel umgeben. Dann denke an dieses Gewebe des Seins, das deine Haut berührt, und atme es ein.«** Mit einen befriedigenden Seufzer sagten sie: »**Es berührt alles.«**

Ich tat wie geheißen, dachte an den Himmel und atmete ihn ein. Das gab mir ein solches Gefühl von Frieden, und als ich weiter atmete, fühlte ich, wie ich mich über die Maßen ausdehnte: »Oh – ja! Großmütter!« rief ich voll Entzücken.

Jetzt war ich eins mit dem Nachthimmel und atmete ihn ein, während ich in ihm war, versunken in einem Zustand der Erwartung. Ganz im Glück ruhte ich mich aus, und dann, von diesem Ort des Friedens aus, dachte ich wieder an die Frage, mit der ich gekommen war. Wie könnte ich anderen die Essenz von Yin vermitteln?

Sofort ragte der hohe Kragen des Umhangs über meinen Kopf empor, und etwas zog an meinem Rücken hinauf und hinab. Dieses Ziehen machte mich länger, und ich wurde mir wieder meiner Wirbelsäule gewahr. Ich beobachtete, wie die Kraft, die mich nach oben zog, auch den Umhang anhob. So schwebten wir nach oben, und der Umhang breitete sich weit aus. Ich wurde dem Himmel dargeboten.

Von weit oben blickte ich auf meinen Körper hinab. Als Beobachterin war ich noch ich selbst, aber irgendwie war dieses »Selbst« jetzt an zwei

Orten. Das »Ich«, das flach dalag, war wie eine aufgeblühte, kegelförmige Blüte. Ich sah zu, wie die Energie des Himmels in diese Blume floss, sich meinen Rücken und Brust hinab ergoss, mich flutete und umgab und meinen Körper mit Freude und Erwartung erfüllte. Und so wie der Stiel einer Blume sich in der Erde verwurzelt, so tat ich es auch. Ich stand in voller Blüte, verwurzelt in der Erde.

Aber als mein Gewahrsein mit meinem Blumen-Selbst verschmolz, verblasste mein Gefühl von Verwurzeltsein allmählich, und mir wurde schwindlig. Der Zug meinen Rücken hinab hatte mich so weit wie möglich gestreckt, und obwohl ich durch meinen »Stiel« mit der Erde verbunden und geerdet war, konnte ich die zunehmende Energie, die mich überschwemmte, kaum ertragen. »**Bleib entspannt**«, sagten die Großmütter. »**Lass uns die Arbeit machen.**«

Ich hatte gar nicht gemerkt, wie sehr ich mich konzentriert hatte. Deshalb fühlte ich mich so benommen. Ich musste über mich selbst lachen, weil ich es wieder einmal »versucht« hatte, aber mir war so schwindelig, dass ich mich lieber schnell in einen empfänglichen Zustand brachte und sagte: »Offen, ich bin offen.« Ich achtete auf meine Atmung, dachte an das Öffnen und lag da, die offenen Hände an den Seiten.

Mein Verstand beruhigte sich, aber mein Rücken war immer noch heiß. Ich konnte die Hitze kaum ertragen und wand mich, als ich dort lag. Die Großmütter sagten: »**Vor langer Zeit sind kleine Steinchen unter dem Gewebe des Seins in dir steckengeblieben.**« Ein früherer Bewusstseinszustand verursachte dieses brennende Gefühl; Schmerz war hier schon lange Zeit gespeichert und kam nun an die Oberfläche.

»**Das ist es, was Schmerz ist**«, sagten sie. »**Vor langer Zeit warst du so fasziniert von den negativen Umständen und Ereignissen deines Lebens, dass du sie nicht mehr loslassen konntest.**« Ich begutachtete mein Inneres und keuchte, als ich sah, wie in mir übereinandergestapelt heiße Steine auftauchten.

Als die Hitzewellen aus den Steinen aufstiegen, begann ich, krampfhaft zu husten. Ich konnte nicht aufhören. Die Großmütter beugten sich über mich und begannen geduldig, die Steine zu lösen und den Haufen heißer

Steine von der rechten Seite meines Körpers zu entfernen. Ich hustete die ganze Zeit, während sie arbeiteten.

»**Diese in dir zu tragen, ist nicht nur schmerzhaft**«, sagten sie, »**diese Belastungen aus alter Zeit rufen den Schmerz erst hervor, der dich ablenkt und davon abhält, voranzukommen.**«

Mit Hilfe des Heiligen Mannes legten sie mich mit dem Gesicht nach unten auf einen Tisch, worauf er mir etwas aus der rechten Schulter schnitt. Nachdem er entfernt hatte, was auch immer es war, nähte er meine Haut wieder zusammen, und als er meine Schulter in seinen Händen wiegte, summte er: »**Langsam, langsam, langsam.**« Wie flüssige Salbe floss Liebe durch seine Hände in mich hinein, und als er fertig war, war ich schwach und erschöpft, aber immerhin gab es nicht mehr diese Hitze in meinem Rücken.

Die Großmütter schauten mitfühlend zu und erinnerten mich sanft daran, dass dieser Schmerz mich daran gemahnte, so und nicht anders zu arbeiten. Ich muss einiges von ihnen lernen, und auf das Lernen muss immer Heilung folgen.

»**Es muss im richtigen Tempo gehen**«, sagten sie. »Bitte zeigt mir dieses Tempo«, bat ich, und da kam mir sofort das Wort »Anmut« in den Sinn. »**Anmut.** ***Das richtige Tempo ist voller Anmut.*** **Wie ein Vogel im Flug, voll Anmut**«, sagten sie. »**Alles zu seiner Zeit.**« Sie lächelten und neigten die Köpfe: »**Der richtige Rhythmus ist nie übereilt. In der Natur gibt es keine Eile. Pflanzen wachsen**«, sangen sie, »**das Leben wächst, wie die Jahreszeiten kommen und gehen.**«

Ihre Rede folgte einem Rhythmus, und ich war ganz gebannt davon, aber dann hielten sie inne und schienen über etwas nachzudenken. »**Oh, eine Pflanze, die genötigt wird, schnell zu wachsen**«, brach es aus ihnen heraus, »**ist nicht gesund, lebt nicht lange, trägt nicht gut. Auch Tiere.**

Das ist ganz falsch«, sagten sie entsetzt. »**Das ist Gift,** ***b*****öse! Hormone und Chemikalien, die Pflanzen und Tiere schnell wachsen lassen. Böse**«, sagten sie mit grimmiger Miene.

»**Anmut.**« Sie überlegten. »**Dann ist alles so, wie es im Innern angelegt ist**«, sagten sie und fügten hinzu: »**Hastende Menschen – das ist falsch.**«

Das Wort Anmut beinhaltet ein natürliches Gleichmaß, leben im Einklang mit dem Fluss des Lebens. »**Ja**«, sagte der heilige Mann, »**kein Schaden, wenn man im Fluss des Lebens ist.**«

»Du bist mehr, als du dir je vorgestellt hast.
Du bist wie der Nachthimmel.«

Nach dieser Reise fühlte ich mich, als würde ich mich von einer Operation erholen. Für den Rest der Woche war ich so erschöpft, dass ich schon mittags ins Bett kroch. Das Entfernen dieser heißen Steine aus meinem Körper hatte jedoch viel bewirkt. Ich war ruhiger und friedlicher.

Nach fünf Tagen der Ruhe war ich bereit, zurückzukehren. Ich verstand nun, wie die Meditation über das Gewebe des Seins den Frauen die Kraft von Yin näherbringen würde. Mir hatte es das jedenfalls. Aber ich brauchte eine geführte Meditation, die ich weitergeben konnte.

Bevor ich darum bitten konnte, sagten die Großmütter: »**Betrachte dich als den Nachthimmel und bewege dich in sein Indigoblau. Hier gibt es Sterne und Monde. Es ist ein Glänzen überall, und *du umfasst dies alles.*«** Das, dachte ich, muss die Meditation sein.

Sie lächelten und sagten: »**Bewege dich in den indigoblauen Himmel. Jetzt umfängst du alles und schwingst mit dem Leben. Die Sterne und der Mond pulsieren in dir, genau wie dein Herzschlag in deinem Körper pulsiert.**

Wenn du nur äußerlich und nicht auch innerlich lebendig wärst, hättest du kein Gewahrsein für des Gefühl des Lebens in dir.«

Ich dachte darüber nach, und sie sagten: »**Wenn du nur dein Körper wärst, wenn du nur dein Atem wärst oder nur deine Gedanken, dann hättest du gar keine Kenntnis von ihnen. Aber weil du so viel mehr bist als sie, kannst du dir ihrer gewahr werden, wann immer du dein Gewahrsein auf sie richtest.**«

Sie sprachen über den »Beobachter«, meinten die Seele, den Teil von uns, der beobachtet. Sie nickten und sagten: »**Du bist mehr, als du bisher gedacht hast. Du bist wie der Nachthimmel. Gewaltig.**« Lächelnd fügten sie hinzu: »**Du bist mehr als das, aber der Nachthimmel ist für dich leichter zu begreifen.**« Sie hatten recht. Mich selbst als den Nachthimmel zu sehen, gab mir ein Bild; es war viel einfacher, an den Himmel zu denken, als daran, ganz ohne Form zu sein; das Bild war nicht so überwältigend.

»**Atme in dieses Blau**«, sagten sie. »**Du kannst es tun, während du in den Nachthimmel schaust, oder du kannst einfach nur an diesen Himmel denken.**« Sie gaben mir einen beruhigenden Klaps. »**Diese Meditation wird dich jedes Gefühl von Begrenztheit und Kleinheit vergessen lassen, jede Trennung von ›meins, mir, dir‹ oder ›deins‹. Das sind mickrige Vorstellungen.**« Sie machten eine wegwerfende Handbewegung. »**Noch nicht einmal Stecknadelköpfe.** ***Du*** **bist großartig**«, sagten sie. »**Du bist das tiefe Blau, welches das Gewölbe des Nachthimmels überspannt. Löse dich auf in ihm**«, sagten sie. »**Werde dein Atem, werde dieses tiefe Blau.**

Diese Meditation wird Sorgen und Unruhe heilen. Sie wird den Körper heilen und Stress sowohl auf gröberen wie feineren Ebenen lösen, weil sie die Wahrheit darüber enthält, wer du bist.« Mit ernsten Blicken sagten sie: »**Manche werden von dieser Meditation irritiert sein und manche sogar Angst bekommen.**«

Entschieden den Kopf schüttelnd sagten sie: »**Das ist nicht wichtig. Es ist nicht wichtig, ob diese Meditation ausgeführt wird oder nicht. Sie ist für jene bestimmt, die für diese erweiterte Erfahrung bereit sind. Stelle sie ihnen zur Verfügung. Der Umhang des Nachthimmels bedeckt alles.**« Und indem sie ihre Flügel vor der Brust falteten, sprachen sie: »***Das bist du.***«

Zwei Wochen später rief ich die Kerngruppe zusammen, um über das Gewebe des Seins zu meditieren. Die Meditation war ein großer Erfolg, und als das Treffen vorbei war, sprachen wir über das Gefühl der Ausdehnung, das wir hatten. Für viele erwies sich diese als die bisher bedeutungsvollste Übung. Sie alle fühlten in ihrem Körper die weite, tragende Natur von Yin. Maria bemerkte, dass das Gewebe des Seins ihr ein besseres Verständnis davon gab, was Gott ist, während Connie sagte, dass sie jetzt wusste, was der Ausspruch »wir sind alle eins« bedeutet. Auch ich hatte dieses Gefühl der Einheit. Ich war jetzt weicher, weiter – vor allem in meinem Herzen.

»Spindeldürre, spindeldürre Geschöpfe können keine Macht halten.«

Obwohl sich mein Rücken nie wieder so heiß anfühlte wie beim Entfernen der Steine durch die Großmütter, hatte ich dort immer noch Schmerzen. Aber ich hatte meine Lektion gelernt, und so folgte nun auf jede Lektion bei den Großmüttern eine Reise der Heilung. Ich brauchte die Drei-zu-eins Formel nicht mehr, stattdessen musste ich ebenso oft in die untere Welt, um zu heilen, wie ich in die obere Welt ging. Hatte ich das aus irgendeinem Grund vergessen, erinnerten mich die Schmerzen in meinem Rücken daran.

Als ich am Rande meiner Öffnung stand, um in die untere Welt einzutauchen, betete ich um Heilung durch die mitfühlenden Tiergeister. Dann tauchte ich in die Dunkelheit, sprang in das vertraute Kanu und paddelte, bis ich auf dem Sand auflief. Ich drängte mich durch schwere Blätter und stieß fast mit Bär zusammen, der auf mich wartete.

Ich sackte an seinem starken Körper zusammen, und als ich mich an ihn lehnte, bemerkte ich, wie hinfällig mein Körper war im Vergleich zur Festigkeit und Stärke seines Körpers. In mir bebte alles, er dagegen war ganz ruhig. »**Ich bin dein Totem**«, sagte er, »**nimm meine Kraft. Meine Stärke ist deine Stärke.**«

Ich hatte eine solche Selbstlosigkeit und Großzügigkeit noch nie erlebt; so etwas hatte ich mir nie vorstellen können. »**Es ist nicht selbstlos**«, sagte er, als er meine Gedanken las, »**es ist jenseits von selbstlos.**« Als er meinen verwirrten Blick sah, fügte er hinzu: »**Wir sind alle eins.**«

Mir wurde klar, dass das für ihn nicht nur Worte waren; er wusste, was »wir sind alle eins« bedeutete. Das war das große »Darbringen«, von dem die Indianer sprechen, das selbstlose Geben von Gut und Gütern zum Wohle aller. »Ja, Bär«, sagte ich, »ich verstehe und werde deine Kraft gerne nehmen.«

»**Der Vierbeiner hat Kraft**«, sagte er. »**Auf zwei Beinen zu gehen ist schwierig für den Körper. Es ist nicht natürlich.**« Hinter seinen Worten hörte ich: »**Tierbewusstsein, das Bewusstsein des Körpers, muss stärker werden in dir.**« Mit Absicht lehnte ich mich an seine Brust. Seine Kraft floss durch meinen Rücken, bewegte sich in meinem ganzen Körper, und eine tiefe Festigkeit erfüllte mich mit Kraft und einem Gefühl tiefer Verwurzelung.

»Ich nehme es an, ich nehme es in mich auf,« sagte ich, als ich die tröstende Heilung willkommen hieß, aber als Antwort brüllte er: »**Hier geht es nicht darum, Schmerzen loszuwerden! Hier**«, knurrend erhob er sich auf die Hinterbeine, »**geht es darum, sich Macht anzueignen und sich damit zu füllen!**

Spindeldürre, spindeldürre Geschöpfe können keine Macht halten«, knurrte er. »**Die Menschheit wurde durch zu viel Verstand und zu wenig Herz – das instinktive Wissen – spindeldürr. Zu viel Einfluss für den Verstand**«, donnerte er. »**Weisheit und Kraft kommen aus dem Herzen.**«

Ich saugte das in mich auf. »**Komm jeden Tag zur Heilung her**«, sagte er. Meine Augen weiteten sich *(jeden Tag!)*, aber er sagte: »**Nur für eine Weile. Die Schwingung des Körpers wird sich ändern.**«

Er massierte mein Kreuzbein, während die Sonne auf die Rückseite meiner Beine schien. Es fühlte sich so gut an. Ich streckte meinen Hintern in die Luft wie ein Hund, der sich reckt, er warf mir einen Blick zu und sagte: »**Du hast vergessen, was du bist.**« Ich hatte vergessen, dass ich einen Körper hatte, hatte ihn nicht wertgeschätzt; ich hatte mich nicht um meinen Körper gekümmert, wie ich es hätte tun sollen.

Ich war die ganze Zeit nur in meinem Kopf gewesen und brauchte jetzt dringend das instinktive Wissen des Herzens, von dem er sprach: »Ich muss in meinem Körper sein«, sagte ich. »**Genieße es, im Körper zu sein**«, kicherte **Bär**. »**Du *bist* hier. Es hat seinen Sinn, dass du diesen Körper hast.**«

Jetzt setzte ich mich auf den Boden und gewahrte, wie gut es war, die Erde unter mir zu spüren, ihre Festigkeit und den Halt, den sie gab. Wieder fragte ich, was man gegen die Schmerzen im Rücken und in den Beinen tun konnte, dann legte ich mich hin und schloss die Augen.

Sofort veränderte sich etwas, und ich versank in der Erde, so weit, dass, als ich die Augen wieder öffnete, der Erdboden auf Augenhöhe war. »Ich bin noch nicht ganz unter der Erde, ich kann noch sehen und atmen«, beruhigte ich mich. »Es ist seltsam, aber nicht unbehaglich.« Mich beruhigend tätschelnd sagte Bär: »**Viel Angst und Schwermut kommt daher, dass man nicht ausreichend im Körper ist. Viel zu lange zu sehr abgeschnitten**«, knurrte er. »**Viele Generationen von der Erde abgeschnitten. Nicht richtig!**« knurrte er und stampfte mit einer Tatze auf.

Ich lag in der Erde und ruhte mich aus. »Warum nicht?« sagte ich. »Das ist die nicht-alltägliche Wirklichkeit, also geht alles.« Nach einer Weile bemerkte ich, wie gut es sich anfühlte, in den Erdboden versunken zu sein. »Ja«, sagte ich, »die Erde hält und trägt alles. Und ich bin nicht von ihr getrennt – überhaupt nicht getrennt.«

Meine Nase ragte aus dem Boden, und ich lauschte den umstehenden Bäumen. Sie flüsterten und sangen einander zu und ermutigten mich, zur Ruhe zu kommen. Auch sie waren tief in der Erde versunken, und durch ihre Wurzeln tranken sie tief von ihr. »**Das kannst du auch**«, sagten sie und sangen mir ein Schlaflied. »Ich fühle mich so tief *verbunden*«, flüsterte ich den Bäumen zu. »An diesem Ort ist nichts von einander getrennt.« Und in dieser absurden, jetzt aber sehr gemütlichen Position nickte ich ein.

»Es gibt kein Leben in der Vorstellung; das Leben ist nur in der Erfahrung.«

Vier Tage hintereinander reiste ich in die untere Welt, so wie Bär es mir verordnet hatte, und nach dem vierten Besuch fühlte ich mich so viel besser, dass mein Denken sich von meinem körperlichen Schmerz weg und etwas anderem zuwandte, von dem mir die Schamanin einmal erzählt hatte: »Du leidest unter der großen Leere«, hatte sie gesagt. Ich würde zu den Großmüttern gehen, um herauszufinden, was das bedeutete.

Als ich sie nach der »großen Leere« fragte, sahen sie mich forschend an, nahmen dann meine Hände in ihre und streichelten sie: »**Das war etwas, was du einst fürchtetest**«, sagten sie.

»Großmütter, die Schamanin meinte, ich solle euch nach der großen Leere fragen«, sagte ich, und kaum waren die Worte aus meinem Mund, wurde mir übel. Schwäche, Schwindel und Angst überkamen mich.

»Du bist in dem Schmerz *gewesen*, Tochter«, sagten sie. »**Es ist *vorbei*, aber es gibt noch einen kleinen Rest.**«

Ich zitterte vor Angst, als ich vor ihnen stand: »Großmütter«, bat ich, »bitte helft mir, diese große Leere hinter mir zu lassen oder sie anzunehmen. Ich will nicht mit dieser Angst leben.«

Irgendwie brachten sie mich an meinen Platz im Rat, und als ich mich umblickte, sah ich, dass die Großmütter und ich durch dieses Zusammensitzen einen Raum bildeten. Unsere Energie stieg vom Podium empor, lief zusammen und verband sich weit über unseren Köpfen. Da wir im Halbkreis saßen, war die Energieform, die wir schufen, konisch nach oben zulaufend. Wie ich so dasaß, begann die Energie dieses Kegels herabzuregnen und meinen Körper anzufüllen.

»**Die Angst vor der großen Leere war wie ein Gift in dir**«, sagten sie, »**Reste dieses Giftes sind noch da.**« Als sie sprachen, überkam mich die Angst und schüttelte mich. »Bitte nehmt sie.« Ich verbeugte mich und bot ihnen die Angst dar.

»**Die Angst vor der Leere, die Angst davor, *nichts* zu sein**«, sagten sie, »**sorgt für ein starres Festhalten an Rollen, Menschen, Besitz – an allem.**« »Das ist es, was ich loswerden will«, sagte ich. »**Das wissen wir**«, antworteten sie.

Jetzt saß ich mit offenen Handflächen in der Lotusposition, während Dämpfe von mir aufstiegen, die grünlich-graue Rauchwolken bildeten, die über meinem Kopf wogten. Dieses rauchige Zeug war Angst, die Art von Angst, die die Menschen so unglücklich macht, dass sie sich an alles klammern.

Das Zeug, das aus mir herausfloss, war so stark, dass es weit über die Angst vor dem Alleinsein hinausging. Das war die Angst vor dem *Nichts;* die Angst, dass es nur Leere geben würde, wenn wir unser Leben nicht anfüllen; wenn *wir* es nicht anfüllten, wäre da nur noch Leere. »**Diese Angst**«, sagten die Großmütter, »**rührt von deiner Ausrichtung auf Yang und Tun her statt auf Yin und Geschehenlassen.**« Ich konnte sehen, wie diese »**Ausrichtung auf Yang und Tun**« meine Gestalt verdeckte und scharfe Kanten schuf, die rechtwinklig aus meinem Körper hervorstachen.

»Puh!« hörte ich mich ausrufen, als ein Gefühl von Enge meine linke Seite zusammenpresste. Energie war darin gebunden, und als ich ihre Enge spürte, wurde mir klar, dass ich sogar, was die bevorstehende Jobentscheidung meines Mannes betraf, Angst hatte. Das war eine aktuelle Angelegenheit, eine relativ kleine Sorge, aber auch sie war damit verbunden. »**Törichterweise voll Angst**«, sagten die Großmütter. »**Törichterweise voll Angst.**«

Wie mit Heftklammern war die Angst links an meiner Schulter und an meinem Rücken befestigt. Aber jetzt lockerte sie sich. Die Großmütter standen hinter und über meiner linken Seite und wedelten mit einem großen Magneten; befehlend riefen sie die Heftklammern und zogen an ihnen. Ich beobachtete, wie diese sich eine nach der anderen lösten und zum Magneten flogen.

»**Nur alte Muster des Festhaltens**«, sagten sie, als sie mit dem Magneten arbeiteten. Sie schüttelten den Kopf, und ihre Gesichter verrieten mir, dass es nicht schwer war. Die Angst war soweit, sich zu bewegen, und löste sich leicht.

»**Es besteht keine Notwendigkeit mehr, dass du an irgendetwas festhältst**«, sagten sie. »**Du gehst jetzt über das reine Überleben *hinaus*; du lässt es hinter dir.**« Meine linke Seite fühlte sich weiter an, offen.

Die große Leere war im hinteren linken Teil meines Körpers gespeichert. Die Schamanin muss es dort gesehen haben. »**Es war eine Vorstellung**«, sagten die Großmütter, »**eine allgemeine Vorstellung der Massen, an die du aufgrund der Umstände auch geglaubt hast**«, fügten sie mit verschmitztem Lächeln hinzu. »**Das ist aber nicht die Wahrheit.**«

Von nun an musste ich auf diese alte Vorstellung von der Nichtigkeit des Lebens achtgeben. Ich musste sie wahrnehmen, wann immer sie auftauchte, und mich nicht mehr verstecken. Ich würde die Vorstellung von der großen Leere jedes Mal einladen, wenn sie sich zeigte, damit ich sie als das wahrnahm, was sie war: bloß eine Vorstellung.

Als ich diesen Entschluss fasste, sah ich, dass die Vorstellung eine Form hatte. Sie sah aus wie eine Wüste – trocken, sandig und ohne Leben. »**Die Wüste der Vorstellung**«, sagten die Großmütter und fügten hinzu: »**Es**

gibt kein Leben in der Vorstellung; Leben ist nur in der Erfahrung. Und außerdem: Wenn man keine Angst hat vor der großen Leere, dann ist sie ***voll.***« Sie schauten mir in die Augen und flüsterten: »**In Wirklichkeit ist es die große Fülle – voller Geist, voller Liebe…**«

Ich konnte sie nicht mehr hören, und obwohl ich sah, wie sich ihre Münder bewegten und sie gestikulierten, waren ihre Stimmen schwach geworden. »Aaahh!« rief ich, als ich die Angst spürte, die wieder in mich hineinzukriechen versuchte. Was für ein unheimliches Gefühl, sich der lauernden Angst bewusst zu werden, während ich bei den Großmüttern stand.

Nach einer langen Pause stellte ich meine Frage neu: »Großmütter, die große Leere, gibt es mehr?« »**Sei bei uns**«, sagten sie, als wieder ein Zittern meine Brust ergriff. Bevor die Angst mich wieder übermannen konnte, streichelten mich ihre großen Flügel – vorne und hinten. Dann bedeckten sie mich, und ich lag auf dem Boden, von ihren Flügeln zugedeckt. »Die Großmütter sind ein Kokon«, sagte ich, als ich zu ihnen aufblickte, »und ich bin… ich bin im Kokon.« »**Was in der Fülle der Leere existiert, welche die Fülle des Lebens ist**«, sagten sie. »Puhhh«! rief ich aus, als ich Luft und die restliche Angst aus meinem Körper ausstieß, und genau da änderte sich der Trommelschlag.

»**Bleib im Kokon**«, sagten sie, »**bleib im Kokon.**« »Das werde ich, Großmütter, das werde ich«, versprach ich, als ich meinen Abstieg begann. Und dann glitt ich zurück zur Erde – in meinem Kokon.

KAPITEL 13

Unsere Ermächtigung festigt unsere Lehre

»Diejenigen, die die Ermächtigung erhalten,
werden unsere Botschaft für andere verkörpern.«

Die große Leere brachte unbestimmte Ängste und unheimliche Empfindungen mit sich, die nicht an bestimmte Erinnerungen oder Ereignisse gebunden waren. Ich hatte Alpträume, aber seltsamerweise schienen die Ängste, die aufkamen, nicht meine eigenen zu sein. Vielleicht hatten sie ihren Ursprung in anderen Leben oder im allgemeinen Bewusstsein der Menschheit. Ich wusste es nicht; jedenfalls fand eine Art Umwandlung statt, und ich hatte viel zu integrieren in meinen Kokon.

Ich war nicht die einzige, die das betraf. Die Mitglieder der Kerngruppe begannen ebenfalls, die Energie von Yin zu verankern. Die Meditationen über das Gewebe des Seins, den Krug und den Kelch und das Netz aus Licht wirkten sich auf sie aus. Sie erschienen mir stärker und gleichzeitig weicher.

Diese Arbeit war so hilfreich, dass ich sie allen zur Verfügung stellen wollte. Ich war mir jedoch nicht ganz klar über meine Rolle bei der Weitergabe der Ermächtigung der Großmütter. Wie sollte ich sie an alle weitergeben, die sie wollten? Vielleicht gab es einen Weg, so über die Ermächtigung zu schreiben, dass es anderen Menschen möglich wäre, sie direkt aus dem Buch zu erhalten.

Als ich die Großmütter danach fragte, betrachteten sie mich ernst, und eine schien dabei besonders klar zu sein: »**Du schreibst über die Ermächtigung**«, sagte sie. »**Du schreibst über das Ritual, aber davon zu lesen ist nicht dasselbe, wie sie zu empfangen. Nicht jeder braucht die Ermächtigung**«, sagte sie, »**aber alle, die sie wollen, werden sie erhalten.**

Wenn du über die Ermächtigung schreibst, werden die Leser eine Schilderung bekommen, einen Vorgeschmack. Das ist alles. Aber auch wenn eine Ermächtigung nicht durch das geschriebene Wort weitergegeben werden kann, unsere Botschaft kann es.« Als sie sahen, wie aufmerksam ich zugehört hatte, sagten die Großmütter: »**Du wirst Ermächtigungen erteilen. Diese werden helfen, unsere Botschaft zu verankern.**«

Sie beantworteten meine Frage nicht vollständig, aber was sie sagten, war wichtig: »In Ordnung, Großmütter«, sagte ich. »Eure Ermächtigung und eure Botschaft sind getrennte Dinge, richtig?« »**Es gibt ein paar Gemeinsamkeiten**«, sagten sie. »**Du wirst viele Ermächtigungen geben, und diejenigen, die sie empfangen, werden die Botschaft für andere verkörpern. Viele von denen, die sie erhalten, werden es nicht wissen, aber sie sind Anknüpfungspunkte für die Arbeit.**

Liebe Tochter«, sagten sie, »**mache dir keine Sorgen.**« Sie hatten meine gerunzelte Stirn gesehen. »**Du wirst Ermächtigungen geben, und genug werden sie empfangen. Es ist unsere *Botschaft*, die wichtig ist. Es ist unsere *Botschaft*, die wichtig ist.**

Gewisse Menschen werden unsere Botschaft annehmen und große Dinge damit tun; die Ermächtigung hält die Botschaft fest.« Sie schauten mich von oben bis unten an und sagten: »**Weil du die Ermächtigung hast, kannst du über unsere Botschaft sprechen. Bringe sie also dorthin, wo sie**

erwünscht ist, wo sie gut aufgenommen wird. Wir werden dich wissen lassen, wohin du gehen sollst.

Mehr gibt es nicht zu sagen«, sprachen sie. »**Die Ermächtigung kann nicht durch das geschriebene Wort weitergegeben werden, aber unsere Botschaft kann es. Schreibe unsere Botschaft nieder, und wir werden dir helfen.«**

»Es muss nur eine bestimmte Zahl von Menschen die Ermächtigung und den Mantel der Geborgenheit erhalten, um die Arbeit voranzubringen«, sagte ich. »Dies schafft eine Grundlage, damit alle Zugang zur Arbeit bekommen. Dann werden aus eurer Botschaft neue Ideen entstehen, die der Menschheit zugute kommen. Ist es so?« fragte ich. »**Ja!«** Zwölf Köpfe nickten. »Also,« sagte ich, »schafft die Arbeit ein Netzwerk, ein Fundament, auf das man aufbauen kann.«

Wir bildeten einen Kreis und tanzten zusammen einwärts und auswärts. »**Diese Bewegung stärkt das Lichtnetz«**, sagten sie, und ich dachte: »Das ist etwas, was die Kerngruppe tun kann – so können wir tanzen, um das Netz aus Licht zu stärken.«

Als ich mich mit den Großmüttern bewegte, dachte ich über die Kerngruppe nach, die damals ausschließlich aus Frauen bestand: »Wie ähnlich sieht es den Frauen, selbstlos zu geben«, dachte ich, »selbstloses Geben ist eine der schönsten weiblichen Tugenden. Dafür ist die Kerngruppe entstanden: um zu geben.

Das ist es, was jede Person, die die Ermächtigung der Großmutter erhalten hat, tut, ob sie es weiß oder nicht – sie werden zu einem Bindeglied für die Arbeit und Teil von etwas Größerem – zum Wohle aller. Sie schaffen eine Grundlage, die andere nutzen und ergänzen können. Sind das meine Ideen«, fragte ich mich, »oder stammen sie von den Großmüttern?« Diese Gedanken zogen weiter durch meinen Geist, als wir tanzten, hinein und hinaus, hinein und hinaus.

»**Jeder, die unsere Ermächtigung erhalten hat, muss für die Arbeit gedankt werden, die sie leistet«**, sagten die Großmütter, »**auch wenn sie es vielleicht nicht weiß. Sie verankert unsere Lehre.«** Sie wollten, dass ich allen einen Brief von ihnen schreibe und ihnen für die Teilhabe an dieser Arbeit danke.

Während sie sprachen, konnte ich einen Blick auf das Fundament werfen, das durch die Kraft der Großmutter geschaffen wurde. Es sah nicht so aus, wie ich es normalerweise von einem Fundament erwarten würde. Denn es bestand nicht aus Beton, sondern aus Erde, fruchtbarem Boden, aus dem alles Lebendige entspringen konnte. Frauen und Männer, die nun durch das Netz aus Licht miteinander verbunden waren, bauten dieses Fundament. Sie bauten es auf. Als ich auf meine Füße blickte, sah ich es zusammenwachsen und einen reichen Grasteppich bilden.

Als ich dieses Fundament näher betrachtete, erinnerte es mich an den Boden, den ich als Kind gesehen hatte, an den reichen Boden des Mittelwestens. »**Ein solider, fester Ort, aus dem man wachsen kann**«, sagten die Großmütter, »**und er kommt keinen Augenblick zu früh.**« Als ich sie besorgt ansah, sagten sie: »**Es ist alles vollkommen, in der Zeit Gottes.**«

Sie erinnerten mich wieder daran, dass die Veränderung, die sie herbeiführen würden, mühelos vonstatten geht; sie geschieht in dem Moment, wenn eine Frau die Glückshaube oder ein Mann den Mantel der Geborgenheit annimmt und sich öffnet, um vom Göttlichen zu empfangen: »Wie göttlich«, dachte ich, »etwas so Einfaches und Schönes zu denken. Am Ende des Kali Yuga – der Zeit, die in der vedischen Schrift als das Zeitalter der Zerstörung bezeichnet wird – bereiten die Großmütter das Gewebe, aus dem neues Wachstum hervorgeht.«

»**Was für ein Geschenk diese Menschen machen**«, sagten die Großmütter, »**alle von Gott zu unserer Ermächtigung herbeigezogen: wegen ihrer Anlagen, ihres Körpertyps, ihrer Persönlichkeit, ihrer körperlichen Erscheinung, ihrer Fähigkeiten, Gaben und Schwächen. Wegen ihrer jeweiligen Eigenart**«, sagten sie, »**verkörpern sie alle besondere Qualitäten. Sie oder er kann daher der Anknüpfungspunkt für andere sein, die mit denselben in Resonanz sind. So**«, sagten sie, »**haben die verschiedensten Menschen unsere Ermächtigung erhalten oder werden sie noch erhalten.**

Es ist nicht wichtig, dass sie von einer bestimmten Art sind, zum Beispiel spirituell.« Für die erste Zeremonie hatten sie mich angewiesen, spirituelle Menschen auszuwählen, aber danach schienen die Leute einfach zu den Treffen aufzutauchen. Viele, die kamen, waren mir fremd, und ich erkannte bald, dass ich keine Kontrolle darüber hatte, wer kam.

»**Lass das Göttliche entscheiden, wer zu einer Ermächtigung kommt**«, sagten sie. »**Alle sind ein Bindeglied für andere ihrer Art. So werden mehr erreicht.**« Das erklärte mir, warum alle möglichen Frauen und Männer gekommen waren.

»***Ein Mensch mag dir unausstehlich vorkommen, kalt oder rücksichtslos***«, sagten sie. »**Aber jede Art Mensch muss diese Ermächtigung erhalten, damit alle, die auf der gleichen Frequenz schwingen wie sie, die Botschaft durch sie empfangen.**«

Unvermittelt befahlen sie mir: »**Werft das Lichtnetz aus.**« Das Lichtnetz muss allen zur Verfügung stehen. »Oh, ja«, sagte ich, »das werden wir.« Seit die Kerngruppe das Netz aus Licht erhielt, hatten wir es jedes Mal, wenn wir uns getroffen hatten, auf alle ausgedehnt.

»**Du wirst für unsere Lehren noch viele weitere Reisen unternehmen**«, sagten sie, »**um herauszuarbeiten und zu vertiefen, was wir zu sagen haben.**« Als sie innehielten, änderte sich der Trommelschlag. »Großmütter, danke«, sagte ich, so voll Hochachtung, dass ich mich ganz von selbst verbeugte, und sie gaben mir ihren Segen.

Ein paar Tage später bat ich sie, durch mich den Brief zu schreiben – an jene, die ihre Ermächtigung erhalten hatten.

Sie schrieben: »**Jede von euch, die unsere Ermächtigung erhalten hat, ist jetzt Teil einer Bewegung, die begonnen hat, und ganz gleich, was ihr tut, diese Bewegung wird weitergehen. Wenn du dich dazu entschließt, kannst du ein aktiver Teil dieser Arbeit sein. Du kannst die Freude erleben, mit uns unterwegs zu sein, und anderen helfen, diese Freude mit uns zu teilen. Oder du kannst dich entscheiden, nicht daran teilzunehmen. Was auch immer du tust, der Prozess hat begonnen, und er wird weitergehen.**

Es gibt nichts, was jemand ›tun‹ muss, um daran mitzuwirken, die Energie von Yin wieder in die Erde zu bringen. Es geschieht automatisch,

wenn eine Frau die Glückshaube empfängt und ein Mann den Mantel der Geborgenheit. Aber für diejenigen, die sich aktiv beteiligen wollen: *Tut*, was euch gegeben ist. Wenn sich eine Gelegenheit bietet, *nutzt sie.*

Anderen zu helfen oder uns zu helfen, damit wir anderen helfen, wird dir Freude machen. Du sollst jedoch wissen, dass niemandes Schicksal von deinen Handlungen abhängt. Das ist bereits entschieden.«

»Wir werden den aufrichtigen Herzen, jenen, die bereit sind, sie zu empfangen, die Glückshaube, die Umhüllung geben.«

Die Großmütter hatten mir den Unterschied zwischen ihrer Botschaft und ihrer Ermächtigung verständlich gemacht, aber ich fragte mich immer noch, ob es eine Möglichkeit gab, wie die Menschen die Ermächtigung direkt von ihnen erhalten konnten.

In dem Moment, als diese Reise begann, fühlte ich, wie angespannt und nervös ich war, aber ich wusste nicht, warum. Adler schaute mich mit einem wilden und zugleich belustigten Lächeln an, als ich mich ihm näherte, und als ich rief: »Oh, Adler, Adler!« fing er an zu lachen. Meine Nervosität war wohl sehr offensichtlich.

Wir hoben ab, aber wir waren nicht weit gekommen, als ich ihn sagen hörte: »**Lass mich ans Ruder.**« Wie eine kaputte Schallplatte hatte ich gefragt: »Gehen wir jetzt durch die Ebene? Gehen wir jetzt durch die Ebene?« Ich war ein schlechter Beifahrer. Warum so nervös?

Geduldig schauten mich die Großmütter an, als ich sagte: »Großmütter, das ist wirklich wichtig. Was wollt ihr mir über das Geben und Empfangen einer Ermächtigung sagen? Es ist mir nicht möglich, jedem die Ermächtigung zu geben, und ich möchte nicht, dass sich jemand betrogen fühlt.«

Schließlich wurde ich mir ihres Schweigens gewahr und hörte auf zu reden, denn ich erinnerte mich, dass es nicht an mir war zu entscheiden, wer die Ermächtigung erhielt oder wie.

»**Es ist *unsere* Ermächtigung**«, sagten sie. »***Wir* geben sie. Wir ziehen diejenigen an, die sie suchen und dafür bereit sind, und zu denen werden**

wir kommen. Sammelt euch, bittet darum und empfangt. Wir geben aufrichtigen Suchern das, was sie suchen. Wir werden den aufrichtigen Herzen, denen, die bereit sind, sie zu empfangen, die Glückshaube, die Umhüllung geben.«

Ich war so erleichtert. Jeder konnte sie direkt darum bitten. Es war das Gefühl, für die Weitergabe ihrer Ermächtigung verantwortlich zu sein, was mich so nervös gemacht hatte. Eine Last, die eigentlich nie meine war, fiel mir von den Schultern.

»Obgleich eine Zeremonie uns ehrt und die Erfahrung für euch verstärkt, ist sie nicht notwendig, um die Ermächtigung zu empfangen«, sagten sie. **»Es ist das aufrichtige Herz, das der Menschheit dienen möchte, das uns anzieht«,** wiederholten sie, **»es ist das aufrichtige Herz, das uns anzieht.**

Eine Zeremonie hilft euch zu erkennen, was ihr empfangen habt, weil sie das unaufhörliche Geschwätz des Verstandes beendet. Deshalb erlaubt es die feierliche Entgegennahme der Glückshaube und des Mantels der Geborgenheit, dass dieses Geschenk tiefer in die Seele, tiefer in Körper und Geist eindringt. Aber wir sagen es noch einmal: Es ist das aufrichtige Herz, das uns ruft und auf das wir antworten. Diejenigen, die diese Erfahrung gemeinsam machen wollen, können sich eine Zeremonie ausdenken, aber es gibt nicht den einen Weg, dies zu tun. Alle sind willkommen, unser Geschenk anzunehmen – wenn der Wunsch aus ihrem Herzen kommt.

Wir antworten auf die Wünsche aus den Herzen von Männern und Frauen«, sagten sie, **»aber wir geben den Männern nicht dasselbe wie den Frauen. Wir geben den Männern, was *sie* brauchen. Wir geben gerne. Sehr gerne«,** sagten sie, als sie ihre Körper hin und her schwangen und ihre Röcke wie mexikanische Tänzerinnen rascheln ließen.

»Das ist alles, was es über die Ermächtigung zu sagen gibt. Es ist sehr einfach. *Wir* kommen, *wir* stellen die Gruppe zusammen, *wir* wissen, wer bereit ist und wann sie bereit sind.« Mit einem Mal wurden sie verschwommen und undeutlich, und aus der Ferne hörte ich sie sagen: **»Wir segnen dich. Wir segnen euch alle.«**

KAPITEL 14

Die Kraft des zutiefst Weiblichen

»Liebe alles Leben.«

Mitten in der Arbeit mit den Großmüttern mussten mein Mann und ich zwei unserer drei Haustiere einschläfern lassen. Sadie, unser Golden Retriever, war seit vierzehn Jahren bei uns, und Willie, unser orangefarbener Kater, seit drei Jahren. Willie war zu uns gekommen, als er schon alt war, mit Schmerzen in den Hüften und im Rücken, so dass wir von vornherein wussten, dass er nicht lange bleiben würde. Trotzdem war es nicht leicht, die endgültige Entscheidung zu treffen.

Als wir noch überlegten, was mit ihm geschehen sollte, näherte sich Sadie, fast sechzehn, ebenfalls dem Ende ihres Lebens. Ihre Beine konnten sie nicht mehr tragen, und wir mussten sie jedes Mal hochnehmen, wenn sie mal musste. Mit ihrem dicken Fell konnten wir sie einfach nicht sauber halten. Sie war so lange Teil unseres Lebens gewesen, dass es qualvoll war, diese Entscheidung zu treffen. Danach, obwohl wir wussten, dass wir das Richtige getan hatten, trauerten Roger und ich tagelang.

Ich wurde von Bildern von Sadies letzten Minuten verfolgt. Als ich mich an ihr vertrauensvolles Gesicht erinnerte, hatte ich Weh im Herzen und konnte nicht aufhören zu weinen. Ich vermisste sie so sehr, dass ich mich nicht auf die Arbeit mit den Großmüttern konzentrieren konnte, und immer wieder fragte ich mich, ob ich die richtige Entscheidung getroffen hatte. Ich hatte gerade meinen liebsten Freund verloren und sehnte mich danach, bei den Tiergeistern zu sein. Schließlich entschied ich mich, in die untere Welt zu reisen, um bei Bär zu sein. Vielleicht konnte meine Trauer in etwas Gutes verwandelt werden.

Als ich mich meiner Öffnung in der Erde näherte, liefen Tränen über mein Gesicht und Hitzewellen wogten in meiner Brust. Mein Herz stand in Flammen. »Hilf mir!« Ich weinte, als ich nach unten stürzte.

Als ich aufblickte, stand Bär vor mir und sah mich erwartungsvoll an: »Was ist die wichtigste Lektion, die ich aus Sadies und Willies Tod lernen kann?« fragte ich.

Er drehte sich um und winkte mir, ihm zu folgen, aber als ich hinter ihm herging, dachte ich: »Mein Rücken hat in letzter Zeit so wehgetan, dass ich nicht weiß, ob ich gehen kann, ohne zu humpeln.« Es war seltsam, in der nicht-alltäglichen Wirklichkeit so zu denken. Aber Bär, alles wahrnehmend, hob mich auf, und dankbar schlang ich meine Arme und Beine um ihn und schmiegte mich an seinen Rücken: »Es fühlt sich so gut an mit meinen Händen in deinem Fell«, flüsterte ich und merkte, dass ich seinetwegen jetzt eine starke Zuneigung zu Bären hatte. Ich konnte es im Zoo nicht mehr mit ansehen, wie sie eingesperrt waren. Alles seinetwegen.

Als ich auf seinem warmen Fell lag, spürte ich, wie meine Liebe zu ihm stärker wurde, bis ich sie kaum noch ertragen konnte. Kurz blickte er mir über die Schulter und sagte: »**Liebe alles Leben.**« Er ermahnte mich, nicht *ihn* zu etwas Besonderem zu machen, sondern alles Leben zu lieben. Und ich erkannte, dass seine Ermahnung sich auf meine Bindung an Sadie und Willie bezog.

Bär watete durch einen Fluss zu einem Rat von Tieren. Am Ufer standen ein Elch mit seinem Geweih, ein Zebra, eine Giraffe, ein Krokodil, unterschiedliche Affen und viele andere. Ich fragte die Tiere, was im Augenblick für mich am wichtigsten war zu lernen, und dann sahen wir uns lange eingehend an.

Ich blickte in ihre klugen Augen und hatte Sorge, dass sie mich vielleicht dafür verurteilten, dass ich Sadie und Willie eingeschläfert hatte, aber gerade als mir der Gedanke kam, zogen sie mich in ihre Mitte. Irgendwie konnte ich diese Szene von außen beobachten und gleichzeitig dabei sein. Ich sah und fühlte die Affen, als sie mir die Hände auf die Schultern legten, während das Krokodil, den Kopf auf meinen Füßen, einschlief.

Die Tiere drückten sich an mich und erklärten sich einverstanden mit mir. Ich verstand nicht alles, was geschah, aber es fühlte sich so wunderbar an, mit ihnen zusammen zu sein – sie waren meine Freunde, und ich war ihre Freundin. Unsere Verbindung berührte mich, aber ich war immer noch besorgt. »Was ist mit den Fischen?« dachte ich, weil ich noch Fisch aß. Aber kaum war mir dieser Gedanke gekommen, da kamen die Fische zum Ufer geschwommen und sammelten sich nahe bei uns. Die Tiere und ich saßen am Ufer des Flusses und beobachteten, wie sie vor uns hin und her schwammen. Wir waren wirklich eine Familie, wie wir da zusammenkamen.

Als Bär und ich den Fluss durchquerten, hatte ich Angst gehabt, dass die Tiere mich verurteilen würden, aber jetzt wusste ich, dass sie verstanden; sie waren einverstanden und eins mit mir. Dankbar für ihr Mitgefühl fragte ich sie: »Was ist die wichtigste Lektion, die ich aus dem Tod von Sadie und Willie lernen kann?«

Die Menschenaffen hielten meine Hände, während die anderen näher kamen. Ich spürte die Wärme ihrer Körper und atmete ihren wunderbaren Duft ein, und als ich aufblickte, sah ich Adler, Falken, Reiher und Störche in den Bäumen um uns herum sitzen.

Das Gefühl, eins mit ihnen zu sein, verstärkte sich noch, als sie sagten: **»Sieh das Trennende nicht. Sieh das Eins-Sein.«** Ich hörte es, und mir wurde klar, dass ich mit Sadie eins *war* bei der Entscheidung, sie einzuschläfern; es war *sie* mit ihrer Liebe, die mich dazu gebracht hatte, zu tun, was getan werden musste. Tränen strömten über mein Gesicht, als ich mich an die Tage vor ihrem Tod erinnerte. Ich hatte im Gebet ständig gefragt, ob ich sie zum Tierarzt bringen sollte, und versucht, auf mein Herz zu hören, bis ich schließlich den Mut fand, zu tun, was es mir befahl. Wir trafen diese Entscheidung gemeinsam.

Aus dem Augenwinkel sah ich Willie – sein dickes orangefarbenes Fell und seinen runden Kopf. Zu Hause bei den wilden Kreaturen, rieb er sich jetzt an mir und ließ mich wissen, dass er glücklich war, dankbar, dass ich sein Leiden beendet hatte. Ich war eins mit Sadie, eins mit Willie, mit ihnen allen. Es sprengte fast meine Brust, als ich aus meinem Inneren hörte: »**Die Tiere sind bei mir und ich bin bei ihnen.**«

»**In unserer Liebe bringen wir uns einander dar**«, sagten sie und erinnerten mich noch einmal an das, was die Indianer »Darbringen« nennen, an die freigiebige Natur des Tierreichs. Ich sog ihre Nähe förmlich ein, und als ich fühlte, wie sie mich segneten, begannen mein Körper und Geist mit der Trommel zu schwingen. Kraftvoll schlug ihr Rhythmus jedes verbleibende Gefühl der Trennung zwischen uns fort, und als er endlich ruhiger wurde und sich das Tempo änderte, stieg ich den Tunnel hinauf in die Alltagswirklichkeit und war mehr im Frieden.

»Trauer ist gut, sie macht dich tiefer und eins mit der Erde.«

Zwei Tage später kehrte ich zurück, immer noch traurig und erschöpft. Vielleicht lag es daran, dass ich so müde war, aber auf meinem Abstieg durch den Tunnel nahm ich mir mehr Zeit und schaute ihn mir genauer an. Ich bemerkte, dass seine Wände zerklüftet waren, eine Vaginalröhre, die die Weiblichkeit von Mutter Erde unterstrich.

Auf dem Weg nach unten rief ich: »Bär, lehre mich, was ich am dringendsten wissen muss. Ich bin körperlich und emotional völlig ausgelaugt.«

Hoch aufgerichtet auf zwei Beinen, griff Bär nach unten, hob mich auf seine Schultern und trug mich. Er streichelte mich beim Gehen sanft wie ein kleines Kind. Glücklich auf seinem Rücken liegend wie das Baby, das ich war, seufzte ich tief. »**Du bist müde**«, sagte er, »**ruh dich aus.**« Und ich schlief auf seiner Schulter ein.

Er legte mich neben einen Bach auf das Gras und bedeckte mich mit Blättern; meine Arme waren blattgefiederte Flügel. Er legte mehr Blätter auf meinen Körper, besonders sorgsam um mein Gesicht und meinen Kopf, wo Kopfschmerzen wüteten. Als er mich ganz bedeckt hatte, hob er meinen Rücken ein wenig an und schaufelte eine Lage Erde und Blätter unter mich. Er wollte, dass ich eingewickelt war, umhüllt von den Elementen der Erde.

»**Der Tod von Sadie ist eine Zeit der Umwandlung und Verwandlung**«, sagte er, »**eine ganz besondere Zeit.**« Wegen unserer langen Beziehung zu ihr, war meine Trauer um Sadie größer als die um Willie, also sprach er besonders von ihr: »**Das bringt eine heilige Veränderung**«, sagte er, »**ein Einsinken in die Erde. Die Anziehungskraft der Erde ist richtig**«, sagte er, und ich spürte, wie sie zog; die Erde rief mich und zog mich zu sich. »**Gib ihr nach**«, sagte er. »**Geh nicht in den Verstand. L-a-n-g-s-a-m**«, unterstrich er mit Gebärden. »**Sinke ein und empfange.**

Trauer ist gut«, sagte er, »**sie macht dich tiefer und eins mit der Erde.**« Ich folgte seiner Anweisung, ruhte in und auf der Erde, und als ich endlich meine Augen öffnete, hatten die Tiere einen Kreis um uns gebildet. In dieser Versammlung herrschte Ehrerbietung, ein Gefühl tiefer Verbundenheit: »**Kein Tier wird dir wehtun**«, sagten sie, und ich wusste, dass es stimmte.

Ich wollte mich vor ihrer Liebe niederwerfen, vor dieser Bruder- und Schwesternschaft niederknien, und bevor ich wusste, woher dieser Gedanke gekommen war, lag ich mit dem Gesicht auf der Erde. Als die Tiere mich aufhoben, wusste ich, dass wir eine Familie im besten Sinne des Wortes *waren.* Es gibt einen Namen für diese Beziehung; sie flüsterten ihn mir ins Ohr – ein uralter Name – aber ich konnte ihn nicht behalten. Nun gut. Wir waren eins, insgeheim eins, das war es, was er bedeutete.

In meinem Blut fand eine Heilung statt, die mich ruhiger machte und erdete. Ich würde die Kraft meiner elementaren Natur brauchen, um die Arbeit der Großmütter zu tun; mich zu erden und ruhiger zu werden, fühlte sich richtig an.

»**Du musst deinen Platz auf der Erde einnehmen**«, sagten die Tiere. »**Auch jetzt, selbst in dieser unheilvollen Zeit, musst du deinen Platz einnehmen. Beanspruche die Erde. Rufe sie, rufe die Erde an.**«

Ich tat wie geheißen, während sie mit unendlicher Geduld bei mir saßen: mit ihrer liebevollen Fürsorge und der Kraft der Erde, die in mich eindrang und mich durchfloss. Alles verschob sich und richtete sich in mir neu aus, bis ich erkannte, dass ich die Erde *war*, ich *war* dieser rote Fels und der Erdboden. Ich wusste, dass es stimmte, aber die Vorstellung war noch so neu für mich, dass ich überwältigt entschlummerte, bis sich etwas bewegte und mich wachrüttelte. Bär sagte: »**Es ist in Ordnung. Was du erlebst, ist eine Auflösung, eine Zerstückelung.**« Meine Moleküle wurden zu Erde, zu dem Boden, auf dem ich lag.

Von irgendwo über dem Erdboden blickte ich auf mich hinab, aber seltsamerweise hatte ich jetzt schwarze Haare, ich war jung, mein Körper von tiefbrauner Farbe. Es war seltsam, weil ich mir bewusst war, dass ich mich in zwei Gestalten gleichzeitig befand: noch in meiner gewöhnlichen Form und zugleich in der dunklen jungen Frau. Dieses geschmeidige und jüngere Ich saß im Schneidersitz in der Mitte der Tiere, nackt bis auf einen Rock. Meine Arme begannen, tanzende Bewegungen zur Trommel zu machen, und dann vollführten sie Kreise, sie drehten sich wie die von Shiva. Ich war Nataraja, der König des Tanzes.

Dann stand ich auf und hob zuerst das eine Bein und dann das andere, fühlte die Erde, fest und tragend unter meinen Fußsohlen. Als ich meinen rechten Arm emporschwang, war sein Schwung ein Zeichen der Einheit mit den Tieren. Dieser Arm schwang dann in die andere Richtung im Kreis. Der linke Arm wiederholte diese Bewegungen, und dann setzte ich mich mit offenen Handflächen aufrecht hin.

»**Mutter Erde will ihr Eigenes zurück**«, sagte eine Stimme, und ich antwortete: »Ich bin ihr eigen. Wir sind alle ihr eigen.« Als ich aufblickte, sah ich Bär um mich herumtanzen, und bei ihm war ein Wolf, der näherkam, schnüffelte und mir dann in die Augen sah. Eine Stimme sagte: »**Heiliger Hund**«, sein Blick wurde tiefer, und dann kam er näher und ließ sich von mir berühren. Ich schlang meine Arme um seinen Hals, und als ich ihm in die Augen blickte, sah ich, dass ich nichts zu befürchten hatte. Er war ein Geschenk; mir war dieser Wolf geschenkt worden. In schweigendem Einverständnis saßen wir zusammen, Wolf zu meiner Linken und Bär zu meiner Rechten. Seite an Seite.

»Ich brauche diese wilde Welt«, sagte ich, und ein triumphierendes: »Ja!«, entfuhr mir. »Wie sehr ich mich danach gesehnt habe«, seufzte ich, und mein Herz tat weh. »**Sie ist da!**« riefen die Tiere, und als ich zu ihnen hinübersah, sagte ich: »Ja, das ist die Welt, nach der ich mich gesehnt habe.«

»Einander zu lieben, wie Jesus gesagt hat, ist die einzige Tat, das einzige, was zählt.«

Am nächsten Tag beschloss ich, zu den Großmüttern zu reisen und folgte Adler den ganzen Weg; meine Flügel schlugen in seinem Takt. Als wir uns in das Tal fallen ließen, in dem sie standen, breiteten sie zur Begrüßung ihre Flügel aus. »Was möchtet ihr, dass ich tue, Großmütter?« fragte ich, als ich auf sie zuging.

Sie blickten auf, als wollten sie sagen: »Und was möchtest du?« und riefen mir damit ins Gedächtnis, dass ich konkrete Fragen stellen sollte. »Ich brauche mehr Anleitung zu euren Lehren«, sagte ich. »Ich bin mit diesen Todesfällen aus der Bahn geworfen worden, und wenn ich noch nicht wieder auf dem richtigen Weg bin, will ich wieder auf den richtigen Weg gebracht werden.«

Sie nickten: »**Ja**«, zogen mich hoch und verbanden sich mit mir. »**Der Tod von Sadie und Willie hat dich in eine starke Übereinstimmung mit den Tiergeistern gebracht**«, sagten sie. »**Die Tiere sind dir jetzt näher und können dich jetzt besser unterstützen als vorher. Das war gut – das alles war gut.**« Also war ich trotz meiner Bedenken auf dem richtigen Weg.

Als ich zur Seite blickte, sah ich mehrere Golden Retriever laufen. Da war Sadie! Andere Hunde und Katzen waren auch da, und da war Willie! Ich war so schockiert über ihr plötzliches Erscheinen, dass mir die Tränen kamen.

»**Wie wichtig Haustiere sind**«, sagten die Großmütter. »**Sie verbinden uns mit der Erde, nähren unser Herz und geben ihm Frieden. Die Liebe und Fürsorge, die wir einem Lebewesen angedeihen lassen, ist Gottesdienst. Solche Taten stellen die Heiligkeit der Erde wieder her.**

Die Fürsorge für Pflanzen und Haustiere ist eine einfache Möglichkeit, sich mit der Heiligkeit der Erde zu verbinden. Diese Dinge können jeden Tag getan werden, ganz gleich, wo du bist.« Sie hielten inne, damit ich das, was sie gesagt hatten, sacken lassen konnte, dann riefen sie: »Erwecke die heilige Verbindung!

Wo immer es Fürsorge für eines der Königreiche des Lebens gibt, ist ein heiliger Ort. Viel Gutes kommt von diesen heiligen Orten, und seien es nur Goldfischgläser, Balkonblumen oder Topfpflanzen. Sie alle nähren die Heiligkeit der Erde, die so lange unterdrückt wurde. Tue dies«, sagten sie, »mit Ehrerbietung; es ist etwas von der Quelle des Lebens, das du in deinen Händen hältst. Mit diesem Gedanken im Hinterkopf wirst du viel Gutes tun. Das«, sagten sie, »ist es, was die Welt zusammenhält, was den Weg zur Liebe und zum Licht weist. Sag das«, sagten sie.

»Sieh das Leben, wie es *ist*«, sagten sie. »Sieh jeden Baum an, wie er *wirklich* ist, und danke ihm und sende ihm gute Gedanken.« Sie zeigten auf mich und sagten: »Du hast dich so sehr über das Sterben der Bäume beklagt, über das Leiden des Landes und der Tiere. *Jetzt* richte dein Augenmerk auf die heilige Gegenwart dessen, was übrig ist. Jede noch so kleine Pflanze ist heilig. Jedes Veilchen ist heilig.

Erkenne die Gegenwart göttlichen Lebens *in allem*. Es *ist* gegenwärtig.« Mit traurigem Gesicht schüttelten sie den Kopf. »Es ist viel Schlimmes angerichtet worden, ja, aber das göttliche Leben ist immer noch gegenwärtig. Liebe es, und die Liebe wird das Gute vervielfältigen.

Kein Akt der Liebe ist klein. Ein Lächeln für ein Kind, ein Lächeln für einen Fremden – das sind große Taten. Einen anderen mit Mitgefühl zu berühren, ist eine große Tat. Es gibt keine Rangfolge bei Wundern«, zitierten sie aus *Ein Kurs in Wundern*. Kein Akt der Güte ist größer oder kleiner als irgendein anderer. »Die große Tat ist das liebevolle Herz in Aktion. Erkenne das. Es geschieht überall um dich herum.

Begrüße die Liebe in jedem Herzen«, sagten sie, »und lasse dich nicht von Hetze, Sorgen oder Wut entmutigen, die du vielleicht im anderen siehst. Das sind nur äußere Manifestationen eines vorübergehenden Ungleichgewichts.« Beschwichtigend sagten sie: »In allem ist Liebe. Begrüße sie.

Solche Taten weben das Netz aus Licht und Liebe dichter – auf der ganzen Erde, im ganzen Universum.« Sie hielten inne, »Es gibt keine

großen Taten. Wir meinen, es gibt keine größeren Taten als diese. Das liebevolle Herz zum Ausdruck zu bringen, ist *die große Tat.* Nähre diese Größe in dir in jedem Augenblick und drücke diese Liebe auch dir selbst gegenüber aus.

Einander zu lieben, wie Jesus gesagt hat, ist der einzige Akt, das einzige, was zählt. Alles andere ist Reaktion. *Das ist die Aktion*«, wiederholten sie, **»*einander zu lieben!* Liebe jede Pflanze, liebe den Windhauch, liebe das Lächeln auf dem Gesicht eines anderen, liebe die Fürsorge, die andere dir angedeihen lassen. Liebevoll, liebevoll«,** sinnierten sie, **»das ist die große Annahme, die große Umarmung der Mutter. Liebevoll im Leben, liebevoll in der Geburt, liebevoll im Tod. Liebe annehmen und Liebe geben«,** sagten sie. **»Das große Verstehen ergibt sich daraus, aber zuerst musst du dich für die Liebe entschieden haben, ganz gleich, was passiert.«**

Als es Zeit war, sie zu verlassen, fiel es mir noch schwerer als sonst, mich loszureißen. Als sie mein Zögern bemerkten, drückten sie segnend meine Hände, und ich wusste ganz ohne Zweifel, dass sie bei mir sein würden. Sie hatten von der Heiligkeit des Lebens gesprochen, von der Liebe zu dem, was *ist,* nicht von der Trauer über das, was nicht ist. Das war es, was ich wollte.

KAPITEL 15

Die Rolle der Männer

»Frauen hatten nie etwas Eigenes. Dies ist euer eigen.«

Seit mehreren Monate fragten mich die Frauen: »Und was ist mit den Männern? Welche Rolle werden sie bei dieser Arbeit spielen?« Aber als ich diese Frage schließlich den Großmüttern vortrug, sagten sie nichts, sondern brachen stattdessen in herzliches Gelächter aus.

Mir fiel auf, dass sie in unterschiedlich pinkfarbenen Seidenkleidern steckten, und manche saßen, andere hatten sich auf Liegesofas gebettet. So waren sie mir noch nie erschienen. Sie sahen aus wie Filmstars oder Gesellschaftsdamen der 1930er Jahre! Die Szene erinnerte mich an ein altes Cover der *Vogue* – die Großmütter, die Weiblichkeit und Raffinesse in Person. Als ich endlich meine Augen von ihnen lösen konnte, sah ich an mir selbst herunter. Auch ich trug ein Kleid, altrosa war es.

Die Großmütter kicherten wie junge Frauen und brachen gelegentlich in Gelächter aus. Eine von ihnen mit dunklen Locken war besonders lebhaft – sie erinnerte mich an meine Mutter in ihrer Jugend. Ich war entschlossen, bei meiner Frage zu bleiben und mich nicht von ihrem Aussehen ablenken zu lassen, also fragte ich erneut nach der Rolle der Männer bei dieser Arbeit. Und kaum waren die Worte heraus, bemerkte ich, dass an der Seite der Großmütter eine Gestalt stand, gerader und steifer als sie. Ganz und gar nicht entspannt oder fließend, war diese Form rechteckig – einer gedrungenen Säule ähnlich. Ich wartete und schaute, dann sagten die Großmütter: »**Nur wenige Männer werden bei dieser Arbeit eine Rolle spielen.**

Viele Männer werden mit unserer Arbeit sympathisieren und sie verstehen«, sagten sie. »**Manche werden sie ablehnen, aber es wird auch Frauen geben, die sie ablehnen.**« Ihr Gesichtsausdruck schien zu sagen: »Nun, was erwartest du?« »**Einige wenige Männer werden bei der Arbeit mit der Yin-Energie eine Rolle spielen**«, sagten sie, »**und manche tun es bereits. Diesen Männern geben wir gerne den Mantel der Geborgenheit.**«

»Großmütter, sollen die Ermächtigungen Männern überhaupt gegeben werden?« fragte ich. »Manche Frauen fürchten, dass die Männer außen vor bleiben; sie wollen nicht sexistisch sein.« Da ich nicht wusste, was ich noch sagen sollte, hörte ich auf zu reden, und als ich ihnen wieder meinen Blick zuwandte, sah ich zu meiner Überraschung einen großen Baum. Ich sah, wie sich seine Wurzeln und Äste weit in alle Richtungen erstreckten und fragte mich, warum die Großmütter ihn mir zeigten.

Als ich erkannte, dass sie mir davon erzählen würden, wenn sie soweit waren, kam ich auf meine Frage zurück: »Gibt es etwas, das ihr mir über die Rolle der Männer bei eurer Arbeit sagen wollt?« »**Bei dieser Arbeit geht es um das Empfangen, es geht darum, empfänglich zu sein**«, sagten sie. »**Alle müssen empfänglich sein, Männer und Frauen, Pflanzen und Tiere. Indianische Lehrer wissen das, Männer, die Buddhismus, östliches Denken und Meditation lehren, wissen das, und diese Männer werden anderen helfen.**

Die Männer brauchen unsere Ermächtigung nicht«, sagten sie, »**sie brauchen den Mantel der Geborgenheit. Männliche Macht ist von anderer Art. Die männliche Macht ist gleichermaßen wertvoll, sie ist sehr gut, aber sie ist anders geartet. Es sind die Frauen, die Macht nicht kennen. Unsere Ermächtigung würde den Männern nichts nützen.**«

Als sie nicht weitersprachen, dachte ich an meinen Sohn, und dann sah ich ihn auf einer Lichtung in einem Wald stehen. Wie ein starker Wind war die Macht der Großmütter, er bog Bäume, als er durch den Wald brauste, aber als er zur Lichtung kam, umging er meinen Sohn. Ich sah ihn von seinem Körper abprallen und weiterziehen.

»Warum ist diese Macht an ihm vorbeigezogen«, fragte ich mich. »**Die Macht der männlichen Energie unterscheidet sich von dem, was wir bieten**«, sagten sie. »**Wir trösten und bestärken Männer, aber es geht bei dieser Arbeit nicht um männliche Macht. Es gibt andere Arbeit für die Männer, wichtige Arbeit, aber nicht diese.**

Die Unterschiede zwischen den Energien des Männlichen und des Weiblichen müssen respektiert werden. Sie sind einfach verschieden. So muss es sein. Wir sind *nicht* alle gleich und sollen es auch nicht sein«, sagten sie. »**Diese Arbeit ist spezifisch. Obwohl es in erster Linie die Arbeit der Frauen ist, *werden alle von ihr profitieren.***

Viele haben den Wunsch, dass alle auf Augenhöhe und gleichberechtigt sind. *Darum* geht es bei dieser Arbeit nicht. Die Energie von Yin geht tief; sie ist für Frauen und ruht tief in ihnen. Bei dieser Arbeit geht es nicht darum, eine falschverstandene demokratische Gleichheit zu schaffen, sondern um die Verkörperung von Yin – *ganz tief.*«

»Gibt es sonst noch etwas, was ich den anderen weitergeben soll?« fragte ich und sah ihnen ins Gesicht. »**Unsere Ermächtigung macht eine Frau tiefer, wahrhaft weiblicher**«, sagten sie, »**und für Männer wäre das nichts.**« Bei diesem Gedanken brachen sie in Gelächter aus, und ich stimmte mit ein.

»**Deiner Frage liegt ein falsches Verständnis von Macht zugrunde**«, sagten sie. »**Es ist das Yang-Konzept von ›Macht über‹ und ›Macht um‹, das hinter deiner Frage steht. Yin ist nicht so. Yin ist die Kraft des zutiefst Weiblichen. Es ist weich und hart zugleich. Es ist schwer zu beschreiben.**«

Ich schaute sie an, wie sie vor mir saßen, so anmutig und reizend, und sagte: »Deshalb seid so angezogen heute – schön, weiblich und fließend?« Sie nickten: »**Ja.**« »Und deshalb habt ihr mir diese Form gezeigt, die wie eine kantige Säule aussah. Das war männliche Energie, nicht wahr? Deshalb sah es so anders aus als ihr.«

Lächelnd fingen sie an, sich an mir zu schaffen zu machen, sie glätteten mein Kleid und meine Haare. Sie waren elegante Glucken, so stolz auf ihr Küken. Dann standen sie von ihren Sitzen auf und begannen zu tanzen, zuerst miteinander und dann mit dieser aufrechten, kantigen Form von Yang.

Ihre Energie war biegsam und flüssig; wie fließendes Wasser rollte sie über die Energie von Yang und um sie herum. Fallend und kreisend, schien sie sie einzuwickeln, als sie sich über die steife Form von Yang ergoss. In ständiger Bewegung tanzten die Großmütter hin und her und schufen verschiedene Muster und Rhythmen. »Großmütter«, sagte ich, »jetzt sehe ich, wie falsch es wäre, diese Yin-Kraft den Männern zu geben.«

Die männliche Energie ist eher fest als flüssig. Ich schaute zu, wie Yang sich bewegte und sah, dass es statischer in seinen Bewegungen war, konzentrierter. Es hatte eine kraftvolle Qualität; Yang war dicker und kompakter. Es bewegte sich weniger als Yin, aber wenn es das tat, bewegte es sich schnell und dynamisch. Yin schwoll an und floss in alle Richtungen zugleich, aber Yang war immer nur in eine Richtung unterwegs, schob sich hinauf oder hinab und vor oder zurück, immer nur in eine Richtung.

Die Bewegung von Yang war eckig; die Energie floss entlang einer geraden Linie. Die Großmütter zeigten mir ein aufrecht stehendes Rechteck, und ich beobachtete, wie die Energie von Yang über den Boden wanderte. Am Ende des Rechtecks bewegte sich die Energie daran hinauf.

»Welch ein enormer Unterschied zwischen Yin und Yang«, sagte ich, »es wäre unangemessen, den Männern die Kraft von Yin zu geben. Sie wären desorientiert und wüssten nicht mehr, wer oder was sie sind.« Mich anlächelnd sagten die Großmütter: »**Yin ist das zutiefst Weibliche.**«

Die Frauen fragten mich nach den Männern und ihrer Ermächtigung, weil sie den Unterschied zwischen diesen Energien nicht begreifen. »Großmütter«, sagte ich, »helft mir, das zu verstehen, damit ich auch anderen dabei helfen kann.« »**Frauen hatten nie etwas Eigenes**«, antworteten sie, »**aber dies ist euer eigen. Es kann nicht anders sein.**«

Und lachend sagten sie: »**Mach dir jetzt keine Sorgen um die Männer. Nimm erst das Yin an und meistere es, lebe mit ihm und lerne seine Weisen kennen.**« Sie lächelten und sagten: »**Und dann schau dir an, welche Wirkung diese Energie auf Männer hat, sieh, wie sie ihnen hilft. Sobald du diese Macht besitzt und verankert hast**«, sagten sie, »**werden *alle* durch deine bloße Anwesenheit Geborgenheit erfahren.**«

Als wir uns an den Händen hielten, war ich wieder einmal erstaunt, wie schön wir waren: »Gibt es noch mehr, was ich verstehen sollte, um es weiterzugeben?« fragte ich. »**Wir denken, du verstehst es ziemlich gut**«, sagten sie, als sich der Trommelschlag änderte.

Als ich meinen Abstieg aus der oberen Welt begann, dachte ich: »Die Ermächtigung ist nicht für die Männer. Sie vertieft das Weibliche, und es kommt den Männern nicht zu, zutiefst weiblich zu sein. Sie müssen zutiefst männlich sein. Aber diese Arbeit vermittelt ihnen eine Wertschätzung des Weiblichen.« Doch wollte ich noch mehr darüber wissen.

Nach dieser Reise sah ich meinen Mann und meinen Sohn mit neuen Augen. Ich war neugierig. Ich wollte die Yang-Energie verstehen, und dafür musste ich meine Stereotypen vom »männlichen Verhalten« hinter mir lassen. Was die Großmütter gesagt hatten, schien besonders auf meinen Ehemann zuzutreffen. In den meisten Situationen bewegte er sich *tatsächlich* in eine Richtung, und zwar mit großer Kraft. Ich hatte diese Eigenschaft bei ihm nie verstanden, hatte sie manchmal als »kontrollierend« empfunden. Nun sah ich sie als nichts anderes an, als die Natur von Yang, die sich behauptet.

»Das ist männliche Energie: hart und scharf,
so wie der Intellekt scharf ist oder eine Waffe scharf ist.«

Als ich das nächste Mal wieder zu den Großmüttern kam, standen sie als Weißkopfseeadler da, ihre schwarzen und weißen Federn in starkem Kontrast. Ich begrüßte sie und bat um weitere Erläuterungen zum Unterschied zwischen Yin und Yang. Als sie sich nicht bewegten oder sprachen, sondern mich mit ihren wilden Adlergesichtern anstarrten, wurde ich mir der Ernsthaftigkeit meiner Frage gewahr. Die stark kontrastierenden Federn sagten mir auch, dass sie sie erwartet hatten. »**Ja**«, sagten sie, »**Schwarz und Weiß. Yin und Yang werden so dargestellt.**«

Eine von ihnen zeigte mit ihrem Flügel gestikulierend in die Ferne, und da sah ich stachelige Objekte aus dem Boden ragen. Sie sahen aus wie Cartoon-Berge – zu eng gezeichnet, um real zu sein. »**Das ist männliche Energie**«, sagten die Großmütter, »**hart und scharf, wie der Intellekt scharf ist oder eine Waffe scharf ist. Sie ist kraftvoll, stoßend... aggressiv. Das**«, sagten sie, »**ist die Macht, die für den Aufbau, für Veränderung und für Kampf und Krieg benötigt wird.**«

Die Großmütter zeigten mir eine offene Ebene. Ich beobachtete, wie sich Männer dort versammelten, und sah, wie sie herumtollten, scherzten und sich zum Spaß prügelten. Einige liefen ziellos umher, während andere schwere Gegenstände hochstemmten, ihre Kräfte maßen oder auf unterschiedlichste Art und Weise in Wettbewerb miteinander traten. Einige von ihnen standen ruhig da.

Ich sah Krieger und Eroberer; einige von ihnen trugen Anzüge und andere trugen Rüstungen. Die Männer erwarben Dinge oder Geld; einige bauten Dinge, während manche auch Tiere oder Menschen angriffen. Und so seltsam es klingen mag, all diese Aktivitäten, selbst die feindseligen, wurden auf eine sachliche, fast spielerische Weise durchgeführt. Yang-Energie hatte eine burschenhafte, jugendliche Qualität, und als ich zusah, hörte ich mich sagen: »Das ist die Energie, die unsere Welt regiert.«

Kaum hatte ich das gesagt, änderte sich die Szene, und vor mir stand ein Wald. Zedern- und Kiefernstämme überzogen Hügel und Täler bis zu den Bergen in der Ferne. »Oh«, rief ich aus, als die Großmütter mir zeigten, wie die Energie von Yang diese Wälder abholzen wollte, und schon sah ich, wie die Bäume fielen.

»**Yang will bauen, graben, forschen und an sich reißen; das ist seine Natur. Es schätzt die Bäume nicht um ihrer selbst willen, sondern betrachtet sie als Ressourcen, die verwendet werden sollen. Yang stellt immer die Frage: ›Wofür kann man es gebrauchen?‹**« Wälder bedeuten Bauholz für künftige Gebäude und Wohlstand.

»**Yin ist anders**«, sagten die Großmütter. »**Yin ist der Erdboden im Wald und unter ihm; es ist die Fülle, aus dem der Wald entspringt. Yin baut keine Dinge, es lässt sie wachsen. Es ist der fruchtbare Ort, an dem alles wächst. Bei Yin geht es nicht um das *Tun,* denn es ist nicht seine Art, etwas zu tun.**

Das Wiedererstarken von Yin auf dem Planeten muss bei den Frauen beginnen«, sagten sie. »**Schließlich sind es Frauen, die ein Kind in ihrem Körper tragen und es wachsen lassen. Das ist geduldige Arbeit, das ist Yin. Bei der Energie von Yin ist kein Tun nötig, denn das meiste wächst ohne Zutun.**« Sobald der Samen gesät ist, geschieht das Wachstum von selbst.

»**Yang ist gut für Veränderungen; es ist notwendig, um Veränderungen *herbeizuführen.* Es bewirkt die Veränderung und bewegt die Kraft in eine neue Richtung.**« So erklärten sich die stacheligen »Berge«, die mir die Großmütter zu Beginn dieser Reise gezeigt hatten. Die waren nicht natürlich gewachsen, sondern Yang hatte die Energie in eine andere und für mein Auge seltsame Richtung bewegt: »**Es gibt Erregung und nervöse Energie in Yang – eine hohe Energie**«, sagten die Großmütter.

»**Yin ist entspannter, Yin ist im Sein**«, sagten sie, und ich fühlte diese Eigenschaft von »Sein«, als sich mein Körper ausdehnte, sich tief und weit ausbreitete – allumfassend. Was auch immer »Ich« in diesem Moment war, es war gewaltig und tief in der Erde verwurzelt. »**Yin ist bewahrend und fruchtbar**«, sagten die Großmütter. »**Yin geht immer weiter und weiter.**« Ein Gefühl von Leichtigkeit und Verbundenheit erfüllte mich, ein Frieden, der nie enden würde.

»**Yang hat die Tendenz, plötzlich aufzutauchen und aufzubrausen**«, sagten sie, »**seine Energie ist aktiv**«, und in mir hörte und fühlte ich ein Brummen, Blitzen und Reißen. Was für ein Schock, nach dem steten Zufluss von Yin. Diese beiden hätten sich nicht unterschiedlicher anfühlen können.

Als die schneidende Energie von Yang sich in mir aufbaute, sagte ich mir: »So muss es sein: Wir brauchen beide Energien für eine reichhaltige Welt.« Aber als Yang anschwoll, war mir nicht mehr so philosophisch zumute. Die Großmütter gaben mir einen Eindruck von Yang, wie es heute ist – wild und außer Kontrolle. »Es kocht über«, hörte ich mich weinen, »es drängt so schnell heran.« Mein Körper zitterte und bebte krampfartig; ich wollte nur weg. Ich konnte die Spannung in mir kaum aushalten. Entsetzt schrie ich: »Es hört nicht auf! Hilfe, Großmütter!«

Erneut stieg der Frieden von Yin herab, und als mein Körper aufhörte zu zittern, schluchzte ich erleichtert auf. »**Yang braucht Yin, um Frieden zu finden**«, sagten sie. »**Es braucht einen Ort zum Ausruhen. Und Yin braucht Yang, wenn es Veränderung will.**«

Yang hatte sich nicht mehr in der Gewalt. Es war so hilflos wie ich eben. Ohne das Eingreifen von Yin hätte ich nie wieder ins Gleichgewicht kommen können. Ich blickte auf und sah die Großmütter lächeln, glücklich, dass ich verstanden hatte. »**Die Welt ist so lange Yang gewesen, dass sie eine Weile Yin sein muss**«, sagten sie. »**Alles ist müde und braucht die Ruhe im Yin.**«

»Diejenigen, die in den Verwicklungen von Yang gefangen sind, wie ich es gerade war, wissen nicht, wie erschöpft sie sind«, sagte ich, »sie leben in einem Rausch von Aktivität, es geht Schlag auf Schlag – von Mann zu Frau, von Projekt zu Projekt. Keine Ruhe, kein Frieden.«

Die Großmütter betrachteten mich geduldig, und obwohl mir klar war, dass sie es wussten, muss es die restliche Yang-Energie gewesen sein, die mich weiterreden ließ. »Es gibt nicht den Wechsel von Ebbe und Flut, von Tätigsein und Ruhe, von Ausdehnung und Rückzug oder von Gehen und Abwarten. Die natürlichen Ruhezeiten im Leben werden jetzt *verschmäht*«, sagte ich mit großem Nachdruck. »Die Menschen wollen nicht ausruhen. Sie wollen *vorwärts*, mehr *erreichen*, sich mehr *anstrengen*!« Ich blickte auf und sah ihr geduldiges Lächeln, und als mein Ausbruch von zu viel Yang beendet war, mussten wir alle herzhaft lachen.

»Yang ohne Yin, das es hält oder wo es sich anlehnen kann,
macht Männer hart; dann sind sie abgeschnitten.«

Was meinten die Großmütter, als sie sagten: »**Frauen leiden an ihrer Ohnmacht, während Männer an Tyrannei und Entbehrung leiden**«, oder sagten sie »Verderbtheit«? Sie hatten diese Aussage vor über einem Jahr gemacht, und obwohl ich mir nicht sicher war, was sie gemeint hatten, hatte ich nie danach gefragt.

Sie trugen Ballkleider mit vielen Überröcken und blickten mich mit einem Lächeln und wissendem Verstehen an, während Licht von den Juwelen aufblitzte, die sie im Haar trugen. Ich war wieder begeistert von ihrer Schönheit, aber zugleich entschlossen, mich nicht abbringen zu lassen. »Großmütter«, sagte ich, »ihr sagtet mir, dass der Mann aufgrund des Yin-Yang-Ungleichgewichts unter Tyrannei leidet und... ich war mir nicht sicher, ob ihr Verderbtheit oder Entbehrung gesagt habt. Was war es?«

»Es ist Entbehrung, unter der sie leiden«, sagten sie. **»Die Männer sind nicht voll, sondern leer und hohl. Das ist ein schmerzhafter Zustand für sie«**, sie schüttelten mitfühlend den Kopf, **»und sie versuchen, diese Leere zu füllen. Einige versuchen es mit Frauen, andere mit Aktivität, wieder andere mit Alkohol oder Drogen.**

Wenn das Leben im Gleichgewicht ist, sind die Männer von Yang erfüllt und in geringerem Maße von Yin. Die Männer werden von Yin auch getragen«, sagten sie und erklärten: **»Yang ruht in Yin, lehnt sich an Yin an und wird von ihm getragen, so wie Yin von Yang getragen wird. Aber wenn sowohl die innere als auch die äußere Unterstützung von Yin fehlt, bleiben die Männer leer. Yang ohne Yin, das es hält oder wo es sich anlehnen kann, macht Männer hart; dann sind sie abgeschnitten.«** Ihren Kopf schüttelnd sagten sie: **»Männer sind dann von ihren Gefühlen abgeschnitten und ebenso von den Frauen und von sich selbst.**

Verschwende deine Zeit nicht damit, zu verstehen, warum Männer und Frauen jetzt so sind, wie sie sind«, sagten sie. **»Wenn du versuchst, es zu verstehen, wirst du bloß eine Verzerrung im Verhältnis zwischen Mann und Frau sehen. Es ist verdreht und verwirrt«**, sagten sie aufgebracht. **»Warum es studieren? Korrigiere den Zustand – studiere oder beklage ihn nicht.**

Wenn eine Frau sich mit der Energie von Yin anfüllt, beeinflusst sie das ganze Leben um sich herum. *Alles* profitiert von einer Frau, die diese Energie besitzt. Wenn ihr euch mit Yin füllt, werdet ihr euch gut fühlen und die Wirkung sehen, die ihr auf alles in eurem Leben habt. *Alles*«, sagten sie, »**Menschen, Tiere, Pflanzen und Felsen werden mitschwingen und darauf reagieren. Alles Leben braucht diese Energie, das Genährt- und Getragensein.**« Sie sahen mich scharf an und sagten: »***Du* brauchst sie!**

Erfahre diese Fülle; bitte die Energie von Yin, dich zu erfüllen. Dies für dich selbst zu tun, ist nicht egoistisch. Diese Tat segnet dich und segnet alles Leben. Das«, sagten sie, »**ist Anmut.**

Sich für Yin zu öffnen, ist das Wichtigste, was eine Frau tun kann.« Mit ernster Miene sagten sie: »**Männer können das nicht; sie können nichts tun, um zu dieser Energie zu kommen, die sie so dringend brauchen. Aber wenn du dich für das weibliche Prinzip öffnest, werden sich die Männer ganz von selbst befreit fühlen.**« Sie blickten mir in die Augen und sagten: »**Zum Wohle von allem, was lebt, fordern wir dich auf, es zu tun.**«

»Ja!« sagte ich und legte mich erneut auf diese Arbeit und die Großmütter fest, die mich umringten. Sie bewegten sich auf mich zu, und ich spürte die Wärme ihrer Haut und wie seidig ihre Kleider waren, als sie mich mit Pink- und Malventönen bedeckten. Ich war eingehüllt und warm, sicher und glücklich. Welcher Friede. Und sie waren auch glücklich; ich konnte spüren, wie die Schwingung ihres Glücks in mir summte: »Um-m-m-m, u-m-m-m«, ertönte es, und so ging es fort.

Froh und mit dem Gefühl, es sei genug für heute, wandte ich mich zum Gehen, aber sie sprachen: »**Manche denken vielleicht, dass unsere Botschaft auf einem überholten, beschränkten Frauenbild beruht**«, sagten sie, als mir ein Bild von unterdrückten Frauen und bösen Männern in den Sinn kam. »**Das ist nicht wahr**«, sagten die Großmütter mit einem Kopfschütteln. »**Yin erfüllt eine Frau mit Macht. Es schränkt sie nicht ein.**

Sowohl Frauen als auch Männer haben Yang-Energie, also wird eine Frau, wenn sie sich dazu hingezogen fühlt, Yang-Energie in der Welt nutzen. Jeder Mensch ist anders, und einige Frauen tragen mehr Yang in sich als andere, so wie einige Männer mehr Yin tragen.

Es wird Frauen in jedem Lebensbereich geben, die dort führend sind. Yin gibt ihnen die Grundlage dafür; es gibt allem und jedem die Grundlage. Sobald eine Frau von Yin-Energie erfüllt ist, wird sie in der Welt mehr bewirken können.«

Sie traten zurück und zeigten mir, was passiert, wenn Yin und Yang ins Gleichgewicht kommen. Zuerst sah ich die männliche Energie, wie sie heute ist, einseitig und so aus dem Gleichgewicht, dass sie die Männer dazu brachte, nur in eine Richtung zu gehen. Diese Männer waren kurz davor, umzukippen. Als sie zum Ausgleich die Energie von Yin bekamen, füllte sich ihre Form. Ich bemerkte, dass dies von Mann zu Mann verschieden war; einige füllten sich mehr auf der zuvor leeren Seite, während andere sich direkt in der Mitte ihres Körpers füllten. Der Effekt war jedoch derselbe; sie wurden ausgeglichen.

Bei Frauen war der Vorgang ein anderer. Ich beobachtete, wie die Energie von Yin durch die Mitte des Schädels in die Frau eindrang und sich von dort aus nach unten ausbreitete, bis sie sich schließlich an ihren Füßen verjüngte. Als die Energie in ihren Körper eindrang, bildete sie ein Schwert aus Licht.

Als nächstes zeigten mir die Großmütter, wie die Energie von Yang aussah, wenn sie von Yin getragen wurde. Obwohl an der Spitze leicht abgerundet, drängte Yang immer noch nach außen, und obwohl Yang im Gleichgewicht mit Yin natürlicher aussah – wie ein Zeigefinger, ein aufgerichteter Penis oder ein Tropfen, der bereit war, herabzufallen. »**Yang, gehalten und gestärkt von Yin, wird immer danach trachten, das Leben zu erhalten**«, sagten sie.

Die Großmütter und ich standen Schulter an Schulter und lehnten uns aneinander, teilten unser Glück über die ausgewogenen Formen von Frau und Mann. Lächelnd wandten sie sich dann an mich und zeigten mir mich selbst. Ich schaute in den Spiegel, den sie mir vorhielten, und sah, dass ich ein Kleid wie sie und Juwelen in meinem Haar trug.

»Das Ungleichgewicht von Yin und Yang hat bei Frauen tiefe Traurigkeit und schwelende Wut erzeugt und bei Männern offenen Zorn und Verzweiflung.«

Am nächsten Tag kam ich wieder: »Was hat die Überbetonung der Yang-Energie den Männern angetan?« fragte ich. »**Es hat sie spröde und brüchig gemacht**«, sagten die Großmütter, »**hat sie** überspannt **und ihrer**

Wesensmitte weit entfernt. Das hat sie hart gemacht gegenüber sich selbst und anderen und dazu gebracht, schnell zu handeln und schnell das innere Gleichgewicht zu verlieren.

Die Überbetonung von Yang hat Männer in ihrem Leben zu sehr von den Frauen abhängig gemacht. Hier bekommen sie Nahrung; Frauen sind die einzigen, an die sie sich um Unterstützung und Liebe wenden können.« Mit mitleidigem Blick sagten sie: **»Dass sie abhängig sind von den Frauen und ihrer ›inneren Nahrung‹, haben die Männer den Frauen übelgenommen.«** Wieder verschränkten sie die Arme, um ihren Worten Nachdruck zu verleihen.

»Männer wollen eigenständig sein, aber weil sie so überspannt sind, **können sie sich emotional nicht selber tragen und in sich ruhen.«** Sie zeigten mir einen fest zusammengedrehten Draht, der bis in den Himmel gespannt war. Ich sah Männer, die versuchten, sich zu behaupten und zu sein wie dieser Draht, aber die Dehnung war zu extrem für sie und kostete so viel Kraft, dass viele von ihnen scheiterten.

»Die Männer sind frustriert«, sagten die Großmütter. **»Sie fühlen sich nicht gut und agieren das oft mit Gewalt aus oder in Missbrauch von Frauen und Kindern oder durch Süchte.«** Traurig sagten sie: **»Männer brauchen das Gleichgewicht zwischen Yin und Yang noch verzweifelter als Frauen. Das Ungleichgewicht von Yin und Yang hat bei Frauen tiefe Traurigkeit und schwelende Wut erzeugt und bei Männern offenen Zorn und Verzweiflung.«** Sich turmhoch aufrichtend schrien sie: **»Genug!«**

Auf dem Weg zurück in die Alltagswirklichkeit tat mir mein Herz weh und meine Kehle war verkrampft. Ich litt mit beiden Geschlechtern, aber jetzt vor allem mit den Männern.

»Es gibt derzeit eine Menge Wut zwischen Männern und Frauen.«

Einige Tage später kam ich wieder und fragte: »Gibt es noch mehr, was ihr über Yin und Yang sagen wollt?« **»Es gibt eine Menge Wut zwischen Männern und Frauen«**, sagten sie, **»viel Unverständnis über einander, aber auch über sich selbst. Es gibt viel Groll – den Kampf der Geschlech-**

ter«, sagten sie. »**Wenn Frauen fragen: ›Was ist mit den Männern?‹ haben sie Angst, dass die weibliche Macht nicht ausreicht, um die Exzesse der Yang-Energie auszugleichen und ins Lot zu bringen.**«

Während sie sprachen, bemerkte ich, dass ich immer größer und größer wurde, wie ein Tank, der sich füllte: »**Das ist das Yin-Reservoir**«, sagten sie. Dieses Reservoir war das Ergebnis ihrer Ermächtigung; es ermöglichte mir, mich mit Yin zu füllen und es zu bewahren.

Ich atmete ein und wurde noch größer, und als ich langsam ausatmete, sagten sie: »**Die Ermächtigung bringt die Frau in eine vertikale Position.**« Ich stand vor ihnen und staunte, wie groß und voll mich die Ermächtigung gemacht hatte. Ich war so viel mehr als je zuvor.

»Frauen haben das Gefühl, mit den Männern nicht mithalten zu können im Hinblick auf Aggressivität, Härte und die Habgier der Yang-Energie«, sagte ich. »Großmütter, bitte erklärt mir das.«

Sie sagten nichts, sondern wandten sich ab, um den wachsenden Baum zu betrachten, den sie mir schon einmal gezeigt hatten. »Oh!« sagte ich. »Ich sehe, was dieser Baum ist.« Wenn wir einen Baum betrachten, sehen wir nur den oberirdischen Baum – seine Äste und seinen Stamm. Den unterirdischen Baum – seine Wurzeln und sein Versorgungssystem – sehen wir nicht. Aber ohne das Versorgungssystem und die Verwurzelung in der Erde gäbe es keinen lebendigen Baum. Als Ganzes gesehen, zeigt der Baum das Gleichgewicht von Yin und Yang.

»**Frauen werden nicht gegen Männer arbeiten**«, sagten die Großmütter, und daran, wie gewählt sie sich ausdrückten, erkannte ich, wie lächerlich sie diese Idee fanden. »**Frauen befürchten, dass, wenn sie sich mit Yin füllen, sie gegen die Männer arbeiten; dass Yin und Yang sich gegenüberstehen.**« Sie schüttelten ungläubig den Kopf. »**Manche kommen daher und betrachten selbst die Beziehungen zwischen Yin und Yang als Machtkampf.**

Nein, nein«, betonten sie. »**Wenn die Frauen stärker werden, ist der Baum stärker. Die Wurzeln des Baumes können mehr Nährstoffe und Wasser aufnehmen, so dass der Baum besser wachsen kann. Der ganze Baum ist gesund. Starke Frauen, nicht aggressive Frauen, aber stark, so**

wie der Baum stark ist. Und daraus entsteht«, sagten sie, »**eine starke Welt, eine starke Gesellschaft.**

Ihr betrachtet die Dinge als Gegensätze«, sagten sie. »**Die Menschen haben sich angewöhnt, in entweder/oder zu denken. Das ist Yang**«, riefen sie, »**das ist Yang.** ***Das*** **ist nicht die** ***ganze*** **Wahrheit.**

Das ist für dich sehr schwer zu verstehen«, sagten sie, als sie sahen, wie schwer es mir fiel, ihre Worte zu begreifen. »**Spüre die Wahrheit dessen in dir selbst**«, sagten sie. »**Spüre deine Wurzeln, fühle deine tiefe Verbindung zur Erde.**

Denke nun an den Baum, der vor dir steht«, sprachen sie, »**und werde eins mit ihm.**« Als ich das tat, verlangsamte und vertiefte sich mein Atem. Ich gelangte in einen Zustand der Einheit mit dem Baum, und jetzt konnte ich spüren, wie seine Wurzeln und Äste und sein Versorgungsnetz durch mich hindurchliefen. Ich war fest, geerdet, unbewegt. »**Tut das bei eurem nächsten Treffen**«, sagten sie. »**Erkundet die Wurzeln eures Baumes.**«

Mit dem Baum verschmolzen, ruhte ich mich aus, und als ich nach oben blickte, sah ich Mutter Erde. Anmutig sprang sie durch die Zweige des Baumes, zwischen den Wurzeln und geradewegs durch den Stamm. Das Letzte, an das ich mich erinnerte, bevor ich in Schlaf fiel, war die feenhafte Spur ihres Kleides, als sie in den Stamm hineinstieg.

Ich wachte auf, als die Großmütter sagten: »**Wurzeln müssen fest gegründet sein.**« Die Wurzeln des Baumes fächerten sich in alle Richtungen auf und schufen ein versorgendes Netz. »Das ist eine andere Art, das Lichtnetz zu sehen«, dachte ich, als ich dabei zusah, wie die Wurzeln die ganze Erde durchwebten und alles verbanden. »**Diese Wurzeln sind Menschen in ihrer Macht**«, sagten die Großmütter. »**Wurzeln und Menschen sind verbunden und halten die Erde fest.**« So verwurzelt wie ich war, hörte ich nicht nur, was sie sagten, sondern fühlte es auch.

»**Das ist genug über Männer**«, sagten sie und verschränkten die Arme. »**Diese Übung mit dem Baum können Frauen, aber auch Männer machen. Das wird sie öffnen, auf dass sie von der Großen Mutter empfangen; es wird ihnen helfen, sich für die Yin-Energie in ihnen zu öffnen. Diese Übung ist für alle.**«

Die Erfahrung mit dem Baum erinnerte mich an eine Übung in *Die inneren Fesseln sprengen* von Phyllis Krystal.* In ihrer Arbeit ist der Baum ein Symbol für Sicherheit und für die Verbindung zwischen Himmel und Erde. Als ich mich daran erinnerte, spürte ich wieder die Wurzeln des Baumes und wurde mir meiner Verbindung zu ihm und zu allem gewahr. »**Besonders du musst das spüren**«, sagten die Großmütter, »**geerdet und verankert musst du sein.**« Ich wusste, was sie meinten. Ich hatte zu lange in meinem Verstand gelebt. Ich musste verwurzelt sein.

Auf dem Weg zurück in die Alltagswirklichkeit habe ich überprüft: »Die unterirdische Arbeit des Baumes ist Yin, ohne die würde jeder Baum der Welt sterben. Wir müssen unsere Bäume nähren, besonders unseren innerirdischen Baum, denn die Wurzeln sind wie das Netz aus Licht. Sie verbinden uns und halten die Erde zusammen.«

* Phyllis Krystal, *Die inneren Fesseln sprengen*, Ullstein 2004. Eine Sammlung von spirituellen Werkzeugen für die Transformation und die Verbindung mit der Göttlichkeit; Techniken, um sich von den Zwängen des Verstandes, der Gesellschaft, der Familie und der Vergangenheit zu befreien.

KAPITEL 16

Der Baum des Lebens

»Dieser Ort, der Garten, das Haus und die Umgebung bauen Macht auf.«

Nach der Reise mit dem Baum bin ich fast zwei Wochen lang nicht zu den Großmüttern zurückgekehrt. Aus irgendeinem Grund war ich wieder von Angst und Niedergeschlagenheit erfüllt, fühlte mich nervös und isoliert. Das wurde schließlich so unangenehm, dass ich es kaum noch in meiner eigenen Haut aushielt. »Was ist das für ein schreckliches Gefühl?« fragte ich. »Was stimmt nicht mit mir?«

Als ich meine Reise antrat, hatte ich keine eigene Energie und konnte den Übergang zur nicht-alltäglichen Wirklichkeit nur vollziehen, weil mir mein Schicksal hold war. Denn Adler wartete auf der ersten Ebene der oberen Welt auf mich. Ich fühlte mich so schwach, dass ich mich, anstatt selbst zu fliegen, auf seinen Rücken legte. Aufgrund des Zustands, in dem ich mich befand, war alles undeutlich und umwölkt, aber als ich ihm endlich über die Schulter blickte, sah ich die Großmütter im Tal unter uns warten.

»Oh, Großmütter, helft mir«, flehte ich, als ich vor ihnen niederfiel. Ihre tröstenden Flügel schlossen sich um mich, und wieder einmal schufen sie einen Kokon, wiegten mich in ihm hin und her und sahen mich mit ihren Adleraugen an.

»Bitte seht nach allem, Großmütter«, sagte ich, als sie mich untersuchten. »In den letzten zwei Wochen bin ich so deprimiert gewesen, dass ich überhaupt nicht reisen konnte. Ich weiß nicht warum, aber mein Verstand ist einfach voll.« Als ich das sagte, bemerkte ich, dass der heilige Mann auch da war; er stand hinter ihnen.

Sie umschlossen mich in ihrem Kreis, und eine von ihnen griff im mich hinein und zog etwas aus meiner Mitte. Ich beobachtete, wie sie ein schwarzes, insektenartiges Ding herauszog, dessen stachelartige Zange mich gestochen hatte. Dieses krabbelige Ding hatte meine Depression hervorgerufen; es hatte mein Inneres verletzt, so dass alles sich irgendwie falsch angefühlt hatte.

Ihre durchdringenden Blicke glitten über meine Vorder- und Rückseite. »Oh, ja«, sagte ich und wollte, dass sie alles sehen. Als sie mir noch etwas aus meinem Bauch zogen, hörte ich ein Geräusch wie »peng!«, als Luft aus meiner Lunge trat und ein weiteres schwarzes Ding aus mir herausschoss. Jetzt fing ich an zu zittern; mein Körper war kalt, wie unter Schock, und für eine Minute oder mehr war das einzige Geräusch, das ich hören konnte, meine eigene stoßweise Atmung. Dann wurde mein Atem ruhiger, und ich hörte mich sagen: »Die Großmütter atmen Kraft in mich ein.«

Hinter mir stand der mächtige Baum, den sie mir schon gezeigt hatten und dessen Wurzeln sich so weit und tief ausbreiteten. Aus irgendeinem Grund sagte ich: »Großmütter, helft auch dem Baum.«

Sie gaben keine Antwort, fuhren stattdessen mit ihren Händen in meine Wirbelsäule, und ich schluchzte, als sie wieder in meinen Körper eindrangen und mehr aus mir herauszogen. Ich beobachtete sie, wie sie dunkle Gegenstände in die Luft schleuderten, und musste weinen, mehr vor Schreck als vor Schmerz.

Dieses Zeug, die Ursache meines Elends, war so gut versteckt gewesen; ich hatte nicht gewusst, dass es da war. Meine Ausbildung zur Therapeutin hatte mich gelehrt zu glauben, dass der Schmerz der ungelösten Probleme aus der Kindheit die Ursache für die meisten Depressionen und Ängste ist. Aber die schwarzen Dinger, die die Großmütter aus mir herausziogen, waren damit nicht zu erklären. Ich hatte keine Erklärung für dieses Zeug; es war urtümlich, elementar.

Sie wedelten mit den Händen über meinen Rücken, um meine Wirbelsäule zu versiegeln, und obwohl ich noch schwach war, konnte ich mich aufrichten, wenn auch nur mit Mühe. »**Das ist jetzt genug**«, sagten sie, als sie mich von hinten stützten. »**Du brauchst nicht alles zu verstehen, was wir jetzt oder was wir in Zukunft tun**«, sagten sie. Ich sollte mich nicht mit dem Woher und Wozu dieser bösen schwarzen Dinger beschäftigen. »**Das ist für heute genug**«, sagten sie, »**das ist nur Müll aus der Vergangenheit.**« Daraus schloss ich, dass die schwarzen Dinge, die ich gesehen hatte, aus einem Leben vor langer, langer Zeit stammten.

»**Du musst gestärkt werden**«, sagten sie. »**Deine Aura, deine Knochen, die Wirbelsäule, Verdauung und Atmung. Lass die Kraft des Gartens dich heilen und erfüllen.**« Ich war ihnen so dankbar, dass sie dieses schreckliche Zeug entfernt hatten, aber als ich versuchte, meinen Dank auszudrücken, versagten mir die Knie. Ich würde noch etwas Zeit brauchen, um mich von ihrer Arbeit zu erholen.

»**Du bist unser Gefäß, wir werden dir helfen**«, sagten sie und zeigten mir, wie ich auf einer Bank in meinem Garten saß. »**Dieser Ort, der Garten, das Haus und die Umgebung, bauen Energie auf. Lass dich von ihr erfüllen, behüten und unterstützen. Kommuniziere mit ihr. Geh in den Garten und werde eins mit ihm.**«

Ich meinte, gewusst zu haben, wie wertvoll mein Zuhause für mich ist, aber nach dem, was sie sagten, war es auf eine Art und Weise bedeutsam, die ich nie in Betracht gezogen hatte. Wieder sah ich den Adler, der im Garten gelandet war. Der Energiewirbel, das Machtzentrum der Großmütter war direkt auf das Machtzentrum meines Hauses ausgerichtet. »**Achte auf diese Ausrichtung**«, sagten sie, »**und jedes Mal, wenn du nach Hause kommst, tritt in diesen Wirbel.**«

Als ich an die Menschen dachte, die am nächsten Samstag zu einer Ermächtigung kommen würden, sagten sie: »**Es wird unserem Willen entsprechen. Alles wird unserem Willen entsprechen. Keine Eile. Keine Sorge. Kein Leerlauf.**«

Jetzt bemerkte ich, dass die Großmütter und ich in einem Wirbel waren. »**Das**«, sagten sie, »schafft einen **sicheren Ort für uns, um an dir zu arbeiten.**« Wie ich so dastand, blickte ich auf meinen Körper hinab, den ich auf dem Boden meines Schlafzimmers liegen sah. Hier lag ich immer für meine Reisen, aber als ich mich betrachtete, sah ich, dass *die Großmütter mit mir im Raum waren.* »Wo bin ich?« fragte ich mich. »Bin ich in der Alltagswirklichkeit oder in der oberen Welt? Wie kann ich an zwei Orten gleichzeitig sein?« Die Großmütter waren so *präsent,* dass ich mir nicht sicher war, in welcher Realität ich mich befand. Schließlich hörte ich auf, es herausfinden zu wollen, und schlief ein.

Nach dieser Sitzung verbrachte ich den ganzen Tag im Garten, und abends waren meine Angst und Depressionen verschwunden.

»Das Problem im heutigen Leben ist...
dass der Baum nicht als Einheit betrachtet wird.«

Wenn allein der Aufenthalt in meinem Garten so viel für meine Heilung tat, was könnte die Arbeit mit dem großen Baum für mich und für alle tun? Ich fragte mich, ob der Baum, den sie mir gezeigt hatten, der archetypische Lebensbaum war. Als sie von ihm gesprochen hatten, sagten sie: »**Der Baum verkörpert sowohl das Männliche als auch das Weibliche.**«

»**Ja, das ist der Lebensbaum**«, sagten sie, als sie auf seine beladenen Äste zeigten. »**Es ist ein reich tragender Baum.**« Heute sah er aus wie eine Kinderzeichnung, mit weit ausladenden Ästen, und daran hingen viele glänzend rote Äpfel. Aber als ich genauer hinsah, sah ich Guaven, Orangen, Ananas, Bananen und Früchte aller Art dort hängen.

»**Alle können eine Frucht pflücken**«, sagten sie, »**die Frucht dürfen sie behalten und genießen.**« Ich sah Mitglieder der Kerngruppe auf den Baum zugehen und jeweils mit einer Frucht zurückkommen. »**Die Frucht, die du vom Baum bekommst, gibt deinem Leben seinen Geschmack. Sie ist extra für dich ausgewählt**«, sagten die Großmütter. Jedem Menschen wurde eine Frucht gegeben; er hat sie sich nicht ausgesucht. Die Frucht stellte das Leben dar, das ihm gegeben ist – seine Gaben und Herausforderungen und die Umstände seiner Geburt. Der Baum des Lebens gab ihnen dies alles mit – der Baum, Sinnbild für die Quelle.

»**In der Natur gibt es nichts zwei Mal**«, sagten die Großmütter. »**Es mag Ähnlichkeiten geben, aber jede Frucht ist einzigartig. Rieche, berühre und schmecke deine Frucht und dann verschmelze mit ihr. Lerne ihre besonderen Qualitäten kennen**«, sagten sie. Sie wollten, dass wir alle Gaben, Herausforderungen und Umstände unseres Lebens würdigten, denn alles, was uns geschieht, hat seinen Sinn.

»**Der Baum trägt für alle**«, sagten sie. »**Er bringt hervor und trägt und hält. Es kann keine Trennung von diesem Baum geben, es sei denn, man entscheidet sich, sich von ihm zu trennen. Und auch diese Trennung ist nicht echt**«, sagten sie, »**denn das Leben muss am Ende zum Baum zurückkehren.**« Sie zeigten mir den Kreislauf des Lebens.

»**Du nährst den Baum des Lebens, indem du anderen gibst und aus dem Kreislauf des Lebens heraus lebst.**« Als sie sprachen, kamen mir die Worte des buddhistischen Mönchs Tich Nhat Han in den Sinn: »Wenn die Blume auf dem Weg zum Kompost ist, ist der Kompost auf dem Weg zur Blume.« Im Kreislauf des Lebens geht nichts verloren. Eine verwelkte Blume wird einfach zu Kompost, um die nächste Blume zu nähren; alles nährt den Baum des Lebens und wird von ihm genährt.

»**Dir wird eine Frucht gegeben – dein Leben**«, sagten sie, »**und indem du dein Leben würdigst, blühst auch du und trägst Früchte.**« Diese »Früchte« umfassen nicht nur das, was uns mit der Geburt mitgegeben wird, sondern auch das, was wir aus dem machen, was uns mitgegeben wurde.

»**Es gibt einen Kreislauf**«, sagten sie. »**Zuerst**«, sie hoben den Zeigefinger, »**lehne dich an den Baum und lasse ihn deine Lasten tragen. Als nächstes kannst du den Baum dir deine Frucht geben lassen. Wenn du sie annimmst, wirst auch du geben können. Und wenn du die Frucht vom Baum des Lebens verdaust, *wirst* du schließlich eins mit dem Baum.**«

»Wir geben zurück, und der Lebenszyklus des Baumes geht weiter, Großmütter«, sagte ich, »das ist zu viel für meinen Verstand.« »**Das wissen wir**«, antworteten sie.

»**Du musst den Baum als Ganzes sehen**«, sagten sie. »**Er ist eins, Wurzeln und Äste sind eins. Das Problem heute besteht nicht nur darin, dass die Wurzeln des Baumes, der weibliche Aspekt des Göttlichen, geringgeschätzt werden**«, sagten sie. »**Das Problem ist, dass der Baum nicht als Einheit betrachtet wird.**

Atme jetzt aus den Wurzeln des Baumes«, sagten sie, »**und ziehe mit deinem Atem Energie herauf. Tue dies dreimal. Dann atme aus den Ästen des Baumes und ziehe mit dem Atem Energie in deinen Körper hinein. Tue dies auch dreimal. Deine Ausatmung muss nicht gelenkt werden**«, erklärten sie, »**sie wird dorthin gehen, wo sie gebraucht wird. Aber den Atem in deinen Körper sowohl hinab- als auch hinaufzuziehen, das ist wichtig.**«

»Zeigt es mir, Großmütter«, sagte ich und tat es ihnen nach. Zuerst atmete ich aus dem Yin der Wurzeln ein und dann aus dem Yang der Äste aus. Als ich ausatmete, betrachtete ich meinen Ausatem als Segen, der dorthin ging, wo er gebraucht wurde.

»**Sowohl Männer als auch Frauen können diese Übung machen**«, sagten sie. »**Wenn alle Äste des Baumes abgeschnitten würden, würde der Baum sterben; wenn alle Wurzeln abgeschnitten würden, würde der Baum sterben.**« Diese Übung würde helfen, Yin und Yang zu harmonisieren.

»**Es gibt jetzt zu viel Kampf zwischen den Geschlechtern, zu viel ›besser als‹ oder ›schlechter als‹**«, sagten sie. Sie sprachen über Machtkämpfe zwischen Männern und Frauen. »**Ja**«, nickten sie, »**verschwende keine Zeit damit. Keine!**«

Sie drehten sich zu mir um und sahen mich eindringlich an: »**Der Baum braucht Aufmerksamkeit und Fürsorge. Der *ganze* Baum braucht Fürsorge**«, sagten sie. »**So, wie Frauen Fürsorge brauchen, brauchen auch die lieben Männer Fürsorge.**

Wenn du aus den Wurzeln und Ästen des Baumes atmest, umarmen sich Erde und Himmel, Yin und Yang. Diese Übung fördert die Liebe.«

Sie standen mit nach oben gereckten Armen im Kreis und erinnerten mich an die Indianer, als sie intonierten: »**Für alle unsere Verwandten.**

Alle! Alle sind eins mit dem Baum des Lebens.« Als sie sich mir wieder zuwandten, sagten sie: »**Oben und Unten werden im Baum zu einem Ganzen.**«

»Der Baum verbindet männlich und weiblich«, sagte ich. »So können Männer und Frauen durch die Arbeit mit diesem Baum ihre Beziehung heilen.« Die Großmütter nickten und sagten: »**Lade Frauen und Männer ein, diese Arbeit gemeinsam zu tun. Diese Arbeit wird Yin und Yang ins Gleichgewicht bringen.**

Wir werden durch dich diese Arbeit vermitteln«, sagten sie. »**Der Baum des Lebens ist der Weltenbaum, er *ist* die Welt. Die Wurzeln des Baumes durchdringen jeden Teil der Erde, und deshalb sind alle Wesen miteinander verwandt. Der Baum nährt und versorgt alle.**«

Als ich aufblickte, sah ich vor mir Hunderte von Menschen aller Rassen und Nationen stehen. Als ich ihr Gehabe und ihre Kleidung betrachtete, sah ich, wie dieser Baum ihnen allen gehörte.

»**Liebe alle**«, sagten die Großmütter. »**Stelle dir die Wurzeln dieses Baumes als Adern der großen Flüsse der Welt vor, die in jedes Land der Erde reichen – Europa, Asien, Afrika, Amerika, alle Inseln und die Pole. Diese Wurzeln berühren alles. Die Wurzeln des Baumes sind in der Erde verwoben, und seine Äste beschützen alles.**«

Wieder zeigten sie mir die Kerngruppe, und ich sah zu, wie alle sich dem Baum näherten. »**Sie suchen nach ihren Wurzeln und ihrem Weg**«, sagten die Großmütter. »**Deine Wurzeln verankern dich auf vollkommene Weise als das Wesen, das du bist.**«

Während alle voranschritten, zeigten die Großmütter, wie ihr Leben einem bestimmten Weg folgte. Wie die Wurzeln des Baumes wuchs auch ihr Lebensweg hinab zu seiner Quelle. Wenn sie ihre Quelle erreicht hatten, ging es zurück in den Körper des Baumes, an dem sie blühten, heranreiften und von dem sie schließlich wieder herabfielen, wodurch ihre Energie in die Erde zurückfloss. Das war, kurz gesagt, der Kreislauf des menschlichen Lebens.

Die Lehren des Lebensbaumes waren folgerichtig, eindrücklich und so komplex, dass ich nur einen kleinen Teil dieses Archetyps erfassen konnte. Als ich versuchte, es besser zu verstehen, wurde mir schwindelig. »**Ruh dich aus**«, sagten die Großmütter. »**Du musst im richtigen Tempo lernen.**«

Ich lud Männer und Frauen zu mir in den Garten ein, um die Übungen zum Baum des Lebens zu praktizieren. Wir würden zuerst die Energien von Yin und Yang in uns harmonisieren und dann daran arbeiten, dieses Gleichgewicht auf die Erde zu bringen.

Auf der Terrasse stellte ich einen Altar auf, der verschiedene Formen des Göttlichen darstellt. Mein Mann und mein Sohn nahmen an dieser Veranstaltung teil, Frauen aus der Kerngruppe kamen und andere Leute, die ich nicht kannte, kamen auch. Als ein Mann aus der Obdachlosengruppe, die ich jeden Donnerstag mit Essen versorgte, durch das Tor kam, lächelte ich. Dies war ein typisches Treffen der Großmütter; ich hatte keine Ahnung, wer auftauchen würde.

Nachdem ich die Großmütter und ihre Absichten erklärt hatte, stellte ich das Konzept des Baumes des Lebens vor, und wir sprachen über die Kluft zwischen Männern und Frauen. Alle Anwesenden hatten den aufrichtigen Wunsch, eine bessere Beziehung zu sich selbst und dem anderen Geschlecht zu erreichen.

Nachdem wir die Atmung aus den Wurzeln, dann aus den Ästen des Baumes geübt hatten, spürten wir die Ausdehnung unseres großen *Selbst.* Dann ehrten wir das Gleichgewicht und die Harmonie von Yin und Yang in uns und um uns herum.

Der Nachmittag war ein großer Erfolg, und als es vorbei war, hob ein stämmiger Mann die Hand und fragte mich unter Tränen: »Gibt es etwas, was ich tun kann, um den Großmüttern zu helfen?« Seine Frage ließ auch mir die Augen feucht werden, und da ich nicht wusste, was ich sonst sagen sollte, bat ich ihn, sie einfach zu rufen. Die Sehnsucht, die er zum Ausdruck brachte, ließ mich erkennen, wie sehr auch die Männer und nicht nur die Frauen unter dem Ungleichgewicht von Yin und Yang litten.

KAPITEL 17

Macht euer Leben heilig

»Aus dem Herzen zu geben bringt es mit sich, dass man empfängt. Andere Arten des Gebens sind überhaupt kein Geben.«

Als ich das nächste Mal in die obere Welt reiste, wollte ich nur bei den Großmüttern und dem Heiligen sein. Die Tiefe dieser Arbeit zog mich immer stärker zu diesen großen Wesen.

Ich setzte mich zu ihnen auf das Podium, saß schweigend da und blickte auf die Welt, wo die Großmütter auf »**die Großen**« in der Ferne deuteten. Sie meinten zwei Manifestationen des Göttlichen, die am Horizont sichtbar waren. Ich verengte meine Augen und erkannte die Gestalt der Jungfrau Maria und die des Herrn Krishna, des hinduistischen Gottes und Avatars.

Ihre Gestalten waren durchscheinend und sahen aus wie farbiges Cellophan, hinter dem ein *enormes* Licht leuchtete. Licht strahlte durch die Gestalten, glänzte um sie herum und erzeugte eine solche Blendung, dass ich mich auf das »Cellophan« konzentrieren musste: Marias Gestalt war rosa und blau, während Krishnas ganz blau war. Jedes war wie ein Prisma, etwas, wo Licht durchscheinen konnte.

Das Licht war überwältigend. Es blendete mich so, dass ich nichts erkennen konnte und nur noch Licht sah. Licht – so total, dass es nicht zu sehen war. Sowohl Vorder- als auch Hintergrund – alles war Licht, und ein strahlendes Leuchten über allem.

Die Gestalten bildeten einen Fokus, gaben dem Licht des Göttlichen Farbe und Form. Weil eine alles überlagernde blendende Decke aus Licht alles zudeckte, war es schwer, etwas zu erkennen; eine äußere Form ist leichter zu sehen. Nachdem ich das verstanden hatte, konnte ich Maria und Krishna voll Verzücken betrachten und war dem Göttlichen so dankbar, dass es diese Formen (des Formlosen) zeigte, damit wir uns auf sie beziehen und sie lieben können.

Als ich diese Reise transkribierte, wurde mir klar, dass die Großmütter das strahlende Licht wieder in eine andere Form gebracht hatten. Diesmal hatte sich das Göttliche als weise alte Frau geoffenbart, die trostreich und für alle leicht erreichbar ist.

»Lass unsere Lehren auf die Wasser ihres Lebens fallen und lasse sie Wellen schlagen, die passend für sie sind.«

Zwei Tage nachdem ich die Einheit des Göttlichen im Licht der Gestalten von Maria und Krishna gesehen hatte, erhielt ich einen anonymen Brief, in dem stand, dass ich nicht geeignet sei, die Arbeit der Großmütter zu tun. Offensichtlich von einer Frau geschickt, die an einer Ermächtigungszeremonie teilgenommen hatte, brachte sie ihre Wut über mich zum Ausdruck, weil ich für mich in Anspruch nahm, für die Großmütter zu sprechen. Sie listete einige meiner Fehler auf, und obwohl ich mir dieser bewusst war, schockierte mich dieser Brief.

Ein paar Tage später begannen zwei Frauen der Kerngruppe, mich damit aufzuziehen, dass ich wegen meiner Beziehung zu den Großmüttern »etwas Besonderes« sei. Ihre Reaktionen überraschten mich ebenso wie der kritische Brief, und ich war verunsichert. Wie, fragte ich mich, würde ich mit solchen Kritikpunkten umgehen, wenn ich mit größeren Gruppen arbeitete?

Als ich die Großmütter fragte, wie ich mit Kritik und Eifersucht umgehen sollte, sagten sie: »**Unsere Botschaft muss hinausgehen, aber nicht du.**

Du bist außen vor«, sagten sie. »**Es ist *unsere* Botschaft; du bist nur die Überbringerin. Das ist alles.**« Ich war sehr erleichtert, als ich das hörte. Ich war nur der Überbringer. »**Du bist nicht das Ziel und darfst es nicht sein**«, sagten sie. »**Unsere Arbeit kann keine persönliche sein. Wenn das passiert, werden andere dasselbe tun wie jene, die den Brief geschrieben hat – deine Schwachstellen suchen und sie uns zuschreiben. Du gibst lediglich unsere Botschaft wieder. *Es geht nicht um dich.***« Sie schauten mich ernst an und sagten: »**Das darf nicht sein – um deiner selbst und unseretwillen.**

Halte das, was du schreibst, persönlich, damit klar ist, dass diese Botschaft von einem Menschen überbracht wurde. Gib die Lehren weiter, dann tritt zurück und behalte deine Meinung für dich. Lass unsere Lehren auf die Wasser ihres Lebens fallen und lasse sie Wellen schlagen, die passend für sie sind.

Erzähle davon, wie es ist, wie das Lernen sich bei dir vollzieht. Deine Erfahrung wird ihnen Vertrauen in ihre eigenen Erfahrungen geben; die sind aber nicht mehr deine Sache.«

Ich sollte nicht mehr so viel von mir erzählen. Keine Einzelheiten mehr, welche Wirkung ihre Unterweisungen auf mich hatten, und ich sollte auch im Buch nicht so viel Persönliches preisgeben. Das würde nur ablenken. So zu verfahren, würde das Augenmerk auf die Großmütter richten.

Plötzlich sah ich diese Unterhaltung von ferne. In dieser Szene verblasste ich. Ich sah verschwommen aus, grau und undeutlich wie der Hintergrund eines Bildes. »**Du bist unser Bote**«, sagten die Großmütter. »**So ist das.**« Sie zeigten mir, dass ich weit davon entfernt war, im Mittelpunkt zu stehen.

»Es liegt in der Natur der Frau, schön zu sein und Schönheit zu lieben.«

Ich beschloss, mit dem Geben von Ermächtigungen und mit den Treffen der Gruppe eine Pause zu machen. Bevor ich weitermachte, wollte ich lernen, wie man im Hintergrund bleibt und seine Meinung für sich behält.

Mein ganzes Leben lang hatte ich mich selbst eingebracht, jetzt musste ich mir neue Verhaltensweisen aneignen.

Was wollten die Großmütter von mir in dieser Zeit der inneren Ausrichtung? Ich begann meine Reise mit dieser Frage im Hinterkopf, und auf dem Weg zu ihnen erschien Adler: »**Komm schon, Kleine**«, knurrte er, ein harter Brocken mit einem Herzen aus Gold. Ich kletterte auf seinen Rücken, und als wir die Großmütter erreichten, lachten sie und zogen mich an sich, kaum war ich von seinem Rücken heruntergerutscht. Ich schwang meine Arme im Gleichtakt mit ihren, und so hüpften wir herum wie spielende Kinder.

Sie wollten, dass ich eine von ihnen bin. Eine Großmutter. Sie hatten mir das bei unserem zweiten Treffen gesagt, aber irgendwie hatte ich ihre Aufforderung vergessen. Wie konnte ich so etwas vergessen? Ich fragte mich das. Hatte ich Angst, eine Großmutter zu sein?

Als sie mich in ihren Kreis zogen, sah ich sie aus der Nähe. Sie waren so jung! Nicht alt, nicht verwelkt, diese jungen Frauen waren die Großmütter! Als ich ihr jugendliches Lächeln sah, machte es mich ganz benommen, und mir wurde leicht ums Herz. Aber als ich nickte – es stimmte ja, was ich sah –, zogen sie mich an sich, und wir tanzten zusammen, junge Großmütter wir alle.

Als wir einwärts und wieder hinaus gingen, immer im Kreis, sah ich nur noch sie. Wie lebendig sie waren! Sie lachten mich aus und zeigten auf mich: Ich solle einen Blick auf mich werfen. Also blickte ich zur Seite und sah mein Spiegelbild. Ich war auch jung! Wir alle waren es, nur ein Haufen lebenslustiger Kinder, die im Kreis tanzten.

»Ich muss meine Haare wieder aus dem Gesicht bekommen«, sagte ich, »so tragen sie ihres auch.« Ich dachte sogar wie ein Kind und wollte aussehen wie sie.

Sie kämmten mein Haar und machten mich schön, machten mich zu einer von ihnen. »**Macht ist Schönheit. Schönheit ist Macht**«, sangen sie, als sie sich auf mich zu bewegten und sagten: »**Erhebe dich.**« Wir hatten bei einander gestanden, aber jetzt erhoben wir uns und stiegen auf, bis wir endlich in der Luft standen, weit über dem Boden.

»Die obere Welt ist eine vollkommen andere Dimension, überhaupt nicht wie die Erde«, sagte ich, als ich es von hier aus betrachtete, aus der Luft. Es gab Bäume, genauso wie auf der Erde; es gab Berge, Flüsse und Städte. Vieles von dem, was ich sah, ähnelte der Schönheit auf der Erde, aber die Erde fühlte sich im Vergleich dazu eng an. Als ich über die verschiedenartige Schönheit dieser Ebenen nachdachte, schien es immer weiter zu gehen.

»**Bleib bei uns**«, sagten die Großmütter, und ich schreckte aus dem Schlaf, dabei hatte ich gar nicht bemerkt, dass ich eingeschlafen war. Wieder wach, sah ich jetzt Bewegung und funkelndes Licht vor mir. Die Großmütter holten Kopfschmuck hervor, etwa zwei Fuß groß. Diese Kopfbedeckungen waren aufwendig aus Gold gearbeitet und mit Edelsteinen besetzt. Als sie mir eine auf den Kopf schoben, spürte ich sie kaum. Sie war aus Licht gemacht. Dieser altertümliche Kopfputz war leicht in jeder Hinsicht. Und als sie ihn mir auf den Kopf setzten, wurde die Welt magisch. Von Juwelen überzogen, war ich von einem strahlenden Licht überzogen, das alles zum Leuchten brachte.

»**Frauen lieben Schönheit**«, sagten sie. »**Es liegt in der Natur der Frau, schön zu sein und Schönheit zu lieben.**« Sie wandten sich um und zeigten auf einen storchähnlichen Vogel, der mit gefalteten Flügeln durch das hohe Gras stolzierte. Als ich seine anmutigen Schritte beobachtete, sagten sie: »**Siehst du die Natur dieses Vogels?**« Da dämmerte es mir, dass der Vogel wie ich war, groß, mit langen Beinen und einem kleinen Kopf, und ich wandte mich an die Großmütter und fragte: »Ich soll meine eigene Natur beobachten und ihr dann folgen. Ist das die Botschaft?« Sie strahlten mich an, stolz darauf, dass ich es selbst herausgefunden hatte.

»Wie kann ich etwas über meine Natur erfahren«, fragte ich und wartete darauf, dass sie etwas sagten, aber es herrschte nur Schweigen, und so kehrte ich zum Zweck meiner Reise zurück. »Großmütter, was wollt ihr von mir in dieser Zeit?« fragte ich.

»**Spiel mit uns**«, sagten sie. Mir blieb der Mund offen stehen. Was? Sie brachen in Gelächter aus, freuten sich, mich überrumpelt zu haben. »**Von jetzt an möchten wir, dass du uns in *alles* mit einbeziehst, was du tust**«, sagten sie. »**Dass du nicht mehr nur an uns denkst, wenn du eine Frage hast oder Hilfe brauchst.**«

Sie wollten mit mir einkaufen gehen, den Hund ausführen und mit Klienten arbeiten, kochen und im Garten arbeiten. Ich sollte alles mit ihnen machen. Ich fühlte mich geehrt.

Sie legten mich in eine hellblaue Halbschale, und dort zu sein machte mich sicher und froh. Dieser Ort war geschützt. Mit Licht erfüllt, erfüllte er mich mit Licht. Als ich fühlte, wie Juwelen aus dem Kopfputz in die Halbschale regneten, hörte ich die Großmütter sagen: »**Leichtes Herz.**« Als ich sie noch einmal fragte, was ich zu dieser Zeit tun sollte, sagten sie: »**Leichten Herzens.**« So wollten sie mich haben.

Nun breiteten sie ihre Flügel aus und deckten mich damit zu, und die Bewegung ihrer Federn erzeugte eine warme Brise, die mein Haar liebkosend anhob. »**Empfange**«, flüsterten sie aufmunternd. Sie untersuchten meinen Rücken und meine Schultern mit den Spitzen ihrer Flügel und berührten liebevoll die wunden Stellen dort. Dann bedeckten sie mich mit einem gefiederten Umhang, mit dem sie ebenfalls verbunden waren. »**Komm zurück zu uns, komm zu uns**«, sagten sie.

»Macht euer Leben heilig.«

Nach dieser Reise begann ich, es *wirklich* zu genießen, einfach mit den Großmüttern zusammen zu sein. Nachdem ich eingewilligt hatte, dass sie immer dabei waren, schienen mir Informationen aus heiterem Himmel zu kommen. Das Leben und seine alltäglichen Aufgaben wurden einfacher.

Jeden Tag mit den Großmüttern zusammen zu sein, war wunderbar, aber wann immer ich eine spezifische Frage an sie hatte, eine, die nicht bloß eine kurze Antwort erforderte, reiste ich immer noch in die obere Welt. Für eine formelle Frage schien eine Reise nötig zu sein. Ich hatte bemerkt, dass die Großmütter ihre Lehren immer mit Zeremonien verbanden, und jetzt wollte ich verstehen, warum. Das war der Schwerpunkt meiner nächsten Reise.

Als ich vor sie trat, um meine Frage zu stellen, spürte ich mehr Freude als sonst. Sie waren glücklich, aber es war mehr als das. Meine Stimmung hob sich und mein Körper wurde leichter in ihrer Gegenwart. »Großmütter, was soll ich über die Bedeutung von Zeremonien im täglichen Leben schreiben?« fragte ich. Als sie zurücktraten und mich ansahen, begriff ich, dass sie lange auf diese Frage gewartet hatten.

Sie bildeten den vertrauten Kreis, und als der sich geschlossen hatte, sagten sie: »**Zeremonien sind Teil des Lebens; sie sind eine achtsame Interaktion mit dem Heiligen im Leben. Davon ist heute in eurer Welt nicht mehr viel übrig**«, fügten sie hinzu, »**und ihr leidet darunter. Alle leiden unter diesem Verlust – Pflanzen, Menschen, alle.**« Sie schüttelten den Kopf und sagten: »**Du weißt nicht, wie man Freude hat, und das Leben ist hart für dich. Alles auf Erden würde euch unterstützen, wenn ihr nur mehr Zeremonien machen würdet.**

Schau dir das Wort Zeremonie an«, sagten sie. »**Zeremonie bedeutet, in jedem Augenblick die Heiligkeit des Lebens zu erkennen.**« Als ich später nachschaute, fand ich in der Definition des Wörterbuchs nichts dergleichen. Und obwohl in den Definitionen, die ich fand, »Religion« erwähnt wurde, das Wort »heilig« fand sich da nicht.

»**Zeremonien bringen Freude ins Leben**«, sagten die Großmütter, »**an ihnen ist nichts Geheimnisvolles oder Schwieriges. Sie machen Freude. Die Zeremonie sagt ja zum Augenblick; sie bestätigt die Unwägbarkeit und die Bedeutung jeder Handlung.**«

Sie legten den Kopf schief, und belustigt sagten sie: »**Ihr lebt heute, als wäret ihr die ersten, die etwas tun.**« Ihr Gesichtsausdruck verriet, wie überheblich sie diese Haltung fanden. »**Ihr bildet euch ein, die ersten zu sein, die diesen oder jenen Gedanken haben oder sich auf bestimmte Weise bewegen oder eine besondere gedankliche Verknüpfung kennen.**« Sie lachten über unsere selbstbezogene Sichtweise und zeigten sich erstaunt über unser Abgetrenntsein von der Vergangenheit, über unsere mangelnde Verbindung zu denen, die vor uns da waren, und über unsere Unfähigkeit, Zeremonien zu nutzen, um damit diese Verbindungen zu würdigen und zu feiern.

»**Ihr seid nicht die ersten**«, sagten sie. »**Ihr seid Kette und Schuss des großen Lebensmusters. Eure Vorfahren wussten das. Die Rinde des Baumes weiß das.** *Eure DNA weiß das!* **Warum macht ihr euch dann das Leben so schwer?**«

Ich stand verwirrt da, und sie sahen mich mit liebevollem Verständnis an. »**Es ist euer Ego**«, sagten sie. »**Ihr habt diese isolierte Sichtweise auf das Leben gewählt, weil es euch das Gefühl gibt, wichtig zu sein.**« Sie wrangen ihre Hände wie beim Händewaschen und sagten: »**Wenn du es leid bist, dich wichtig zu fühlen, und glücklich sein willst, komm zurück zur Zeremonie. Erfreue dich des Lebens in der Zeremonie**«, sagten sie, und zwölf Köpfe nickten im Takt, »**und lass dich** ***in der Zeremonie*** **vom Leben tragen.**«

Sie beugten sich vor und erwärmten sich für ihr Thema: »**Vor den Mahlzeiten Dank zu sagen, ist eine Zeremonie der Ehrerbietung. Dein Essen zu segnen – ein Akt der Ehrerbietung. Die Samen segnen, wenn du sie säst, deinem Auto danken, dein Auto segnen, dein Lenkrad in Ehren halten.**« Sie blickten auf, als sie das sagten, und als sie meinen Gesichtsausdruck sahen, lachten sie los. Sie bogen sich und hielten ihre Seiten, einige von ihnen lachten so heftig, dass ihnen die Tränen kamen.

Es war meine Reaktion auf »**halte dein Lenkrad in Ehren**«, die sie erschütterte. »**Verstehst du nicht?**« fragten sie und wischten sich die Augen. »**Es gibt nichts, was nicht heilig ist.**« »Okay, Großmütter, okay, sogar das Lenkrad.«

»**Sich mit Freunden in der Absicht zu treffen, das Gute zu fördern, ist ein heiliger Akt, die Morgendämmerung mit einem Gebet zu begrüßen, ist eine Zeremonie. Wenn einfache Handlungen wie diese wiederholt werden, wird aus dieser Wiederholung eine Zeremonie.**

Dann bekommt sie ein Eigenleben; so unterstützt die Zeremonie dich. Auf dem gleichen Stuhl, auf dem gleichen Kissen, an der gleichen Stelle zu sitzen, um jeden Tag zu beten oder zu meditieren, ist eine Zeremonie.« Das Kissen oder der Stuhl würden aufgeladen werden. Immer, wenn wir es sehen, denken wir: »Meditiere«, und wenn wir uns darauf setzen, beginnt der Prozess der Meditation automatisch.

»Du bist nicht allein«, sagten sie. **»Du leidest *ganz unnötig* unter diesem Irrglauben. Wir sind immer bei dir. Immer. Kommt in schwesterlichen, brüderlichen Gruppen zusammen«**, drängten sie, **»oder im Familienkreis, wo immer sich Gleichgesinnte mit offenen Herzen versammeln, und dort macht Zeremonien. Sendet Segen und Gebete für andere. Solche Taten sind Zeremonien.«** Sie lächelten, als wollten sie sagen: »Nun, ist das nicht einfach?« **»Gesänge, Lieder, Gebete – das sind Darbringungen, die man aussenden kann. Sie erschaffen Lichtbänder, die sich über die Erde, über die ganze Welt erstrecken!**

Du versäumst die *Freude am Leben*, du kämpfst allein, wenn du keine Zeremonien hast. Viele scheuen so sehr davor zurück, an das Göttliche zu glauben, dass sie lieber in selbst auferlegter Einsamkeit leben.« Wenn wir unsere Verbindung zum Heiligen verleugnen, schneiden wir uns von der Quelle ab. Die Gesichter der Großmütter verrieten, wie betrübt sie waren über diese selbstverschuldete Notlage, in die manche Menschen sich brachten.

»Eine Zeremonie beim Aufstehen«, sagten sie, **»ein schlichtes Gebet oder eine einfache Körperhaltung, die die Richtungen der Erde und die Geister des Landes anruft. Ein Gebet, ganz gleich aus welcher Religion – sie sind alle wunderschön.«** Mit großen Augen beugten sie sich vor, als ob sie sagen wollten: »Hör gut zu!« und sprachen: **»Es ist eine Gnade, dass ihr jeden Tag erwacht. Erkennt das. Jeder Tag hat seine Gaben und seine Lehren – jeder Tag. Feiert diese Gaben. Man weiß nie, was der Tag bringen mag!«** Sie rieben ihre Hände und sagten: **»Das ist aufregend.**

Eine Zeremonie nach dem Aufstehen, eine Zeremonie beim Zubettgehen, in der du für den Tag und für das, was du erhalten hast, dankst. Den Einen anrufen, die Geister rufen, die dich im Schlaf beschützen. Sie *werden* es tun«, sagten sie. Jede Form des Göttlichen, die wir verehren, wird uns schützen, wenn wir um Schutz bitten. **»*Sie,* die Verkörperungen des Göttlichen, möchten genauso in Erinnerung bleiben wie du«**, sagten sie und fügten hinzu: **»Dein Leben kann so reich sein, und so viel mehr kann dir gegeben werden, wenn du nur darum bittest.«**

Als sie mich betrachteten, sahen sie ein wenig wie altmodische Lehrer aus. »**Sogar kleinen Kindern wird beigebracht, Danke zu sagen**«, sagten sie. »**Solltest du es dann nicht auch tun?**« »Großmütter«, unterbrach ich und wollte sichergehen, dass ich verstand: »Ihr wollt, dass wir das Göttliche in alles einbeziehen, was wir tun? In *alles?*« Sie sahen mich mit einem Ausdruck an, der hieß: »Ja, natürlich.«

»**Schaffe dir einen heiligen Ort, an den du gehen kannst, um mit dem Göttlichen zu sein, und es wird dich mit der Zeit unterstützen. Jedes Mal, wenn du in Ehrerbietung dorthin gehst, wird der Ort dich stärker machen. Du weißt, was wir damit meinen.**« Ich wusste es. Der Altar in unserem Schlafzimmer hatte mich lange Zeit unterstützt, ebenso der Ort, an dem der Adler gelandet war, und der unter den großen Farnen, an dem die Ermächtigungen stattfanden. Wann immer ich von zu Hause weg war, musste ich nur an einen dieser Orte denken, um mich im Frieden und geerdet zu fühlen.

»**Versammelt euch und betet für andere und füreinander**«, sagten sie. »**Die Großzügigkeit des Geistes, die dadurch entsteht, dass man von oben empfängt und an andere weitergibt, wird euch reich beschenken.**« Sie schienen zu leuchten und sagten: »**Diese Taten bringen Lichtwirbel** überall **auf der ganzen Erde zum Leuchten.**

Es spielt keine Rolle, **welche Form deine Gebete haben**«, sagten sie. »**Es ist das selbstlose Geben, worauf es ankommt: an andere, an einander, an alle Wesen**«, sagten sie leidenschaftlich und drängten: »**Lass dich bitte nicht von der Religiosität und Strenge bestimmter Wege abhalten. Wenn du einen Weg findest, der sich für dich *gut* und *richtig* anfühlt, dann tu es auf diese Weise. Erkenne aber zugleich, dass jemand anderes einen Weg hat, der für ihn genauso richtig und gut ist.**«

Sich zu ihrer vollen Größe aufrichtend sagten die Großmütter: »**Würdige *alle Wege* zu Gott, alle Wege. Alle Farben sind schön, es gibt so viele Klänge in der Musik, alle Gebete sind schön, und so schön zu hören.**

Es ist die Absicht, auf die es ankommt«, sagten sie mit weit ausholender Geste. »**Wenn eine bestimmte Halskette** über **eine gewisse Zeit mit**

der Absicht der Ehrerbietung getragen wird, wird sie die Energie der Ehrerbietung annehmen. Sie wird den Träger unterstützen. Aber ohne diese Absicht, ohne das liebevolle, heilige Gefühl dafür, wird die Halskette nichts sein.

Zeremonien sind Legion«, sagten sie. »**V-i-e-l-e, v-i-e-l-e! Jede Kultur, die das Heilige verehrt, hat Zeremonien, und sie sind gut. Alle sind gut**«, sagten sie. »**Du kannst jede aussuchen, die du willst, oder deine eigene zusammenstellen. Es ist deine Absicht, die zählt.**« Sie blickten mich ernst an und sagten »**Sag es.**«

Sie schienen in mich hineinzusehen: »**Wir haben dir einen Mantel, eine Stola gegeben**«, sagten sie, und als sie sprachen, gelangte etwas auf meine Schultern. Es fühlte sich ein wenig wie die Glückshaube an, aber es bedeckte nur meine Brust und meine Schultern. Später habe ich das Wort im Wörterbuch nachgeschlagen. Eine Stola ist ein kirchliches Gewand.

»**Lass jeden auf sein Herz hören, auf welche Art und Weise er das Heilige verehren möchte. Und habt keine Angst**«, sagten sie. »**Folgt eurer inneren Neigung, was auch immer es sein mag. Es kann Zen sein, es kann Naturreligion sein, es kann die katholische Messe oder es kann das Gebet in der Moschee sein.** ***Es spielt keine Rolle***«, sagten sie. »**Es gibt nur einen Gott und viele Wege zum Göttlichen. Aber wenn du einen Weg gewählt hast, dann geh ihn auch. Besteige den Berg! Tippel nicht um ihn herum und probiere dieses und jenes.**« Wir können alle Wege zu Gott würdigen, aber um unser inneres Leben zu vertiefen, müssen wir uns auf eine heilige Praxis festlegen und bei ihr bleiben.

»**Besteige den Berg auf dem Weg, der für dich richtig ist**«, sagten sie, »**und verbinde dich in Zeremonien mit Gleichgesinnten, Zeremonien der Danksagung, Zeremonien der Buße, der Vergebung, der Freude oder der Erlösung. Die Zeremonie ist etwas für dich und auch, um sie mit Gleichgesinnten zu teilen. Die Zeremonie wird dich nähren und stärken.**«

Ihre Gesichter wurden weicher, und sie sagten: »**Wir segnen dich. Wir segnen jeden, der in seinem Inneren das Heilige nährt und stärkt.**

Betet zusammen«, sagten sie, »**und bittet um Weisheit und Heilung. Betet füreinander und sendet Gebete an jene, die körperlich nicht anwe-**

send sind, aber sie brauchen. Wenn du zu Gott gehst, kommt Gott zu dir«, versicherten sie mir, »**aber du musst diesen Schritt tun. Die Zeremonie hilft dir dabei. Eine Zeremonie mit einer starken Absicht erreicht das Göttliche unmittelbar.«** Sie hielten inne und schenkten mir einen Blick, so voller Liebe, dass mir Tränen in die Augen traten. »**Eine Zeremonie mit einer starken Absicht, in einer solchen Zeremonie ist das Göttliche anwesend.**

Grüßt die Morgendämmerung auf diese Weise und denkt den ganzen Tag an uns oder an die Form des Göttlichen, die ihr verehrt. Denkt an uns, wenn ihr arbeitet, auf dem Weg zur Arbeit, wenn ihr esst, wenn ihr eure Mahlzeit zubereitet. Denkt immer an das Göttliche und ruft das Göttliche. ***Lasst euer Leben von der Gegenwart des Göttlichen erfüllt sein.«***

Sie sahen mir eindringlich in die Augen und sagten: »**Macht euer Leben heilig. Ihr müsst diesen Schritt tun. Jetzt ist es an der Zeit, dies zu tun. Wartet nicht. Es gibt jetzt eine Dynamik, die sich aufbaut, und eine große Macht. Diese Dynamik wird euch dem Heiligen wieder näherbringen, und euer Leben wird voller Freude und Frieden sein. Das sagen wir euch.«**

Als der Trommelschlag meine Rückkehr ankündigte, war ich von Emotionen, Tränen und einem Gefühl der Fülle in meiner Brust durchdrungen. Ich schaute mich nach ihnen um, und sie sagten: »**Komm bald wieder.«**

Auf dem Weg nach unten dachte ich darüber nach, was für eine Überraschung diese Reisen immer waren. Diese hier hätte ein Buch für sich sein können. Als ich meine Frage stellte, erwartete ich eine Liste von Zeremonien, aber die Großmütter gaben mir nichts dergleichen.

»Wenn du in deinem Gebet alles einschließt, vereint es alle Aspekte der Schöpfung und segnet es alles Leben.«

Einige Tage später kehrte ich zurück, um nach Zeremonien zu fragen, die in das Buch aufgenommen werden sollten, und um ihnen für die Schönheit dessen zu danken, was sie auf der letzten Reise mit mir geteilt hatten.

Ich beeilte mich – froh, wieder bei ihnen zu sein, und aus ihren Gesichter las ich, dass sie sich genauso freuten, mich zu sehen: »**Du kannst jederzeit herkommen**«, sagten sie, als sie mir das Haar sanft aus der Stirn strichen.

»Großmütter«, flüsterte ich, und mein Herz war voller Hingabe, »ich will immer bei euch sein.« Nachdem wir einen liebevollen Blick ausgetauscht hatten, sagte ich: »Wenn es bestimmte Zeremonien gibt, die anderen helfen würden, besonders zu dieser Zeit, möchte ich sie weitergeben.«

»**Pass auf**«, sagten sie und gingen dann auf die Seite. Ein Vorhang war hinter ihnen gewesen, der teilte sich jetzt und enthüllte ein Bühnenbild. »**Die Kulisse ändert sich ständig**«, sagten sie, während ich zusah und wartete.

»**Eine Versammlung der Sonnen**«, sagten sie, »**der Welten, der Religionen und der Völker. Betet auf allumfassende Weise**«, sagten sie.

»**Wenn ihr betet, betet für alle Wesen, schließt niemanden aus. Keine Außenstehenden, kein ›wir‹, kein ›die anderen‹**«, sagten sie. »**›Für alle unsere Verwandten‹ ist ein gutes Gebet. ›Mögen alle Wesen glücklich sein‹, ist ein gutes Gebet.** ***Alles einschließen***«, sagten sie. »**Es ist Zeit, die Aufspaltung zu beenden. Betet das Gebet** ***aller*** **Farben**«, sagten sie, »**alle sind Stränge aus dem Licht der großen Quelle des Lichts.**«

Während sie sprachen, sah ich Menschen aller Rassen und Kulturen, die mit bunten Bändern bestückt waren. Von der Quelle allen Lichts strömte Licht durch diese Bänder. Das erinnerte mich an die Maibaumübung in Phyllis Krystals *Die inneren Fesseln sprengen.*

»**Würdige die Farben aller Völker**«, sagten die Großmütter, »**die besondere Vollkommenheit in jeder Kultur, Religion und Lebensweise – würdige die Vollkommenheit darin. Kein Urteilen**«, sagten sie. »**Lasse ab vom Urteilen. Dies ist der Anfang vom Ende des sich gegenseitig Verurteilens. Schließe Gebete und Gesänge ein, die dabei mithelfen**«, sagten sie.

»**Für diejenigen, die sich von der Großen Mutter angezogen fühlen, ist das Memorare ein gutes Gebet**«, sagten sie. Hier sind die eindringlichen Worte dieses Gebets:

Gedenke, gütigste Jungfrau Maria,
man hat es noch niemals gehört, dass jemand, der zu dir seine Zuflucht nahm,
deine Hilfe anrief, um deine Fürsprache flehte, von dir verlassen worden wäre.
Von solchem Vertrauen beseelt, nehme ich meine Zuflucht zu dir.
Zu dir komme ich, vor dir stehe ich.

Als ich sie um weitere Zeremonien bat, legten sie mir den Umhang aus Federn um. Diesmal hatte er eine Kapuze.

»**Bete für die Tiere, bete für die Pflanzen, die Felsen, das Wasser und die Luft**«, sagten sie. »**Der ›Sonnengruß‹ aus dem Yoga ist ein gutes Gebet. Erde und Himmel sind in ihm vereint.**«

»Das ist es, was ihr mit dem ›alles Einschließen‹ meint, nicht wahr, Großmütter?« sagte ich. »Solche Gebete harmonisieren Yin und Yang.« »**Ja**«, sagten sie, »**wenn du betest und dabei alles einschließt, dann vereint dein Gebet alle Aspekte der Schöpfung und segnet alles Leben.**« Sie wandten mir ihre strahlenden Gesichter zu und sagten: »**Deshalb sind wir gekommen – für die große Harmonisierung, die heilt.**

Der Zweck all der Gebete, die wir erwähnt haben, ist es, dein Herz zu öffnen. Wenn sich das Herz öffnet, wird es zu einer größeren Behausung, so dass mehr vom Göttlichen in dir leben kann.« Ihre Hände im Kreis bewegend wie kleine Vögel, die sich in die Luft emporschwingen, sagten sie: »**Und so geht es – weiter und immer weiter.**«

Sie sahen mich mit großer Zärtlichkeit an und sagten: »**Deshalb wurdest du geboren.**« Als ich das hörte, rannen mir Tränen über das Gesicht. Sie hatten bestätigt, was ich immer geglaubt hatte – dass die Verschmelzung mit dem Göttlichen der Sinn des Lebens war.

»**Wenn du um Segen für dich bittest, dann nenne auch die Absicht für diesen Segen**«, sagten sie, »**damit der Segen für dich auf alle Wesen ausstrahlen kann.** ***Bete niemals allein für deinen eigenen kleinen Vorteil***«, sagten sie, »**sondern erkenne, dass alles, was dir wirklich guttut, immer**

auch allen anderen guttut. Das soll und wird immer so sein. Andere Gebete sind überhaupt keine Gebete.

Es gibt Gebete und Zeremonien, um das Herz zu reinigen. Das Göttliche tritt *tief* in das Leben derjenigen ein, die so betet und ihr Leben mit dem Heiligen durchtränkt. Sie ist gesegnet, und diese Segnungen strahlen von ihr in die ganze Welt aus. Liebe in Aktion kommt aus solchen Gebeten.«

Ein brennender Schmerz schoss in meine Schläfe und lenkte mich ab. Ich hatte schon tagelang schlimme Kopfschmerzen, und jetzt waren sie nicht mehr auszuhalten. »Großmütter«, schrie ich, »bitte!« Sie nahmen mich in ihre Arme. **»Viel verändert sich in dir«**, sagten sie, **»viel verändert sich und richtet sich neu aus, ein neues Gleichgewicht und eine neue Kraft. Wir werden dir helfen.**

Es gibt keine bestimmten Zeremonien«, sagten sie und antworteten damit auf die Frage, mit der ich gekommen war, **»aber die besondere Lektion für diese Zeit ist die Einbeziehung. Deshalb schließt bei allen Zeremonien alle Wesen mit ein und segnet sie, und wenn ihr um Segnungen für bestimmte Menschen bittet, dann, damit sie allen dienen mögen.«**

Sie breiteten ihre Arme so weit aus, dass sie wie Pelikane mit ausgebreiteten Flügeln aussahen, und verkündeten: **»Die GROSSE UMARMUNG. Es ist an der Zeit, dass Yin und Yang sich umarmen.«** Und als sie sich mir zuwandten, sagten sie: **»Nicht mehr urteilen, sondern weit werden und alles umarmen.«**

Ich fühlte diese Umarmung, diese anschwellende Liebe in mir und um mich herum. Ich war Teil von allem, was es gab – ich war weich, rund und riesig. Ich bemerkte, dass meine Kopfschmerzen weg waren: **»Reine Absichten, reine Zeremonien und Gebete bewirken Veränderungen im Körper und in der Seele«**, sagten sie. **»Sie machen das Dasein bedeutungsvoll und bringen uns dazu, die ganze Schöpfung zu lieben und zu verstehen.«** Das war es, was ich fühlte.

Sie lächelten wissend. **»Wenn du das spürst, lass es aus dir herausfließen. Diese Energie ist Nahrung, Manna; sie nährt die hungrigen Herzen und Seelen der Welt. Es wird dorthin gehen, wo es gebraucht wird«**, sagten sie. »Du brauchst an niemanden denken – es wird dorthin gehen, wo es gebraucht wird.

Die Meditationen, die wir vermittelt haben, das Netz aus Licht, das Gewebe des Seins, der Baum des Lebens und andere, können zu Zeremonien gemacht werden und in Gruppen oder allein ausgeführt werden«, sagten sie. »Sie beziehen alle und alles ein und sind großzügig. *Man kann sich nicht selbst helfen, ohne anderen zu helfen*«, betonten sie. »Man kann nicht gestärkt werden, ohne damit das Gefüge der Welt zu stärken.«

Auf dem Weg zurück in die Alltagswirklichkeit habe ich diese Reise noch einmal Revue passieren lassen. »Es gibt keine spezifischen Zeremonien für diese Zeit, aber es gibt eine spezifische Lektion, und die heißt Einbeziehung«, sagte ich. »Und auch Großzügigkeit. Wenn wir geben und uns gegeben wird, dann dient das allem.«

KAPITEL 18

Es ist Zeit

»Geh langsam, geh tief. Du wirst uns dort in dir finden, um dich her, hinter dir und unter dir.«

Auf meiner nächsten Reise war ich kaum bei den Großmüttern angekommen, als eine von ihnen meine Hand nahm und mich zu einer Klippe führte, wo wir scheinbar über den Rand der Welt blickten. Am Horizont machte ich unseren blauen Planeten aus, so wie ihn das berühmte Foto der Astronauten zeigt. Aber selbst aus dieser Entfernung konnte ich erkennen, dass auf der Erde Seltsames geschah. Den Planeten überlagernd sah ich Gestalten, die sich auf einem Rad drehten.

Die Gestalten kämpften miteinander, als sich das Rad bewegte; sein Rollen drehte sie kopfunter und auf die Seite, verzerrte sie zu seltsamen Formen und in seltsame Bewegungen, aber sie hingen fest. Das war der Kampf der Menschen, unser Bemühen, das Schicksal, das das Rad des Lebens zum Drehen bringt, zu begreifen und zu kontrollieren. Es sah für mich wie ein Ringkampf aus. Als die Gestalten heftig um die Kontrolle kämpften, war es ihr Kampf, der das Rad zum Drehen brachte.

»**Schau weiter zu**«, sagten die Großmütter, und als sie das sagten, wurde mir die Sonnenscheibe unter und hinter all dieser Bewegung des Rades bewusst.

»**Versinke in dir selbst, versinke in deiner göttlichen Natur**«, sagten sie. »**Wenn die Sonne kein Licht schenken** würde, **würdest du gar keine**

Bewegung sehen, oder?« fragten sie. **»Aber *alles*, was du siehst, ist Bewegung.«**

Nur mit Mühe wandte ich meinen Blick von diesem Drama von Erde, Sonne und Rad ab und konzentrierte mich auf die Großmütter. **»Du erkennst das Licht nicht, die Gegenwart des Göttlichen, die das ganze Leben überwölbt, die ihm zugrunde liegt, es umgibt und ausfüllt«**, sagten sie. **»Du siehst bloß die Bewegung! Richte dein Augenmerk auf das Licht!«**

Es war nicht einfach, nur auf die Sonne zu schauen. Das Ringen auf dem Rad lenkte mich immer wieder ab. Ohne das Licht der Sonne hätte ich gar nichts gesehen, aber die Sonne *tat* nichts! Es war schwer, sich auf sie zu konzentrieren, weil die *Aktion* meine Blicke auf sich zog.

»Wir schenken dir die Reisen und ihre Geschichten, damit eine Verschiebung deiner Perspektive stattfindet«, sagten die Großmütter, **»damit du deinen bisherigen Fokus auf das Handeln durchbrechen kannst. Hier, auf der stofflichen Ebene, ist der Fokus auf das Handeln eine Einschränkung.«**

Als sie sprachen, sah ich Figuren wie in einem Schattenspiel. Als sie sich bewegten, schufen sie ein plattes Abbild: Dunkles vor Hellem. Die »Realität«, die sie hervorbrachten, hatte keine Tiefe; es war bloß eine kleine, flache Bewegung. **»*Das* ist, was du siehst«**, sagten die Großmütter.

»Das Leben ist keine Abfolge von flachen, linearen Bewegungen; Bewegungen, wie zum Beispiel der Kauf eines Hauses, ein neuer Job, ein neuer Partner. Das ist es nicht, *das* ist nicht das Leben«, sagten sie. **»Das sind *Aktivitäten* an der Oberfläche des Lebens.«** Sie sahen mir ins Gesicht, um zu sehen, ob ich verstand. **»Versenke dich tief in dich selbst«**, sagten sie, **»versenke dich *tief*.«**

Ich wandte meine Aufmerksamkeit nach innen und fühlte, wie ich langsamer wurde, besonders mein Verstand. Er hatte gerast. **»Spüre dich und wisse, dass alle Aktivitäten von Körper und Gehirn nur an der Oberfläche sind: oberflächlich, statisch, geschäftig und lärmend. Sie sind weder wichtig noch unwichtig. Bloß Aktivität.**

Spüre deinen Körper *jetzt*«, befahlen sie, und ich konzentrierte mich auf meinen Atem, auf das Gefühl von Wärme in mir. **»Kein törichtes Leben mehr«**, sagten sie. **»Kein Hetzen mehr von Stimulation zu Stimu-**

lation. ***Das***«, sagten sie, »**ist törichtes Leben. Eigentlich ist das überhaupt kein Leben.**

Der Sinn des Lebens ist, zu erkennen, wer du bist, die Gegenwart des Göttlichen in allem zu sehen und dich unter die Oberfläche der Dinge zu begeben, in den Fluss des Wissens, was alles ist.« Ich lauschte aufmerksam. »**Wenn du das tust, können wir zu dir kommen**«, sagten sie. »**Wenn du das tust, sind wir *bei* dir.**«

Alles war ein oder zwei Minuten still, und dann fing ich an, tief in meiner Kehle zu summen. Hummmmmm. »Das«, sagten sie, »**ist die Schwingung deines Wesens. Sei in dieser Schwingung. Auf diese Weise kannst du unsere Lehren erhalten. Indem du dich in die Schwingung deines Wesens bewegst, schafft das eine Verschiebung in dir, entsteht eine neue Wahrnehmung und Annahme des Lebens. Du wirst anders sein. Du wirst weise sein.**« Lächelnd sagten sie: »**Weise zu sein ist etwas ganz anderes als klug zu sein. Oh, du kannst natürlich noch klug sein**«, lachten sie, »**aber du wirst weise sein.**«

Ich wollte diesen Unterschied zwischen klug und weise verstehen. Es schien, als ob das eine mit Anstrengung verbunden war, das andere jedoch nicht. »**Lass dich nicht verwirren**«, sagten sie, »**der Wunsch, etwas zu tun, wird dir kein Glück bringen. Wovon wir sprechen, ist eine** *andere* **Art zu handeln. Sie ist nicht hastig und geschäftig; es handelt sich nicht um eine Ansammlung von Errungenschaften, eine Liste von Projekten oder einen vollen Kalender. Es ist nichts davon.**

Diese Aktivitäten«, sagten sie und sahen mich mit unendlicher Geduld an, »**sind Yang. Die Überbetonung der Yang-Werte hat die Spannung, den Stress und die Schwierigkeiten auf deinem Planeten verursacht. Dafür sind wir nicht gekommen**«, sagten sie kopfschüttelnd. »**Wir sind gekommen, um dabei zu helfen, dies auszugleichen.**«

Sie sahen mich scharf an und sagten: »**Wir fordern dich auf, in die Tiefe zu gehen, zu tun, was du mit Liebe in deinem Herzen tust. Wir fordern dich auf, von deinem Herzen aus auf die Menschen in deinem Leben zu schauen. Um dies zu tun**«, sagten sie, »**musst du zuerst tief in dich hineingehen und deinen Körper spüren, dieses tiefe Summen in dir**

fühlen. Das ist die Schwingung des Lebens. Eben die Schwingung, die durch die Bäume fließt, durch die Menschen, die neben dir sitzen, durch das Essen, das du isst, und durch den Stuhl, auf dem du sitzt.«

Sie sahen mich fest an. »**Gehe immer von** ***diesem*** **Ort in deinem Herzen aus**«, sagten sie. »**Und sei tapfer!**« riefen sie und stießen ihre Fäuste in die Luft. »**Hab keine Angst. Wir sind bei dir.**«

Gutmütig lachend, als sie mein fassungsloses Gesicht betrachteten, sagten sie: »**Du kannst du selbst sein. Du kannst es! Und du wirst alle** nähren. Du wirst so viel Gutes tun, indem du **einfach du selbst bist, mehr als du jemals getan hast oder tun könntest, indem du beschäftigt bist und tust, tust, tust.**«

Als sie mich ansahen, sagten sie: »**Du bist so fern von dem, wovon wir sprechen, dass es dir vorkommt, als sprächen wir eine fremde Sprache.**« Sie betrachteten mich so eindringlich, dass ihre Liebe mich durchströmte, und sagten dann: »**Oh, wir segnen dich, und das ist nicht gelogen. Wir werden dich nicht im Stich lassen. Es ist wahr, dass du auf andere Weise leben kannst. Du wirst von innen heraus aufblühen; wenn du dich mit Liebe füllst, wirst du dich mehr erweitern, als du dir je hast träumen lassen.**«

Ich fühlte mich so glücklich und hoffnungsfroh, als ich ihnen zuhörte: »Ich will so leben, Großmütter«, sagte ich. »**Geh langsam**«, antworteten sie. »**Geh tief. Du wirst uns in dir finden, um dich her, hinter dir und unter dir. Gleich wie das Licht, gleich wie die Luft, wie die Wärme der Sonne oder die Kühle des Schattens.**

Das ist die natürliche Art zu leben«, sagten sie. »**Aber du hast schon so lange auf so unnatürliche Weise gelebt, dass, wenn wir diese Wahrheit aussprechen, es dir seltsam in den Ohren klingt. Du bist misstrauisch oder denkst: ›Das kann ich nicht. Wie kann ich so leben? Wie kann** ***überhaupt jemand*** **so leben?‹**« Sie hielten kurz inne. »**Wir sagen dir, du kannst es.** ***Es ist Zeit.***« Sie schwiegen, und dann sagten sie: »**Wenn du anfängst, so zu leben, wird das allen Wesen Veränderung bringen.**

Eine große Macht baut sich jetzt auf. Die Erde ist deine Freundin, deine Verbündete.« Sie waren ernst, leidenschaftlich. »**Wenn du zu der**

erwachst, die du bist, stelle deine Füße auf den Boden, fasse mit deinen Händen ins Gras, in den Sand, in die Erde oder an die Bäume. Erkenne die göttliche Gegenwart. Die Erde wird dir helfen, dich für das zu öffnen, was du bist. Die Erde wird dir helfen, tief zu gehen; sie wird dir helfen, langsam zu gehen.

Wenn dein Verstand mit Sorgen, mit Vorhaben, Listen oder Ängsten davonlaufen will, berühre etwas von der Erde. Berühre eine Pflanze, ein Tier oder berühre deinen eigenen Körper. Halte ein Stück Holz in deinen Händen und erinnere dich, woher es kam. Die Erde liebt dich und sehnt sich nach deiner Rückkehr zu ihr. Sie sehnt sich nach einer Beziehung zu ihren Kindern, und einige von euch sehnen sich auch nach ihr. Ist es nicht Zeit?

Geh tief«, wiederholten sie, »**geh langsam. Und was du tust, wird wunderbar sein. Was du gibst, wirst du wirklich geben, und durch dieses Geben wirst du Weisheit und Liebe, Verständnis und deine Verwandtschaft mit dem Leben wiedergewinnen. Dein Lohn wird gewaltig sein.**«

Ihr Köpfe emporreckend sagten sie: »**Du brauchst dein Leben nicht zu ändern, aber bis zu einem gewissen Grad wirst du es wahrscheinlich tun. Du wirst deine Perspektive ändern**«, sagten sie, »**und dich erinnern, dass wir immer bei dir sind.**«

Der Trommelschlag hörte auf und wurde danach schneller. Sie hatten meine Frage nicht direkt beantwortet, aber sie hatten mir neue Möglichkeiten eröffnet, die Welt und mich selbst zu betrachten. Nur mit Mühe konnte ich mich losreißen, und als ich in die Alltagswirklichkeit zurückkehrte, war meine Brust zum Bersten voll. Ich war tief erschüttert. Voller Güte und Schönheit und doch auch erschüttert von ihnen.

»Weisheit zeigt sich, wenn das Ego verstummt. Wissen,
das sind Teilstücke, die vom Ego gespeichert werden.«

Schon einige Zeit spürte ich, dass die Arbeit eine andere wurde. Nicht, dass die Großmütter es gesagt hätten; es war mehr ein Gefühl. Ich spürte, wie sich eine Tür langsam schloss. Als ich das erkannt hatte, stellte ich eine Liste von Dingen zusammen, die ich noch verstehen wollte. Als ich den Großmüttern meine Liste übergab, sagte ich: »Ich möchte alle losen Enden noch klären, Großmütter, und eine Frage, die immer wieder auftaucht, hat mit dem Unterschied zwischen Weisheit und Wissen zu tun.« Sie standen geduldig da und sahen mich nicht wirklich an, sondern streichelten mir nur unbestimmte »Dinge« von den Schultern und vom Kopf.

»**Keine Sorge**«, sagten sie, und als sie mehr von meinem Rücken entfernten, bemerkte ich, dass er schwer aussah, wie ein Haufen Schutt. Schließlich hörten sie auf, hoben ihre Hände über den Kopf und zeigten mir das Buch; sie hielten es hoch und polierten es.

Ich sah ihnen zu und hörte sie sagen: »**Das Ego ist schwer im Zaum zu halten**«, und augenblicklich wurde meine Brust ganz heiß. Hitze schoss in meine Wangen, als der Gedanke aufblitzte: »Das ist *meine* Arbeit.« Ich war entsetzt über meine Antwort, aber die Großmütter lächelten nur und wiederholten: »**Das Ego ist schwer im Zaum zu halten.**«

Mit dem Rücken zu mir drängten sie sich um meine Liste, während aus dem Nichts ein riesiger Adler, viel größer als der, der in unserem Garten gelandet war, herabstieß. Als er über meinem Kopf einen Schrei ausstieß, erkannte ich die dunkle Form seiner Flügel, dann ein Blitzen von Gold und hörte: »**Donnervogel.**«

Starke Flügel schlugen auf mich ein und fegten Trümmer aus meinem Geist und Körper. »Danke!« rief ich, als der große Vogel den Nebel aus meinem Kopf fegte – mitsamt meinen Fragen! Ich konnte mich an keine von ihnen mehr erinnern. »**Das ist der Tanz des Donnervogels**«, sagten die Großmütter, als ich ihn aufsteigen sah, bis ich seine dunklen Flügel nicht mehr sehen konnte.

»**Zu sehr von dir selbst erfüllt**«, sagten sie. »So ist es«, stimmte ich zu, und wieder fegten, blitzend und knisternd vor Macht, breite Flügel über Kopf und Schultern, lösten meinen Griff um das Buch und trugen es davon.

»**Dieses Buch ist gegeben**«, sagten die Großmütter, »**du bist nur der Kanal. Das Buch ist gegeben.**« »Danke«, rief ich zurück, erfüllt von der Energie des Donnervogels. Die Kraft strömte nun durch die verborgenen

Orte in meinem Kopf, schwemmte die Blockaden weg, wo etwas verstopft war in mir.

»**Weisheit zeigt sich, wenn das Ego verstummt**«, sagten sie. »Ooh«, flüsterte ich und fing an zu lachen. Hier war also meine Lektion über den Unterschied zwischen Weisheit und Wissen – wie bestellt. Sie entfernten mein Ego.

»**Wissen**«, sagten sie, »**das sind Teilstücke, die vom Ego gespeichert werden – ein Sammeln von Punkten, um das individuelle Ego und das Ego der Gesellschaft zufriedenzustellen.**« Mein Bemühen, das Buch zu schreiben, war nichts anderes als der Versuch, Punkte zu sammeln, jeder auf dem richtigen Stapel. »**Weisheit weiß nichts von sich selbst**«, sagten sie; »**sie speichert nichts ab. In der Weisheit ist vollkommene Freiheit, und in der Freiheit ist Weisheit.**

Wenn man nach Weisheit strebt, wird man sie nie erreichen«, sagten sie. »**Liebe allein bringt Weisheit, während Weisheit eine tiefere Liebe hervorbringt.**« Sich zu mir herüberlehnend, vertrauten sie mir an: »**Weisheit kommt nicht aus dem Verstand; sie kommt aus dem Herzen.**« Um das zu veranschaulichen, sagten sie: »**Du kannst einen weisen Menschen spüren, aber er ist schwer zu beschreiben, weil es der Verstand ist, der beschreibt. Der Verstand unterteilt und trennt, das ist seine Natur.**« »Natürlich«, dachte ich. »Wie kann etwas so Begrenztes wie der Verstand etwas so Grenzenloses wie Weisheit beschreiben?«

Lächelnd sagten sie: »**Liebe mehr. Schau, dass dir gezeigt wird, *wie* man liebt. Versuche, alle zu lieben, das ganze Leben mehr und mehr zu lieben. Suche nach der Liebe, und wenn du sie spürst, sonne dich darin.**

Eine solche Liebe bringt Weisheit, und mit dieser Weisheit kommt grenzenlose Klarheit. Das ist die tiefe, wissende Klarheit des Herzens, kosmisch in ihrer Macht, kosmisch in ihrer Weite.« Sie nickten, wippten auf ihren Fersen und sprachen: »**Das ist ein sehr erstrebenswerter Zustand. Jene, die Weisheit erlangen, sind glücklich.**

Ergreife jede Gelegenheit zu lieben«, sagten sie. »**Entscheide dich, zu lieben und in jedem das Gute zu sehen. Umarme das *wirkliche* Wesen in jedem.**« Aufmerksamkeit heischend hoben sie den Finger und sagten:

»Lass dich nicht von Äußerlichkeiten ablenken.« Ich sollte hinter das Offensichtliche und auf den Menschen hinter dem Verhalten schauen. **»Du hast jeden Tag Gelegenheit, das Gute zu sehen und der Liebe zu erlauben, dich zu öffnen. Nutze diese Möglichkeiten! So werden deine Liebe, Weisheit und Freiheit wachsen.**

Es ist das Ego, das sich abgrenzen will, denn das gibt dem Ego die Illusion der Kontrolle. Das Ego ist in seinem Verständnis begrenzt, aber mit ein wenig Wissen bildet es sich ein, dass es mehr ist, als es ist.

Suche Weisheit«, sagten sie. **»Das richtige Maß an Wissen wird kommen, damit du die Weisheit anwenden kannst, aber suche vor allem nach Weisheit. Und du wirst Weisheit auf dem Weg der Liebe finden.**

Zu Weisheit zu kommen«, sagten sie, **»hat mit Harmonisierung von Yin und Yang zu tun. Ein Zustand der tiefen Weisheit ist ein Zustand der tiefen Liebe. In einem solchen Zustand gibt es keine Polaritäten. Die Umfassung von Weisheit ist zu groß für den Dualismus. Weisheit geht über die Spaltung hinaus; sie ist in ihrer Umarmung allumfassend.**

Achte bei jedem auf das, was du an ihm lieben kannst. So wird das Gute vermehrt, Weisheit stellt sich ein und nimmt alles ein.«

Gefasst verbeugte ich mich vor ihnen; sie griffen über meinen Kopf, um noch mehr Schutt von meinem Rücken zu entfernen – ganze Hände voll. Was sie entfernten, war Teil meines Egos, ein Teil, der versucht hatte, an den Dingen festzuhalten, zu kategorisieren und zu kontrollieren. Und oh, der Schmerz, den dieses Festhalten verursacht hatte. Jeder Block oder Stapel auf meinem Rücken war schwer und stach mich irgendwo entlang meiner Wirbelsäule. Obwohl ich mir ihrer nicht bewusst gewesen war, waren diese Trümmer eine schwere Last gewesen.

Als ich mein Gewahrsein nach innen wandte, sah ich dort zwei verschiedene Zustände. Wissen war der erste. Es war übereinandergestapelt – Wissen auf Wissen auf Wissen – wie ein Gebäude, das sich aus vielen Kästen zusammensetzte. In mir war ein großer Stapel Wissen, hochgetürmt und ein wenig zur Seite geneigt.

Ich sah auch Weisheit, aber die Weisheit war nicht so hoch. Sie war gleichfalls rechteckig, aber eher waagerecht als senkrecht, und an den

Kanten etwas abgerundet. Die Weisheit berührte mehr den Boden, als in die Luft zu ragen. Sie hatte auch eine Farbe – Blau, wohingegen das Wissen gräulich oder farblos aussah.

Als ich mir das anschaute, umarmte die Struktur oder das Rechteck der Weisheit jenes des Wissens, wickelte es ein und schien sich mit ihm zu verbinden. Die Weisheit war aktiv.

Wenn wir Weisheit als Gebäude betrachten würden, dann hätte das Gebäude der Weisheit Flügel auf beiden Seiten, und diese umschlössen den Bau des Wissens. Diese Flügel waren es, die die Bewegung schufen, die ich sah. Weisheit war mit sich selbst zufrieden, auch mit Wissen. Da Weisheit einschließend war und nicht ausschließend, passten Weisheit und Wissen gut zusammen. Aber Wissen allein war ein unsicheres Gebäude; so hoch getürmt, dass es nicht stabil war. Aber wenn Weisheit das Wissen umgab und es förderte, wurde das Wissen stabil.

Ich sah die Großmütter an. »Es ist also nicht falsch, dass ein Mensch nach Wissen strebt, solange es aus der Perspektive der Weisheit gesucht wird«, sagte ich. Da sie nichts sagten, fuhr ich fort: »Die Suche nach Wissen muss aus dem Wunsch erwachsen, zu lieben, zu dienen und zu verstehen. Wenn wir lieben und verstehen, wird das Wissen ›stehen‹.«

»**Ja**«, sagten sie.

Wir lächelten uns an und bildeten einen Kreis, schwangen hin und her wie Bäume im Wind. Anmutig kippten unsere Köpfe nach links, dann wieder nach rechts. Dann wirbelten die Großmütter um mich herum und tanzten ein- und auswärts, hüllten mich dabei in etwas Seidiges und Blaues.

Als ich ihr Reich verließ und in die Alltagswirklichkeit zurückkehrte, war ich immer noch in diesen blauen Mantel gehüllt; Blau, die Farbe der Weisheit.

»Wir kommen, wir kommen, wenn ihr uns ruft.«

Die Großmütter hatten meine Fragen beantwortet, zumindest die, an die ich mich noch erinnerte. Doch weil ich mich fragte, ob ich etwas von ihrer Botschaft noch nicht festgehalten hatte, reiste ich noch einmal zu ihnen.

Ich flog allein in ihr Tal, landete und warf mich vor ihnen nieder. »Ich weiß nicht, warum ich das gemacht habe«, sagte ich, aber ich lag mit dem Gesicht nach unten auf dem Boden, und mein Körper stand nicht auf.

Lachend hoben sie mich hoch in die Luft und führten mit mir ein kleines Menuett auf. Als wir in der Luft tanzten, bemerkte ich aus dem Augenwinkel, wie mein Mikrofon vor mir an seiner Schnur baumelte. »Was macht mein Mikrofon hier?« fragte ich. »Sind wir in der gewöhnlichen oder außergewöhnlichen Realität?« »**Wen kümmert's?**« kam die Antwort.

»Großmütter, gibt es noch etwas, was Frauen mit eurer Botschaft tun sollen, was ihr mir noch nicht gesagt habt?« fragte ich. Sie schienen darüber nachzudenken, drehten sich dann zu mir um und sagten: »**Komm.**«

Sie trugen Röcke, die um ihre Körper zu schweben schienen, und als sie vor mir hergingen, erinnerten sie mich an langbeinige Vögel mit vielfarbigem Gefieder. Sie begannen zu tanzen und zu kreisen und sich miteinander zu verweben.

Sie schufen wechselnde Muster und farbenfrohe Formen und vermengten sich wie die Wolken, die über ihnen über die Erde glitten. Ich wusste nicht, ob die Großmütter den Wolken folgten oder die Wolken ihnen, aber die Muster von Sonne und Schatten, die über ihre leuchtenden Röcke wogten, waren großartig. Bewegung, Muster von Hell und Dunkel, überall, wo ich hinschaute, war Fließen und Harmonie. Die Großmütter führten den Tanz des Lebens auf.

Als sie sich niederbeugten und umherwirbelten, sah ich den Kontrast zwischen ihren anmutigen Bewegungen und dem Untergrund, der verdichteten Erde, auf der sie tanzten. Der Boden unter ihren Füßen war unterteilt; er war verfestigt und so dicht, dass er wie Ziegelsteine aussah.

Sie zeigten mir, wie ich mich mit ihnen niederbeugen und mitschwingen konnte, und mein Rock wiegte sich mit den ihren im Dreivierteltakt. Sanft berührten die Röcke den Boden und klopften auf die abgestumpfte Erde. Jedes Mal, wenn einer unserer Röcke über den Boden glitt, lockerte er die Verdichtung der Erde. Der Rhythmus unserer auf den Boden aufschlagenden Röcke war so verlockend, so natürlich; der verdichtete Erdboden *wollte* sich mit ihm bewegen.

Als ich den alten »Blue Skirt Waltz« hörte, dachte ich: »Wie schön ist es, so mitzuschwingen und mitzufließen.« Oh, die Schönheit dieses Tanzes, der alles in Harmonie brachte.

Die Erde unter meinen Füßen begann zu vibrieren. Nicht mehr steinhart, klirrte sie jetzt. Ich spürte eine Brise, und als ich aufblickte, sah ich Sträucher sich im Wind voreinander verbeugen. Nicht nur ich, sondern die ganze Natur folgte dem Beispiel der Großmütter in diesem Tanz des Lebens.

»Wie können wir, die wir sie hören, eure Botschaft umsetzen?« fragte ich sie. »**Erlaubt euch, in Anmut zu gehen**«, antworteten sie. »**Erlaubt euch zu tanzen und vertraut in eure Anmut. Vertraut in die Anmut in eurem Leben.**«

»Ihr lieben Großmütter, wie sollen wir eure Botschaft umsetzen?« wiederholte ich und wollte mehr, jetzt, da diese Phase meiner Arbeit mit ihnen zu Ende ging. »**In Freude!**« riefen sie. »**Setzt unsere Botschaft in Freude um und vertraut auf den Rhythmus des Lebens.**

Dies ist keine feindliche Welt«, sagten sie. »**Das Übermaß an Yang hat es so aussehen lassen, aber es ist nicht ihre Natur. Unter den Exzessen von Yang auf der Erde liegt Harmonie. Vertraut auf diese grundlegende Harmonie und fürchtet euch nicht. Geht nicht**«, sagten sie mit erhobenem Zeigefinger, »**in Finsternis in den Untergang und nach Armageddon. Nein!**« riefen sie aus und stampften mit dem Fuß auf. Sie waren zornig, diese vogelartigen Großmütter in buntem Gefieder.

»**Vertraut auf den Rhythmus des Lebens**«, sagten sie, »**und *tanzt* mit dem Leben! Bringt euch in Harmonie mit ihm. *Hört zu***«, sagten sie, »**und das Leben wird euch im Tanz führen. Lasst das Leben führen**«, sagten sie, und als sie meinen Gesichtsausdruck sahen, als ich darüber nachdachte, wie es sein würde, wenn ich »das Leben führen lassen würde«, lachten sie.

»**Hört auf das, was das Leben euch sagt**«, sagten sie. »**Seht, was das Leben euch jeden Tag bringt und achtet darauf, wie es sich anfühlt.**

Womit gehst du in Resonanz?« fragten sie, und nach einer kurzen Pause sagten sie: »**Geh da mit. Das ist der Rhythmus des Lebens.**« Ich begann zu verstehen, was sie meinten. »**Es ist eine freundliche Welt**«, sagten sie. »**Die Erde unter dir und der Himmel über dir, vertraue auf sie. Du bist am richtigen Platz.**

Erinnere dich, wie sehr du *geliebt* wirst«, sagten sie, »**und wenn du dich daran erinnerst, wirst du mehr lieben.**« Mit ausgebreiteten Armen sagten sie: »**Mehr Liebe wird durch dich fließen – fortwährend! Du wirst immer glücklicher werden, wenn du mit dem Leben und das Leben mit dir tanzt.**«

Sie begannen zu singen, und ihr Lied brachte mich zum Weinen. Zwei Zeilen: »**Oh, wie wir dich lieben. Oh, wie wir dich lieben**«, sangen sie immer und immer wieder. »**Sing das den Frauen und Männern vor**«, sagten sie, »**und lasse es auch sie singen. Wenn sich die Gruppe das nächste Mal trifft, singt dieses Lied. Es wird sie in eine größere Harmonie mit uns und mit einander bringen.**

Du hast gute Arbeit geleistet. Wir segnen dich«, sagten sie, und mein Herz war so erfüllt, dass mir die Stimme versagte. »***Lasst* eure Herzen voll sein**«, sagten sie als Reaktion auf meinen Zustand, »**denn es ist wahr, dass wir euch tief, vollkommen und immerdar lieben. Lasst uns euch füllen.**«

Ich fühlte mich vollgefüllt, erfüllt, ich fühlte alles. Ich sah, wie sie das Buch segneten, es an seiner Unterkante hielten und es dreimal auf den harten Boden schlugen. Bam, bam, bam!

Dann sahen sie mich an und sagten: »**Es ist Zeit für dich, hinabzufliegen.**« »Ich werde es tun, Großmütter«, versprach ich und schaute sie fest an, aber ich wollte nicht gehen. Ich wollte sie niemals wieder verlassen, aber als mir dieser Gedanke kam, sah ich ihre strengen Blicke.

Ich drehte mich noch einmal zu ihnen um, bevor ich abheben konnte. Sie sandten mir ihre Liebe mit ihrem Lächeln und sagten: »**Wir kommen; wir kommen, wenn du uns rufst. Ob du uns allein anrufst oder ob du uns mit deiner Gruppe anrufst, wir kommen. Das sollst du wissen. Lass dein Leben von der Gegenwart des Göttlichen erfüllt sein. Es ist an dir, es einzufordern.**

Das ist ein ordentliches Ende für dieses Buch«, sagten sie, und indem sie mir einen Kuss zuwarfen, fügten sie hinzu: »**Wir warten auf dich. Wende dich an uns. Rufe uns an. Wir warten auf deinen Anruf.**«

KAPITEL 19

Das Arbeitsbuch der Großmütter

»Diese Meditationen verankern unsere Lehren und ermöglichen es ihnen, tief ins Innere deines Körpers und Geistes einzudringen.«

Das mentale Verstehen bietet nur einen begrenzten Blick auf die Wahrheit. Um ein intuitives Verständnis der Wahrheiten zu vermitteln, die sie mit uns geteilt haben, habe ich hier noch einmal die Meditationen und Visualisierungen der Großmütter zusammengestellt.

Ihre Lehren haben mehrere Bedeutungsebenen. Deshalb werden das Netz aus Licht, das Gewebe des Seins, der Baum des Lebens und andere symbolhaft vermittelt. Sinnbilder schränken nicht ein, sondern erweitern den Geist. »**Diese**«, erklären die Großmütter, »**sind Werkzeuge zur Förderung der persönlichen Ermächtigung.**« Ob du dich für oder gegen die Ermächtigung der Großmütter entschieden hast, diese Werkzeuge werden dir helfen, ihre Arbeit praktisch umzusetzen. »**Diese Meditationen verankern unsere Lehren, damit unsere Unterweisungen tief ins Innerste deines Körpers und deines Geistes eindringen und dort bewahrt werden können. Dann können sie deine eigene Wahrheit werden.**

Wenn du dir diese Wahrheiten zu eigen gemacht hast, werden sie nicht mehr bloß Gedanken sein, die durch den Kopf gehen, sondern tiefinnerst gewusst.« Diese Meditationen schaffen Veränderung. Es sind keine intellektuellen Übungen, sondern Gelegenheiten, eine andere Art des Seins zu erleben.

Sie verwandeln jene, die sie üben, und von ihnen gehen sie weiter, um für viele den Wandel zu schaffen. Wenn sie uns erzählen: »**Unterschätze niemals die Kraft dieser Übungen**«, dann sagen uns die Großmütter: »**Viel Gutes kommt aus deinen scheinbar einfachen Bemühungen.**«

Dieser Teil des Buches ist eine Arbeitsgrundlage für jene, die aktiv an dieser Arbeit teilnehmen möchten. Die Meditationen sind über das ganze Buch verteilt, aber ich habe sie hier zusammengestellt, um den Zugang zu erleichtern und die Erklärungen zu vertiefen. Einige sind einfach, andere vielschichtig, aber alle werden dir helfen, dich zu heilen und ins Lot zu bringen. Und, was ebenso wichtig ist: Sie werden Heilung und Gleichgewicht auf die Erde bringen.

Es gibt ein Sprichwort, das besagt: »Ich höre und vergesse, ich sehe und vergesse, aber ich erlebe und erinnere mich.« Meditationen und Visualisierungen folgen dem Weg der Erfahrung und ermöglichen es uns, den kritischen Verstand zu umgehen, damit wir etwas wirklich Neues lernen können. Vielleicht möchtest du sie laut vorlesen oder auf Band aufnehmen, damit du die Kraft in den Worten der Großmütter unmittelbar aufnehmen kannst.

VORBEREITENDE ENTSPANNUNGSÜBUNG

Wenn du mit dem Meditieren nicht vertraut bist, bringt dich diese einfache Methode in eine Entspannung und bietet einen Einstieg in die Arbeit mit den Großmüttern. Benutze sie nach Bedarf vor den jeweiligen Meditationen.

Finde zunächst einen Ort, an dem du allein sein kannst, nimm Platz und denke darüber nach, warum du diesen Platz eingenommen hast. Was erwartest du von dieser Erfahrung? Du bist vielleicht nur neugierig auf diese sogenannten Großmütter, oder du möchtest dich der Gegenwart des Göttlichen öffnen. Sei dir darüber im klaren, was du willst, wenn du an diese Arbeit herangehst. Deine Klarheit ehrt sie und dich. *Das ist deine Absicht.*

Sobald du dich hingesetzt hast, lasse deinen Körper eine offene Haltung einnehmen. Deine Arme und Beine sind gerade, es sei denn, du sitzt im Schneidersitz auf dem Boden. Nimm dir einen Augenblick, um wahrzunehmen, wie perfekt der Stuhl oder der Boden dich trägt. Sie tragen uns zu jeder Zeit, auch wenn wir es selten wahrnehmen. Fühle deinen Kontakt mit dem Stuhl oder dem Boden und nimm wahr, wie angenehm oder weniger angenehm du dich fühlst.

Wie nimmt dein Körper den Raum ein? Wo ruht sein Gewicht? Achte auf alle Teile deines Körpers. Sind deine Füße schwer auf dem Boden? Spürst du deine Füße? Nimm dir die Zeit, die du brauchst, um anzukommen, und beobachte, was in dir vorgeht, mit einer gewissen Distanz, etwa wie bei einer Inventur. Schlägt dein Herz schnell oder langsam? Ist der Atemrhythmus regelmäßig oder unregelmäßig? *Nimm es einfach wahr.*

Nimm einen langsamen, tiefen Atemzug, und wenn du ausatmest, denk daran, wie du das Alte loszulässt (alte Gedanken, alte Einstellungen, alte Luft), und wenn du einatmest, denk daran, wie du das Neue aufnimmst. Schließe die Augen und mache das drei- bis viermal. Spüre, wie sich dein Atem in einem tiefen, langsamen Rhythmus ein- und auswärts bewegt. *Das Alte loslassen, sich dem Neuen öffnen.*

Beobachte, wie dein Herz schlägt, und nimm seinen Rhythmus wahr. Wird er langsamer? Beschleunigt er sich? Wie ist die Temperatur deines Körpers? Dein Herz kann schnell oder langsam schlagen. Dein Körper kann sich warm oder kühl anfühlen. Du bist vielleicht angespannt oder entspannt, wenn du beginnst, aber versuche nicht, etwas an dir zu ändern. Dränge dich nicht, »bemühe« dich nicht, dich zu entspannen. Beobachte einfach, ohne dich zu beurteilen. *Beobachte und nimm dir Zeit.*

Achte darauf, wo dein Körper angespannt ist und wo er sich weicher anfühlt, wenn du den Atem anhältst oder schnell oder langsam atmest. Kein Urteilen. Keine Eile. *Beobachte einfach weiter,* ohne dich zu bewerten. Wenn du dich schließlich entspannt hast, kannst du die Großmütter wissen lassen, dass du bereit bist, mit ihnen zu arbeiten.

MEDITATION AUF DAS NETZ AUS LICHT

»Das Licht, welches das Netz erhellt, entspringt im Herzen eines jeden.«

Um das Netz aus Licht zu erleben, denke dir oder imaginiere oder empfinde einfach ein funkelndes Lichtnetz, wie ein großes Fischernetz, das die ganze Welt bedeckt. Wenn du an dieses Netz denkst, nimm wahr, dass du darin eingebunden bist, ein Lichtpunkt im Netz. Fühle, spüre, sieh oder stelle dir deine Verbindung vor.

Wenn du deine Verbindung herstellst, wirst du dir der Lichtstränge gewahr, die sich auf der ganzen Erde von Mensch zu Mensch bewegen. Es ist diese Verbindung, die dieses Netz oder Gewebe schafft. Halte diesen Gedanken fest und beobachte deine Antwort darauf. Wie bist du mit dem Netz verbunden? Wo ist dein Platz? Hinterfrage deine Beobachtungen nicht – *beobachte nur.* Das Fragen an dieser Stelle verknotet den Verstand und stoppt den Fluss der Meditation.

Das Bild des Netzes zu malen, kann seinen Anblick klarer machen. Manche visualisieren, wenn sie eine solche Übung machen, andere stellen es sich gedanklich vor und wieder andere spüren die Dinge. Wenn du anfängst, schau, wie du das Netz aus Licht erlebst. Wenn du kein visueller Typ bist, kannst du einfach daran denken und dir deine Verbindung mit ihm vorstellen. Da deine Energie immer dort hingeht, wohin du Gedanken schickst, genügt es, an das Netz zu denken, um es ins Leben zu rufen.

Um deinen Platz im Netz aus Licht zu aktivieren, atme sein Licht vier oder fünf Atemzüge lang ein. Spüre oder denke an deinen Platz im Netz, während du atmest, und nimm wahr, wie dein Körper reagiert. »**Wenn das Bewusstsein für deinen Platz im Netz erwacht und sich stabilisiert, kannst du das Sprudeln dieses leuchtenden Netzes spüren, wie es sich durch die Adern deines Körpers bewegt.**« Du erlebst jetzt vielleicht, wie Licht sich in dir bewegt, denn das Netz ist sowohl in dir wie außerhalb von dir. Du bist ein Teil davon, so wie es ein Teil von dir ist.

Die Reaktionen auf das Netz sind wunderschön. Einige sehen oder spüren Licht, das ihren Körper erleuchtet. Einige fühlen Freude oder Frieden, während die meisten sich durch diese Verbindung geliebt und erfüllt fühlen. Ganz gleich, was du erlebst, indem du an das Netz denkst und sobald du deinen Platz in ihm aktivierst, bist du Teil davon.

»Das Licht, das das Netz erhellt, entspringt im Herzen eines jeden.« Das Netz ist nicht äußerlich, denn **»das Netz wird von dem Juwel erleuchtet, der jeder einzelne ist.«** Alle, die an dieser Meditation teilnehmen und Liebe und Unterstützung in das Netz geben, werden Teil des fortwährenden Flusses von Geben und Empfangen von Licht. Das Licht, das über die Stränge des Netzes ausgestrahlt wird, kehrt durch ihre Sinne schnell zum Sender zurück. **»Euer Herz entscheidet sich, Licht zu erzeugen. Dies wird dann durch die Stränge des Netzes in die Welt geleitet. Danach sind es deine Augen und Ohren und dein Atem, die dir das Geschenk des zurückkehrenden Lichtes bringen.«**

Denke daran, Licht aus deinem Herzen durch die Stränge des Netzes zu senden, und nimm wahr, wie Liebe und Licht deinem Gedanken folgen und in die Welt gehen. Du bist mächtiger, als du dir je hast träumen lassen. Es ist dein eigenes Herz, welches das Licht dieses Netzes erzeugt, und dein Denken an die Verbindung mit dem Lichtnetz, das es überträgt.

Das Senden von Licht durch das Netzwerk geschieht mühelos; kaum denkst du daran, schon breitet das Licht sich aus. Erlebe die Übertragung von Licht über das immer heller leuchtende Netzwerk, das du erweckst und trägst und das wiederum dich trägt.

Du bist Teil des Lichtnetzes, eines lebenden Systems, das die Erde trägt. Es ist euer Herz, welches das Licht dieses Netzes erzeugt, und euer Herz, das mit jedem Herzschlag Licht pumpt, das es auch ausstrahlt. **»Wenn ihr euch entscheidet, durch eure Herzen zu geben, werdet ihr durch eure Sinne empfangen, und durch diese Meditation im Netz aus Licht wird sich viel Gutes auf der ganzen Welt vervielfachen.«**

Als ich fragte, warum das Licht durch die Sinne zum Sender zurückkehrt, sagten die Großmütter: **»Das Licht kehrt durch deine Sinne zurück, weil die Menschen auf diese Weise empfangen; so weißt du, dass etwas echt ist. Wenn Informationen nur als Gedanken kommen würden, würdest du es nicht glauben, oder? Wenn etwas durch deine Sinne kommt, nimmst du es körperlich, emotional und geistig auf.«**

Das Lichtnetz auswerfen

Um das Netz anderen zugänglich zu machen, fange damit an, das Göttliche in jeder Form anzurufen, auch in der Gestalt der Großmütter. Dann denke an das Netz aus Licht und sieh dich oder imaginiere dich als Teil davon. Nimm dir etwas Zeit, um die Stärke des Netzes zu erleben und fühle deine Verbindung mit ihm, bevor du weitermachst. Dann bitte darum, dass es jenen zugeworfen wird, die es am meisten brauchen, und denke dabei an Gruppen, die sich besonders nach diesem Gefühl der Verbundenheit und Unterstützung sehnen. Die Großmütter meinen, dass wir das Netz zuerst den Frauen zuwerfen sollten, denn sie werden jene sein, die das Netz aus Licht für andere halten.

Nenne diese Gruppen – laut oder im Stillen – eine nach der anderen beim Namen, und halte immer wieder inne, um mitzuerleben, wie das Lichtnetz zu jeder Gruppe gelangt. Wenn wir in der Kerngruppe arbeiten, werfen wir das Lichtnetz normalerweise in dieser Reihenfolge aus: an Menschen in Einrichtungen (in Krankenhäusern, Gefängnissen usw.), an ältere Menschen, an Menschen, die in Armut leben, an junge Menschen, die einen Mentor suchen und keinen finden können, an »erfolgreiche« yangbetonte Menschen, an alle Seelen, besonders an die weiblichen Seelen, die sich jetzt inkarnieren, um bei dieser Arbeit zu helfen, und an alle Wesen.

Wir wenden uns an ältere Menschen, weil sie sich oft von der Welt übergangen fühlen. Wir wenden uns an »erfolgreiche« yang-betonte Menschen (besonders an Frauen, die die Unterstützung ihrer Schwestern brauchen), weil diese Menschen dem verrückten Stier sehr ähnlich sind, der von der Yang-Energie zerrissen wird. Wir richten uns an alle, die leiden, ob körperlich, mental oder spirituell. Dann werfen wir das Lichtnetz über alle Formen des Lebens überall. Wir bitten um einen Segen für alle und beenden dieses Gebet, diese Meditation mit einem alten Gebet: »Mögen alle auf der ganzen Welt glücklich sein«; wir singen und wiederholen dies dreimal.

Diese Übung kann bei Bedarf abgeändert werden. Ihr könnt variieren, wem das Netz aus Licht zugeworfen wird oder in welcher Reihenfolge, denn jeder braucht es und wird von der Verbindung mit ihm profitieren. Überwiegend sind es jedoch die Frauen, die das Netz stabil halten; um also den Planeten zu unterstützen, werfen wir das Netz zuerst ihnen zu, wenn sich die Kerngruppe trifft.

MEDITATION ÜBER DEN KRUG UND DEN BECHER

»An uns ist es, zu geben. An dir ist es, zu leben.«

Um zu erfahren, wie es ist, wenn die Großmütter dich aus der Quelle vollfüllen, beginne genauso wie in den vorherigen Übungen. Suche dir einen ruhigen Platz und mache es dir bequem. Dann rufe die Großmütter an und bitte sie, dich in einen sonnigen Raum zu bringen, wo du dem Krug und dem Becher begegnen kannst. Sobald du danach fragst, fällt dir ein bestimmtes Zimmer ein. Dann denke an den Tisch oder sieh ihn vor dir, auf dem der Krug und der Becher stehen. Das Sonnenlicht überströmt alles, es ergießt sich durch ein Fenster, eine offene Tür oder eine andere Öffnung. Sieh es, spüre es oder stelle es dir vor.

Achte auf den Krug – seine Größe und Form, sein Gewicht und seine Farbe – und wie voll er ist, voll bis zum Rand. Berühre ihn, wenn du magst, und spüre seine Rundungen.

Der viel kleinere Becher steht neben dem Krug. Nimm die Einzelheiten dieser Szenerie wie ein Künstler auf und erfasse die Größe und Form des Tisches, die Qualität des Lichts, der Farbe und der Form des Bechers und wo er in Bezug zum Krug steht. Du spürst vielleicht das warme Sonnenlicht, riechst die Luft oder hörst Vogelgezwitscher draußen am Fenster. Nutze deine Sinne oder deine Vorstellungskraft, um diese Szene zu erschaffen, und lasse sie sich in deinem Bewusstsein verankern. Nimm wahr, wie du dich in dieser Szene aus Licht, Anmut und Fülle fühlst.

Sieh den Inhalt des Kruges oder stelle dir vor, wie er in den Becher fließt und ihn vollfüllt. Als die Großmütter mir diese Übung gaben, war der Krug voller Sahne, aber er kann von jeder guten Sache voll sein. Die Großmütter können aus dem Krug ausschenken, oder es kann so aussehen, als ob es von selbst geschieht, aber sobald der Becher voll und der Krug wieder abgestellt ist, schau hinein. Dieser Krug *kann nicht leer werden.* Die Quelle hält ihn stets gefüllt.

Lasse dich darauf ein. Der Krug ist unerschöpflich, und auch du, eins mit dem sonnengebadeten Krug, bist bis zum Rand gefüllt. Du enthältst die Fülle und alles Gute. Du *kannst nicht* leer werden, weil die Großmütter dich immer gefüllt halten werden. »**Alles, was ihr tun müsst, um gefüllt zu werden, ist, an uns zu denken**«, sagen die Großmütter. »**Infolgedessen werdet ihr erfüllt sein, und – wie beim Krug – wird es in euch keine Leere geben. Aus dieser Fülle heraus wird das Geben so leicht, dass man es nicht einmal mehr als Geben betrachtet. Es gibt keine Trennung zwischen Geber und Empfänger. Was du gibst, wird aus der Quelle fließen, von der du ein Teil bist.**«

Aus einer Haltung der Fülle fließt das Leben mühelos. Die Großmütter sagen: »**Wenn du diese Übung machst, wird dein Leben immer leichter – so, wie es sein soll. An uns ist es, zu geben. An dir ist es, zu leben. Und lass uns anderen geben – durch dich.**«

MEDITATION ÜBER DEN BAUM DES LEBENS

»Du bist verbunden durch diesen Baum.«

Um die Beziehung zwischen Frauen und Männern zu stärken, und um Yin und Yang ins Gleichgewicht zu bringen, geben uns die Großmütter die Meditationen zum Baum des Lebens. »**Die Mutter kümmert sich nicht nur um die Zweige oder Wurzeln des Baumes, sondern um den ganzen Baum.**« Diese Meditation hilft uns, zu bekommen, was wir vom weiblichen Aspekt der Schöpfung brauchen. Mit dem Wiedererscheinen von Yin erhöht sich die Stabilität ganz automatisch.

Diese Meditation gleicht Beziehungen aus und schafft Harmonie im einzelnen. Sie fördert die Heilung für die Meditierenden wie für alles Leben.

»**Der Lebensbaum ist für alle – Männer und Frauen. Erlebt den Frieden dieses Baumes.**«

Diese Meditation besteht aus drei Teilen, die alle wertvoll sind. Aber wahrscheinlich besteht ihr größter Nutzen darin, den Fluss von Yin und Yang in jedem einzelnen ins Lot zu bringen.

Dies ist der Weltenbaum, ein Archetyp oder Symbol für Einheit und wechselseitige Verbundenheit, ein Thema der Volkskunst auf der ganzen Welt, der von den indigenen Völkern überall verehrt wird. Ich sah meinen ersten Lebensbaum in Mexiko – aus Ton gefertigt und mit Tieren und Menschen, die auf seinen Zweigen saßen –, aber ich habe ihn seither in vielen Kulturen gesehen.

»Das Symbol des Baumes hat einen tiefen Sinn. Seine Wurzeln tragen alles auf der Welt, während seine Zweige die Erde beschirmen. Alle Wesen sind durch diesen Baum miteinander verbunden. Deshalb ist ›Liebe alle‹ ein sinnvoller Rat.«

Wir sind tief verbunden mit und durch die Energie des Baumes, der unsere Verbindung mit dem Göttlichen und miteinander verkörpert. Obwohl wir in einer materiellen Welt leben, sind wir mehr als nur das Ausgangsmaterial. **»Wenn du dich durch den Baum des Lebens der Unterstützung der Muttergöttin öffnest, kannst du mehr geben. Und wenn du lernst, auf diese Weise zu geben, wirst auch du ein lebendiger und freigiebiger Teil vom Baum des Lebens werden.«**

AUSGLEICH VON YIN UND YANG

»Du musst erkennen, dass der Baum eine Einheit ist.
Sowohl Oben als auch Unten, Wurzeln und Äste sind eins.«

Da die meisten Menschen eine beschränkte Sicht auf das Leben haben, lehren uns die Großmütter, den Baum nicht nur als die Summe seiner Teile, sondern als Ganzes zu sehen. Und um unsere Sichtweise richtigzustellen und uns das Gleichgewicht von Yin und Yang zu zeigen, geben sie uns eine Atemmeditation, die die männliche und weibliche Energie harmonisiert. Sie benutzen das Sinnbild des Baumes, um die Begrenzungen unseres rationalen Verstandes zu umgehen.

Nachdem du dich entspannt hast, rufe den Baum an und beobachte, wie er dir in den Sinn kommt, wobei du dir besonders seiner Krone und Wurzeln gewahr wirst. Wenn du nicht gut visualisieren kannst, *rufe bloß den Baum an.*

Denke daran, stelle dir vor oder fühle, wie du dich an seinen Stamm lehnst, während du tief von seinen Wurzeln her atmest. Sei dir des gesamten Baumes gewahr und achte auf deine Verbindung zu ihm. Du kannst dies im Sitzen, Stehen oder Liegen tun.

»Ziehe die Energie der Erde mit jedem Atemzug in deinen Körper hinauf, und mache das drei Mal.« Empfange alles, was du von Mutter Erde brauchst, mit diesen drei tiefen Atemzügen – Sicherheit, Beständigkeit und Geborgenheit – und beobachte, wie diese Gaben, die besonderen Eigenschaften der Großen Mutter, deinen Körper und deinen Geist durchdringen. Nimm dir Zeit, sie aufzunehmen.

»Atme nun von den Blättern und Ästen des Baumes und ziehe dabei die Energie des Himmels mit jedem Atemzug in dich hinein. Mach das drei Mal.« Hole dir, was du vom männlichen Prinzip brauchst – Stärke, Schutz und Klarheit.

Obwohl wir zuerst von den Wurzeln und dann von den Ästen einatmen, ist es nicht nötig, unsere Ausatmungen in eine bestimmte Richtung zu lenken. **»Deine Ausatmung wird dorthin gehen, wo sie gebraucht wird. Dein Einatmen trägt in sich ein Geschenk an dich und dein Ausatmen ein Geschenk an die Welt. Diese Geschenke werden dorthin gehen, wo sie gebraucht werden.**

Da eine solche Atmung im Selbst Harmonie und eine harmonische Umgebung schafft, ist es für Frauen und Männer von Vorteil, diese Übung gemeinsam durchzuführen. Es ist absurd, dass Männer den weiblichen Aspekt des Lebens ignorieren oder dass Frauen das Männliche ignorieren. Wenn alle Äste des Baumes abgehackt würden, würde der Baum sterben. Wenn es alle Wurzeln wären, würde der Baum ebenfalls sterben.

Der Baum braucht Aufmerksamkeit und er braucht Fürsorge – *jetzt.*« Wir können es uns nicht leisten, noch mehr Zeit mit Machtkämpfen zu verschwenden; wir müssen anfangen, einander mit neuen Augen zu betrachten. »**Der ganze Baum braucht Fürsorge – Wurzeln wie Äste. Mit dem Baum des Lebens zu arbeiten, wird viel Gutes bringen. Wenn du so atmest, treffen sich Erde und Himmel in der großen Umarmung von Mutter/Vater, Vater/Mutter, Yin/Yang.**«

SICH DURCH DIE WURZELN DES BAUMES AUSDEHNEN

»Das ist die Wurzel und der Weg für dein Leben...
die Quelle für dein individuelles Leben.«

Nach dem Entspannungsprozess visualisiere das Netzwerk der Wurzeln und Äste des Baumes, stelle es dir vor oder denke daran, wie es sich ausdehnt, weiter als das Auge sehen kann. Es umfasst die Erde, alle Völker, ihre Länder und Kulturen. *Denke einfach daran, dann lass es los und beobachte* deine Reaktion darauf.

»**Visualisiere oder stelle dir diese Wurzeln vor wie die Adern von Flüssen, die jeden Ort auf der Erde berühren – Europa, Asien, Afrika, Amerika, alle Inseln und Polregionen. Die Wurzeln verflechten sich in der ganzen Erde, während die Äste den ganzen Planeten beschirmen.**«

Gehe in die Wurzeln des Baumes. Tauche hinab, wandere durch dieses riesige Netzwerk und erkunde es.

Die Wurzeln sind in Mutter Erde verankert und verankern dich in ihr, indem sie dich ebenso nähren, wie sie den Baum nähren. Wenn du einatmest und empfängst, was die Große Mutter dir gibt, erkenne die Tiefe deiner Verbindung zu dieser mütterlichen Quelle, die dich sicher in ihrem Wurzelwerk hält. Lass deinen Körper seine Verbindung mit ihr und mit der Erde spüren.

Vielleicht spürst du in diesem Netzwerk einen Ort, der sich für dich richtig anfühlt. Du hast eine Wurzel und einen Weg, durch die du auf besondere Weise mit dem Baum verbunden bist. Diese gehören dir allein und werden dir Geborgenheit vermitteln. Suche diesen Ort jetzt, und sobald du ihn gefunden hast, ruhe dich dort aus. »**Dies ist die Wurzel und der Weg für dein Leben, die Quelle für dein individuelles Leben.**«

Erkunde deine Wurzel – ihre Form, ihren Umfang und ihren Verlauf im unterirdischen System des Baumes.

Jedes Mal, wenn du diese Meditation praktizierst, wird deine Wurzel und deine Verbindung mit allen anderen Wurzeln gestärkt. Denn jeder Mensch verbindet sich über seine Wurzeln mit dem Lebensbaum. **»Darum ist es unmöglich, dir selbst Gutes zu tun, ohne damit auch allen anderen zu nützen. Wenn du deine eigene Wurzel stärkst, wird die Verbindung aller zum Göttlichen stärker.«**

Die Baumübung ist auch für Männer hilfreich, aber Frauen geschieht etwas Besonderes, wenn sie damit arbeiten. Seit vielen Jahren sind die Frauen von der Quelle der weiblichen Macht abgeschnitten, und eine Möglichkeit, wieder Zugang zu dieser Macht zu bekommen, ist die Arbeit mit dem Baum des Lebens. Die Großmütter sagen: **»Es ist an der Zeit, dass die Wurzeln der Frauen wieder wachsen; die Wurzeln des Baumes sind wie Frauen, die standhaft und tragend in ihrer Macht stehen.**

Wenn Frauen mit den Wurzeln des Lebensbaumes arbeiten, wird jede Wurzel sich ausstrecken und eine andere berühren. Zusammen bilden diese ein tragendes Netz, das die Erde stabil hält. Das ist eine weitere Möglichkeit für die Menschen, sich dem Netz aus Licht zu öffnen.«

Früchte des Baumes

»Jede Frucht ist notwendig für die allgemeine Gesundheit des Baumes.«

»Im menschlichen Leben und im Baum des Lebens strömt die Energie von der Quelle die Wurzel hinauf und in den Körper. Dort manifestiert sie sich als Frucht – die Früchte des eigenen Handelns und die Früchte am Baum des Lebens.« In beiden Fällen reift die Frucht allmählich.

Diese Übung ermöglicht es uns, uns selbst auf eine neue Art und Weise zu sehen, wobei wir unsere spezifischen Begabungen und Herausforderungen gutheißen. **»Jede Frucht ist notwendig für die allgemeine Gesundheit des Baumes. Es ist *diese besondere* Frucht, ausgewählt vom**

Baum des Lebens, die jedem Leben seinen eigenen Geschmack gibt. Die Frucht am Baum spiegelt die besondere Eigenheit jedem einzelnen wider.«

Wenn wir unsere Frucht als Symbol dafür betrachten, wie wir leben und wer wir sind, können wir die Lehre des Baumes tiefer verstehen. Unser Leben spiegelt unsere Individualität wider. Einige von uns sind Macher, andere sind Zuschauer, wieder andere sind Überlebenskünstler, Entdecker, Gutachter – eine endlose Liste. Mit der Zeit werden sich die innewohnenden Qualitäten in unserem Leben zeigen (unsere Begabungen, Herausforderungen und Charaktereigenschaften), so wie die Frucht das aufweist, was ihr innewohnt (ihre Süße, Farbe und Beschaffenheit).

Beginne diese Übung mit deiner üblichen Entspannungsmethode, dann rufe den Baum des Lebens an und sieh seine ausladenden Äste, die mit Früchten jeder Art beladen sind. Hier hängen Mangos, Bananen, Äpfel, Weintrauben, alle erdenklichen Früchte. Geh zum Baum und sei dir der Frucht gewahr, die du auswählst – oder besser gesagt, der Frucht, die dich auswählt.

Ob die Bedeutung deiner Frucht für dich offensichtlich ist oder nicht, ist nicht wichtig. Die Frucht ist eine Metapher für dein Leben, also behandle sie mit Respekt, um zu sehen, was sie dich lehren kann. Die Großmütter geben auf diese nichtlineare Weise gezielt »Lektionen«, damit wir uns selbst auf die Schliche kommen.

Sobald du dich für deine Frucht entschieden hast oder von ihr ausgewählt wurdest, lerne sie kennen. Du magst versucht sein, sie gegen eine andere zu tauschen, aber widerstehe der Versuchung und schaue dir ihre Farbe, Oberfläche und Größe genau an. Spüre ihr Gewicht und ihre Form, ihre Glätte oder Rauheit. Rieche sie, probiere sie. Nimm eine sensorische Bestandsaufnahme vor.

Wenn du alles erkundest, wirst du dir diese Frucht wirklich aneignen, und wenn du deine Frucht gutheißt, entscheidest du dich vielleicht auch dafür, das besondere Wesen gutzuheißen, das du bist. Die Frucht ist ein Lehrer, der dir hilft, deine einzigartigen Eigenschaften zu schätzen.

»Je mehr du dich in deiner Frucht verkörperst (in der Wahrheit deiner individuellen Gestalt), desto mehr wirst du in die Welt vordringen, um zu sein, wer du bist. Diese besondere Frucht vom Baum des Lebens gehört dir. Dieses besondere Leben gehört auch dir. Deine Frucht, dein Leben, ist ein Geschenk von dir und von der Quelle selbst.«

Um dem großen Kreislauf des Lebens zu dienen und uns mit ihm zu verbinden, müssen wir uns zu eigen machen, wer und was wir sind. Der Lebensbaum, eine Metapher für das Göttliche oder die Urquelle, zeigt uns, dass – so wie jede Frucht von dem Baum kommt und Teil des Baumes ist – auch wir vom Göttlichen, aus der Urquelle kommen und Teil von ihr sind. Wir, die Früchte, gehören zum Baum.

Wenn wir unsere Gabe vom Baum beanspruchen, können wir die Frucht unseres Lebens ausleben, und wenn wir das tun, blühen wir auf. Jeder, der erlebt hat, wie eine Freundin »bei sich ankam«, weiß, wie aufregend es ist, dieses Erwachen mitzuerleben. Dieser Teil der Lebensbaum-Meditation gibt uns den Anstoß, »bei uns selbst anzukommen«.

Die Frucht folgt zwangsläufig auf die Blüte, also trägst du nach der Blüte Früchte. Sobald wir bei uns selbst angekommen sind, uns unsere Stärken, Schwächen und Begabungen zu eigen machen, haben wir etwas, das wir der Welt zurückgeben können. Was wir zu geben haben, wird bestimmt durch die Frucht, die uns gegeben wird, und durch das, was wir damit tun. Die Früchte des Baumes repräsentieren sowohl die Hand, die uns gegeben ist, als auch, was wir mit ihr tun. Das Sprichwort: »Wer du bist, ist Gottes Geschenk an dich, was du wirst, ist dein Geschenk an Gott«, fasst es gut zusammen.

Indem wir die Wahrheit unseres Selbst leben, geben wir dem Baum des Lebens etwas zurück und schließen den Zyklus von Geben und Empfangen. **»Der Baum des Lebens trägt alles, was lebt, indem er ständig von sich gibt. Diese Meditation wird dir helfen, dir die Gaben deiner besonderen Frucht zu eigen zu machen und dann zu nutzen. Dann wirst auch du der Welt etwas zu geben haben.«**

MEDITATION ÜBER DAS GEWEBE DES SEINS

»Du bist viel mehr, als du dir vorgestellt hast.
Du bist wie der Nachthimmel.«

Diese Meditation erweitert das Bewusstsein, indem sie Ängste und die Illusion der Getrenntheit vom Göttlichen sowie der Trennung voneinander auflöst. Durch die Auflösung falscher Barrieren wirkt sie Einsamkeit und Vereinzelung entgegen. Indem es einschränkende Überzeugungen und Denkweisen durchbricht, befreit uns das Gewebe des Seins zu einem erweiterten Bewusstsein. Dies ist ein weiteres Sinnbild, mit dem die Großmütter uns über das Göttliche und unsere Beziehung zu ihm belehren.

Das Gewebe des Seins bricht uns aus der engen Identifikation mit unseren individuellen Problemen und unserem kleinen Selbst heraus und bringt uns in Kontakt mit dem größeren Selbst. Da es das Gefühl der Trennung von der *Ganzheit* des Lebens ist, das Einsamkeit und Isolation überhaupt erst schafft, erleben wir hier Freude. Diese Meditation gibt Körper und Geist ein Verständnis von Einheit mit der Quelle und Einheit miteinander.

Die Großmütter sagen: »**Du *bist* das Gewebe des Seins. Denke an den Nachthimmel und lass dich in das Indigoblau dieses Himmels hineinziehen. Hier gibt es viele Sterne und Monde und ein Leuchten von ihnen allen.**«

Nachdem du einen Zustand der Entspannung erreicht hast, denke an das weitgespannte nächtliche Panorama von Mond und Sternen. Wenn du an einem Ort wohnst, an dem du die Sterne sehen kannst, gehe vor die Tür und schau hinauf. Wenn nicht, denke an eine Zeit, zu der du das tiefe Blau des Nachthimmels betrachtet hast, und während du es mit deinen physischen oder inneren Augen betrachtest, denke an die Aussage der Großmütter, dass du nicht getrennt bist, sondern Teil von allem.

Atme sanft ein und ziehe bei jeder Einatmung den Sternenhimmel in deinen Körper, dann verschmelze mit ihm, wenn du ausatmest. Wenn du einatmest, dringt der Himmel in dich ein. Wenn du ausatmest, fließt du in den Himmel hinaus. Atme so weiter und erkunde diese Weite. Lass dich tragen vom Firmament; der Mantel des Himmels hüllt dich ein, und während du dich darin gebettet ausruhst, berührst du alles – Sterne, Erde und Luft. »**Du umfasst all das**«, sagen die Großmütter, »**du bist der indigoblaue Nachthimmel. Du umgibst alles und pulsierst mit dem Leben. Die Sterne und Monde am Himmel pulsieren in dir, genau wie dein Herzschlag in deinem physischen Körper widerhallt.**«

Sei dir gewahr, wie sich der Himmel im Rhythmus deines Atems in deinen Körper hinein und aus ihm hinausbewegt. Die Lebenskraft des Universums *ist* in uns. Sie ist unter unserer Haut ebenso wie über uns und um uns herum, und diese Übung wird es dir ermöglichen, sie zu spüren. Wenn du so atmest, achte auf die Temperatur deines Körpers, den Rhythmus deines Atems und deinen Herzschlag.

»**Wenn du nur dein Körper wärst, wenn du nur dein Atem oder deine Gedanken wärst, hättest du keine Kenntnis davon. Aber du bist viel mehr als das eine oder andere, und weil du es bist, kannst du es, wenn du dein Bewusstsein nach innen wendest, alles erkennen. Du bist viel mehr, als du dir je vorgestellt hast. Du bist wie der Nachthimmel. Unermesslich.**

Diese Meditation ist dafür da, dich über das Gefühl der Begrenztheit und Kleinheit hinauszubringen. Das Gewebe des Seins wird dich über die gedanklichen Trennungen von »mir« und »mein«, »dir« und »dein« hinausführen. Das sind kleinliche Konzepte – nicht einmal Stecknadelköpfe – und das ist es nicht, was du bist. Du bist großartig; du bist die tiefblaue, endlose Hülle des Nachthimmels.

Über das Gewebe des Seins zu meditieren, baut Sorgen, Ängste und Stress ab. Es löst negative mentale und emotionale Zustände auf, denn in Wahrheit bist du das Gewebe des Seins.«

MEDITATION ÜBER DIE ROSE DES HERZENS

»Dies ist das Juwel der Übungen – die Rose des Herzens.«

Als die Arbeit mit den Großmüttern beendet war, bat ich sie um eine Meditation für das Öffnen des Herzens, um das Buch damit zu beschließen. Die Rose des Herzens ist ein passender Abschluss für diese Übungen.

Da diese Meditation diktiert wurde, werde ich sie in den Worten der Großmütter wiedergeben, mit eigenen Sätzen oder Kommentaren nur bei Bedarf. Deine Erfahrung wird tiefer sein, wenn du beim ersten Mal, wenn du diese Meditation machst, eine echte Rose betrachtest. Das ist zwar nicht unbedingt nötig, wird dir aber ein sinnlich fassbares Bild vermitteln, auf das du dich beziehen kannst.

Die Großmütter sagen: »**Beginne damit, die Mitte deiner Brust zu spüren. Was wir tun, ist sozusagen ein ›Vorher‹ und ›Nachher‹. Dies ist das Vorher. Achte auf das Befinden in diesem Körperbereich, die Temperatur, Weichheit oder Härte, vielleicht die Farbe, die du in deiner Brust spürst. Beobachte, wie es im Bereich des Herzens ist. Wie ist es?**

Nimm eine Rose, die du dir ansehen kannst. Keine geschlossene Knospe oder eine voll erblühte, sondern eine vielblättrige Rose, halb geöffnet.« (Als sie das sagten, zeigten sie mir die gewünschte Farbpalette – irgendwo im Spektrum von Pfirsichgelb, Rosa und Rot.) »**Schau in die Rose und nimm dir Zeit, rieche sie. Eine natürliche Rose, die nicht gekreuzt wurde, hat einen Duft. Diese sind am besten, weil der Duft der Rose ihnen eigen ist.**

Fühle die Haut, die Blütenblätter der Rose und rieche noch einmal an ihr, während du die Vielgestaltigkeit ihrer Blütenblätter untersuchst. Wie schön diese Blütenblätter sind. Schau genau, wie sich jede von ihnen auf die anderen bezieht. Achte auf das Muster oben und unten sowie auf den zarten Rand der Blütenblätter. Schau, wie die Rose kreisförmig aufgebaut ist, sich faltet und einhüllt bis ins Herz ihrer selbst.

Das Zerlegen einer Rose wird dir nicht zeigen, was eine Rose ist, denn eine Rose ist das Zueinander der Blütenblätter. Das Wunder der Rose

entsteht durch ihren Duft, ihre Beschaffenheit, ihre Farbvariation und die Beziehungen ihrer Blütenblätter.

Wie vollkommen diese Blume ist. Wie vollkommen du bist. Wenn du nur wüsstest! Jedes deiner Teile bezieht sich perfekt auf alle anderen – deine Organe, im harmonischen Gespräch miteinander, deine Essenz durchdringt alles. Wie die Rose kann auch der menschliche Körper seziert werden; die Persönlichkeit kann seziert und diagnostiziert werden. Aber deine Essenz, die in jedem Teil von dir ist, kann nicht angerührt werden. Wie bei der Rose, so auch bei dir.

Jetzt schließe deine Augen und konzentriere dich auf den Bereich des Herzens. Achte wieder darauf, wie es sich anfühlt, wie die Empfindung hier ist, und dann stelle dir vor, wie du die Rose, die wunderschöne Rose, die du betrachtet hast, in dein Herz gibst. Die Rose ist jetzt in deinem Herzen.

Sieh zu, wie sie sich langsam öffnet. Sich öffnet… und sich öffnet. Wenn du einatmest, öffnet sich die Rose, sie dehnt sich, und wenn du ausatmest, atmet die Rose auch aus und schließt sich ein wenig. Beim Einatmen öffnet sie sich weiter, beim Ausatmen schließt sie sich ein wenig. Und beim nächsten Atemzug öffnet sie sich weiter und verströmt ihren Duft.

Wie sich die Rose öffnet, so öffnet sich dein Herz. Mit deinem Einatmen öffnen sich die Rose wie auch dein Herz, mit dem Ausatmen schließen sie sich ein wenig und mit dem nächsten Einatmen öffnen sie sich weiter. Da die Rose, das Herz deinem Atem folgt, dient dieser allmähliche Prozess dazu, dein Herz zu erweitern. Atme jetzt mit der Rose deines Herzens und öffne dich jedes Mal, wenn du einatmest, ein wenig mehr.

Als nächstes dehne die Rose so aus, dass deine Brust in ihren Blütenblättern ruht. Erlebe diese riesige Rose deines Herzens. Jetzt schwillt die Rose in deinem Körper an, bis sie deinen ganzen Körper umfängt. Fühle dich umgeben von der Rose und erfüllt von ihr.

Dehne sie weiter, bis sie den Raum ausfüllt, in dem du sitzt, und noch weiter, bis sie deinen Lebensraum ausfüllt. Lasse sie sich ausdehnen, bis sie dein Land durchtränkt.

Dieses riesige Herz, die Rose dehnt sich jetzt aus, um dein ganzes Land auszufüllen. Weiter, nach außen, immer weiter füllt es alle Länder der Welt an, hält alle Völker, alle Gewässer und Landmassen der Erde. Das große Herz, die Rose hält nun die ganze Erde in ihren Blütenblättern, dehnt sich weiter aus, bis die Sonne in ihr enthalten ist, die Galaxie, das ganze Universum. Alles. Alles ist jetzt in deinem riesigen Herzen, in dieser Rose enthalten.

Weit in den Raum dehnt sich diese gewaltige Rose deines Herzens aus, bis sie alles hält und enthält. Fühle es. Empfinde es. Ruhe dich kurze Zeit an dieser Stelle aus und nimm wahr, wie es ist, in einem so erweiterten Zustand zu sein, bevor du weitermachst.

Jetzt beginnt die Rückreise, eine viel schnellere Fahrt. Die Rose des Herzens beginnt ihre Rückkehr zu dir. Sie kommt jetzt zurück; sie beeilt sich, kehrt zurück in dein Land, in deine Stadt, in dein Haus, in deinen Körper und vor allem in dein eigenes physisches Herz.

Nimm dir etwas Zeit, um in diesem Raum in deinem Herzen auszuruhen und nimm diesen Bereich deines Körpers wahr. Hier lebt die Rose, das Herz, dort wird es immer leben.

Nimm wahr, ob sich seit Beginn dieser Übung Änderungen ergeben haben. Wie ist dieser Bereich deines Körpers jetzt? Achte auf die Größe deines Herzens, auf sein Gewicht, seine Temperatur, seine Farbe und Beschaffenheit. Vergleiche dein Herz jetzt damit, wie es sich anfühlte, bevor du diese Übung gemacht hast.

Derart ist die Schönheit und die gewaltige Pracht deines Herzens«, sagen die Großmütter. »Bleibe hier in Frieden.«

Über die Autorin

Sharon McErlane war mehr als drei Jahrzehnte Lehrerin und Ehe- und Familienberaterin. Ihre Arbeit konzentriert sich darauf, Klienten und Schülern Techniken zur spirituellen und emotionalen Integration zu vermitteln, die sie auf ihrem Weg durchs Leben begleiten. Sie unterrichtet Schamanisches Reisen und reist durch die Welt, um mit Gruppen zu sprechen und die Botschaft der Großmütter zu verbreiten.

Sie ist auch eine versierte Künstlerin und Gärtnerin und hat in ihrem Haus und Garten eine anmutige Umgebung geschaffen, die viele ihrer Schüler als einen heiligen Raum und eine nährende Umgebung für ihre Workshops betrachten.

Sie ist verheiratet, hat zwei erwachsene Kinder und lebt mit ihrem Mann und einem Golden Retriever in Laguna Beach, Kalifornien.

Abschlusshinweis der Autorin

Meine Arbeit mit den Großmüttern geht weiter; wenn sie mir eine neue Lektion erteilen, rufe ich die Menschen zusammen und gebe sie weiter. Jetzt teilen Menschen auf der ganzen Welt die Botschaft der Großmütter miteinander. Sie erwachen zu der Heiligkeit, die in ihrem Kern lebt, sie spüren eine liebevolle Verbindung untereinander und mit dem Göttlichen. Viele Menschen verbreiten jetzt die Ermächtigung der Großmütter. Eine Liste der Ermächtigungsgruppen findest du auf unserer Website unter: netoflight.org.

Ich weiß nicht, wohin mich die Arbeit der Großmütter als nächstes führen wird, aber die Reise mit ihnen war so bereichernd, dass ich mir geschworen habe, dorthin zu gehen, wohin sie mich führen, und da sie nicht mit mir fertig zu sein scheinen, wird es ein zweites Buch geben, *Unsere Liebe ist unsere Macht.*

Die Arbeit mit den Großmüttern hat mir ungeahnte Freude bereitet, und ich hoffe, dass das Lesen und die Arbeit mit ihnen auch dir Freude bereitet hat. Dieses Buch wird mit Liebe dargeboten. Ich freue mich, dass ich Teil ihrer Arbeit sein durfte.

Sharon McErlane

Arbeit mit den Großmüttern

Die Ermächtigungen und den Mantel der Geborgenheit kann jede weitergeben, die sie selbst erhalten hat. Die Weitergabe ist stets kostenlos. Die aktuellen Adressen der Frauen, die bereit sind, die Ermächtigung weiterzugeben, findet Ihr hier: **www.netoflight.org** und dann »Meetings«.

Ein Newsletter auf deutsch kann hier abonniert werden:

lichtnetz.in.deutsch@gmail.com

Bitte in den Betreff einfach »Newsletter bestellen« eingeben.

Netzwerk Schweiz: **https://netoflight.jimdosite.com**

Bereits erschienen:

Sharon McErlane
Unsere Liebe ist unsere Macht
Mit dem Lichtnetz arbeiten, das die Erde hält
Die Lehren der Großmütter 2
Klappenbroschur, 368 Seiten
ISBN 978-3-89060-777-1

Die Großmütter sind gekommen, um durch die Frauen das Yin auf der Erde wieder stark zu machen. In diesem Buch schreibt Sharon McErlane von vielen weiteren Begegnungen mit den Großmüttern und ihren Unterweisungen und von der Arbeit mit den zahlreichen Frauen, die inzwischen auf der ganzen Welt am Lichtnetz weben.

In ihrem ersten Buch »Selbstermächtigung« erzählt Sharon McErlane von ihrer ersten Begegnung mit dem »Großen Rat der Großmütter«. Es sind weise Wesen, die in der geistigen Welt wirken und jetzt daran arbeiten, auf der Erde der Macht des Weiblichen wieder zur Geltung zu verhelfen. Ohne dieses Yin wird das Yang, das in unserer Welt außer Rand und Band ist, an sich selbst zugrunde gehen.

Sharon McErlane
Das Lichtnetz wirken
...das uns halten wird in diesen
Zeiten des Umbruchs
Die Lehren der Großmütter 3
Klappenbroschur, 256 Seiten
ISBN 978-3-89060-783-2

Die Zeiten des Umbruchs sind jetzt da! Die Welt, die lange unter dem Übergewicht von Yang gelitten hat, der männlichen Energie von Machen und Unterwerfen, muss wieder ins Gleichgewicht kommen: Das Weibliche muss Macht gewinnen. Die Macht des Weiblichen ist die Liebe, das Halten, die Fürsorge und das Gedeihen. Dafür sind die Großmütter gekommen, die uns wieder mit dem Lichtnetz – dem Gewebe des Lebens – in Verbindung bringen wollen, damit wir durch es und mit ihm wirken.

Im Frühjahr 2022 erscheint:

Sharon McErlane
Die Rückkehr der Mutter
und die Wiederkehr der Liebe
Die Lehren der Großmütter 4
Klappenbroschur, ca. 288 Seiten
ISBN 978-3-89060-800-6

In diesem vierten und abschließenden Band der Lehren der Großmütter begegnet uns die Große Mutter selbst. Haben die Großmütter bislang die Frauen ermutigt, in ihre Eigenmächtigkeit einzutreten und das weibliche Prinzip, das Yin, die nährende Kraft des Haltens und Tragens zu leben; haben sie Frauen (und auch Männern) die Bedeutung des Lichtnetzes aufgezeigt und wie wir uns mit diesem universellen Lebensnetz verbinden, so tritt uns in diesem Buch die Erden- und Himmelsgöttin entgegen und mit ihr erscheinen die alten Götter, die Emanationen der großen Allmutter sind.

In diesem Buch berichtet Sharon McErlane von weiteren Reisen durch Europa und wie sie gemeinsam mit vielen anderen das Lichtnetz hier verankert. Hier sind wir alle aufgefordert, uns mit dem Lichnetz zu verbinden, das wir halten und von dem wir gehalten werden.

»Es gibt große Risse und Brüche im Netz aus Licht. Das ist besonders im Nahen Osten der Fall, aber das Netz ist auch in der nördlichen Hemisphäre geschwächt – in Nordeuropa und Russland. Wo immer das Muster aus Licht und Liebe, das den Planeten hält, geschwächt wurde«, erklärten sie, **»gibt es Terror, Gewalt und böse Taten. Diese Gebiete sind verwundet worden«**, sagten sie, **»und deshalb bitten wir euch, dort etwas zu tun.**

Das Lichnetz selbst ist vollkommen«, sagten sie, **»aber weil es eine Schnittstelle zur Menschheit hat, kann es durch die Taten der Menschen zerrissen werden.«** Sie hatten mir das schon früher gesagt, aber angesichts dessen, was jetzt in der Welt geschah, gingen mir ihre Worte besonders zu Herzen. **»Es ist ein Schaden am Netz entstanden«**, sagten sie mit ersten Gesichtern, **»und was der Mensch zerstört hat, muss *der Mensch* reparieren. Das ist das Gesetz«**, verkündeten sie und nickten mit den Köpfen, während sie mich eindringlich ansahen. **»Wir bitten euch, jetzt bereit zu sein und das Netz aus Licht zu stärken, das euren Planeten hält. Viele von euch arbeiten schon lange auf diese Weise«**, sagten sie. **»Bitte macht weiter und bittet andere, zu helfen. Das Lichtnetz wird jetzt mehr denn je gebraucht.«**

Hier kann man sich zum **Neue Erde-Newsletter** anmelden:
newsletter.neueerde.de/anmeldung

NEUE ERDE im Buchhandel

Neue Erde ist ein kleiner unabhängiger Verlag, und der unabhängige Buchhandel ist unser natürlicher Partner. Wir unterstützen die Initiative »buy local«.

Sollte es Lieferschwierigkeiten bei den Büchern von NEUE ERDE geben, lassen Sie immer im VLB (Verzeichnis lieferbarer Bücher) nachsehen, im Internet unter **www.buchhandel.de**

Alle lieferbaren Titel des Verlags sind für den Buchhandel verfügbar.

Sie finden unsere Bücher auch auf unserer Homepage **www.neue-erde.de** oder in unserem Gesamtverzeichnis, welches Sie gerne hier anfordern können:

NEUE ERDE GmbH
Cecilienstr. 29 · 66111 Saarbrücken
info@neue-erde.de